JN028434

監修のことば

心理学はどの大学でも，もっとも人気のある科目の一つです。一般市民向けの講座でも，同様です。心理学への関心の高さは，人間とは何かという尽きぬ疑問のせいもありますが，一方で，暴力と虐待，環境と災害，紛争と差別，少子化など，様々の社会問題に人の心の特質が関与しているからと思われるからでしょう。心理学に携わる者にとっては，人々のこうした関心に応えるためにも，心理学の知識を社会に対して正しく伝えていく責務があります。その中核を担うのは大学教育です。

実証科学としての心理学では，日々，新しい知見がもたらされ，新しい理論が提起され，新しい技術が開発されています。脳科学，遺伝学，情報学など隣接諸学とのコラボレーションも進み，新展開を見せている心理学分野がある一方で，社会の諸課題に挑戦する応用分野でも心理学者の活発な活動が見られます。知識体系，技術体系としての心理学の裾野は益々広がりを見せています。大学における心理学教育も，これらの発展を踏まえ，教育内容を絶えず書き換え，バージョンアップしていく必要があります。

近年，我が国の心理学界では大きな動きがありました。2017年より公認心理師法が施行され，心理専門職の国家資格がスタートしました。これに先立って，心理学を講ずる各大学や関連諸学会では，大学における心理学教育の在り方をめぐって精力的に検討が行われ，いくつかの団体から標準カリキュラムの提案もなされました。心理学徒の養成を担う大学での今後の心理学教育は，こうした議論や提案を踏まえたものになる必要があり，このためにも，そこで使用される心理学テキストの内容については抜本的見直しを行うことが急務です。

本ライブラリは，これらのことを念頭に構想されました。心理学の基本となる理論と知識を中核に据え，これに最新の成果を取り入れて構成し，現代の心理学教育にふさわしい内容を持つテキスト・ライブラリを刊行することが目標です。公認心理師養成課程はもちろん，それ以外の心理学専門課程や教養としての心理学にも対応できるよう，教師にとって教えやすい簡明な知識の体系化をはかり，同時に，学生たちが読んで分かりやすい内容と表現を目指します。

監修者　大渕憲一
阿部恒之
安保英勇

まえがき

平成27（2015）年に公認心理師法が成立し，我が国で初の心理職国家資格である公認心理師制度が創設されました。それ以後，まだ，年月は浅いものの数多くの受験者が資格取得を目指すようになり，資格保持者も増えつつあります。心理学を専門とする者の国家資格創設は，心理職として稼働する多くの専門家たちにとって長らくの悲願といってよいものでした。筆者は，まだ若かりし日にこの学問の扉をたたきましたが，当時は心理学の職業における専門性が十分に世の中に認知されていたとは言い難い時代でした。現在，大学教育に奉職し，心理学の講義を担当していますが，多くの学生がこの国家資格を目指して勉学に励んでいる様子を見ると，筆者の学生時代とは隔世の感があり，感慨を禁じ得ません。

心理学の専門教育に当たる多くの大学において，公認心理師を養成するための専用のカリキュラムが用意されています。本書は，一連の公認心理師カリキュラム（詳しくは「文部科学省・厚生労働省通達　公認心理師になるために必要な科目の取扱いについて」を参照ください）に対応するライブラリの一巻として，司法・犯罪心理学の領域を解説する目的で企画されたものです。公認心理師資格に対応した書籍としての特徴は後述しますが，本書の意義はそれだけにとどまることはなく，司法・犯罪領域を取り扱った心理学の書籍としても出色のものとなっています。もともと犯罪を学術的に取り扱った書籍としては，我が国には標準的なテキストといったものが存在しません。これは犯罪学が一つの学問領域として確立され，多くの大学で犯罪学部を置いているという欧米の事情とは異なることに端を発していると思われます。そのため，我が国の犯罪心理学のテキストは，法学の専門家が法律の視点から解説したものであったり，警察関係者によって犯罪捜査を中心に構成されたものであったり，犯罪・非行臨床に携わる者が臨床心理学的な観点から論を述べるものであったりと，誤解を恐れずに言えば，内容がある特定の領域に偏りやすく，一冊で犯罪心理学の基礎から現在の発展に至るまでを取りまとめるようなテキストが少ないという事情がありました。こうした事情を鑑みるに，本書は，我が国の刑事政策，犯罪統計，少年・刑事司法システム，法律，心理職の活動，犯罪理論，捜査心理学，犯罪予防，実務家による事例解説，といったトピックスが統一してまとめられており，本書を通読することで網羅的に理解できるようになっていることが大きな特徴です。

また，もちろん公認心理師志望者向けのテキストとしても必要不可欠な領域を網羅しています。司法・犯罪領域では，現場の具体的な活動とその裏づけとなる法律が密接に結びついており，そうしたことへの理解に加え，さらに，法律によって規定された関係機関の複雑な連携のシステムを理解することが，様々な現場で生じている事柄を正確に理解するために必要となります。こうした要請に応えるために，本書の執筆者には司法・犯罪領域における現場の第一線で稼働経験がある熟練の専門家を起用し，非行児童，非行少年，虐待，犯罪者処遇，家事事件，法律，関係諸機関の役割と連携などについて，臨場感のある事例を内容に盛り込みました。そして，公認心理師志望者向けのテキストでは，各章ごとに異なる執筆者が担当する形式のものも少なくないですが，本書は，学識経験，実務経験が共に豊かな比較的少人数の執筆者でチームを作り，その内容と構成について綿密な打合せを経て執筆されました。各章は相互に関連して理解を深められるよう構成されており，本書を通読することで，公認心理師における司法・犯罪領域の内容を総合的な知識として把握できるようになっています。大学の講義においても，セメスターで標準的な全15回の講義に対応した章立てとしており，講義テキストとしての利便性も図りました。資格試験における，法規そのものを問う設問，関係諸機関の役割と連携を問う設問，事例の理解を問う設問に対応するために前提となる知識を網羅的にカバーしています。本書が司法・犯罪領域を学ぼうとする方にとって有益に活用されることを願ってやみません。

最後になりますが，ライブラリ監修者である，東北大学名誉教授大渕憲一先生，東北大学の阿部恒之先生，安保英勇先生には，執筆の機会を与えていただいたことに大変感謝しております。監修者の先生方には，本書の構成を企画する段階から多くの有益な助言をいただきました。特に，大渕憲一先生には草稿の段階で細部に至るまで目を通して適切なご指摘をいただいたことで，本書の完成度を高めることができました。また，サイエンス社の清水匡太さんには大変お世話になりました。特に筆の進みが遅かった筆者を温かく，辛抱強く見守り，また，執筆に当たって数々の適切な助言をいただきました。この場をお借りして感謝の念を述べさせていただきます。

2021 年 6 月

森　丈弓

令和 3（2021）年の少年法改正について

令和 3（2021）年 5 月に国会で「少年法等の一部を改正する法律案」が可決され，令和 4（2022）年 4 月から施行されることとなりました。この法案は，少年院法，少年鑑別所法，更生保護法等の改正を含んでおり，満 18 歳以上 20 歳未満の少年を特定少年と位置づける大きな変革となっています。

この改正は民法の成人年齢の引き下げに合わせたものであり，改正少年法では満 18 歳以上 20 歳未満の少年は特定少年と位置づけられ，これまでどおり少年法の適用対象として事件は全件家庭裁判所に送致されるものの，現住建造物等放火，強盗，強制性交等罪のような死刑又は無期若しくは短期 1 年以上の懲役若しくは禁錮に当たる罪の事件では，原則として検察官送致決定（逆送と呼ばれます）を行い，成人と同様の刑事裁判が行われることになりました[1]。こ

---

[1] 少年法第 62 条　家庭裁判所は，特定少年（18 歳以上の少年をいう。以下同じ。）に係る事件については，第 20 条の規定にかかわらず，調査の結果，その罪質及び情状に照らして刑事処分を相当と認めるときは，決定をもつて，これを管轄地方裁判所に対応する検察庁の検察官に送致しなければならない。

2　前項の規定にかかわらず，家庭裁判所は，特定少年に係る次に掲げる事件については，同項の決定をしなければならない。ただし，調査の結果，犯行の動機，態様及び結果，犯行後の情況，特定少年の性格，年齢，行状及び環境その他の事情を考慮し，刑事処分以外の措置を相当と認めるときは，この限りでない。

一　故意の犯罪行為により被害者を死亡させた罪の事件であつて，その罪を犯すとき 16 歳以上の少年に係るもの

れまでは，16 歳以上の少年が故意の生命犯を行うと原則逆送になっていましたが，今回の改正で，特定少年について原則逆送となる対象の罪が増えることになりました。なお，特定少年であっても，少年院送致や保護観察のような保護処分を行うことは家庭裁判所の判断によって可能ではあります。

また，特定少年についてはぐ犯の適用がなくなりました[2]。これまで満 20 歳未満の少年については，氏名や顔写真等をマスコミが報道することを禁止していましたが[3]，特定少年については公訴を提起された後には報道できるようにもなりました[4]。

さらに，少年院の種別ですが，これまでは第 1 種から第 4 種までであったものが，特定少年に対応する少年院として，第 5 種少年院が設けられました。第 5 種少年院に収容の対象となるのは，満 18 歳以上 20 歳未満の特定少年が 2 年の保護観察処分となった後，保護観察の遵守事項違反があり，少年院において処遇を行わなければ本人の改善及び更生を図ることができないと認められた場合となります。

この改正は少年に対する実質的な厳罰化としての意味を持つことになります。

二　死刑又は無期若しくは短期 1 年以上の懲役若しくは禁錮に当たる罪の事件であつて，その罪を犯すとき特定少年に係るもの

[2] 少年法第 65 条　第 3 条第 1 項（第三号に係る部分に限る。）の規定は，特定少年については，適用しない。

[3] 少年法第 61 条　家庭裁判所の審判に付された少年又は少年のとき犯した罪により公訴を提起された者については，氏名，年齢，職業，住居，容ぼう等によりその者が当該事件の本人であることを推知することができるような記事又は写真を新聞紙その他の出版物に掲載してはならない。

[4] 少年法第 68 条　第 61 条の規定は，特定少年のとき犯した罪により公訴を提起された場合における同条の記事又は写真については，適用しない。ただし，当該罪に係る事件について刑事訴訟法第 461 条の請求がされた場合（同法第 463 条第 1 項若しくは第 2 項又は第 468 条第 2 項の規定により通常の規定に従い審判をすることとなつた場合を除く。）は，この限りでない。

目　次

第 13 章　家事事件についての基本的知識　245

第 14 章　犯罪捜査と心理学　266

第 15 章　犯罪予防と心理学　282

1 犯罪・非行についての基本的知識

社会では日々，途絶えることなく多くの犯罪が起こっています。重大な事件，珍しい事件はテレビや新聞で報道され，インターネットや週刊誌を賑わします。犯罪は，人々の興味，関心を惹きつける話題なのです。しかし，犯罪を取り扱う警察，裁判所，刑務所等の公的機関で働いている職員でもなければ，一生のうちで犯罪者に接して話を直に聞いたりすることはあまりないでしょう。自身が犯罪の被害者になるか，加害者になるか，身近で犯罪が起こるかしない限りは，主として報道を通して犯罪の情報を得ることになります。そのため，犯罪についての正しい知識を得ることは実は難しく，しばしば偏ったとらえ方をしやすくなります。この章では，犯罪に関する基礎的な知識を得ることを目的に，我が国の犯罪状況について概観してみることにしましょう。

1.1 犯罪統計

どのような犯罪がどの程度起こっているのか，客観的に知ることができる資料として**犯罪統計**があります。我が国では，犯罪統計規則[1]に基づいて警察庁が各都道府県警察からの犯罪情報を集約しており，これはインターネットから最新のものが閲覧できます。紙媒体のものでは，同じく警察庁が発行している『警察白書』，法務省が発行している『犯罪白書』があり，いずれもインターネット上で見ることができます。

[1] 第1条　この規則は，犯罪統計の正確かつ迅速な作成およびその効率的な運用を図るため必要な事項を定めることを目的とする。
第3条　都道府県警察は，長官の定めるところにより，犯罪と思料される事件を認知し，又は検挙したときは，速やかに，原票を作成し，その内容を電子情報処理組織を使用して警察庁へ報告しなければならない。

表 1.1 は，警察統計のホームページ（https://www.npa.go.jp/publications/statistics/sousa/statistics.html）から引用したデータです。このデータを見ると，我が国で刑法犯の実情をある程度把握することができます。**刑法犯**とは，その名のとおり，刑法に規定されている犯罪のことです。例えば，刑法第235条には窃盗の罪が，以下のように定められています。

「他人の財物を窃取した者は，窃盗の罪とし，10年以下の懲役又は50万円以下の罰金に処する。」

ここでは，**表 1.1** に沿って，各刑法犯がどの程度我が国で起こっているのか，数値を見ていくことにしましょう。窃盗の認知件数が41万7,291件と，他の刑法犯と比較して多くの窃盗事件が起こっていることがわかります（認知件数の説明は後述します）。一方で，殺人の認知件数は929件で，窃盗と比べればはるかに少ない数となっています。同じく，凶悪犯ということでは，強盗が1,397件，放火が786件，強制性交等が1,332件と，窃盗と比べて件数が低い水準にあります。もちろん，凶悪犯はその一件一件が大きな被害をもたらすことが多く，窃盗と比べて数が少ないから，問題がないというわけではありません。むしろ，凶悪犯は，新聞，テレビ，インターネット等を介して情報が拡散され，大きな社会問題になります。凶悪犯は世間の耳目を惹き，人々に強い印象を与えるため，我が国で犯罪といえば凶悪犯が頻発しているような印象も与えます。しかし，認知件数という観点から見ると，どちらかといえば稀な犯罪といえます。もう少し**表 1.1** を見てみると，暴行の認知件数が2万7,637件，傷害は1万8,963件となっています。けんかなどで人に暴力を振るうような犯罪は，私たちの社会で頻繁にあるという印象を受けますが，あくまで認知件数での比較ですが，窃盗と比べれば，10分の1程度になります。認知件数という数値を眺めるだけでも，我が国の犯罪情勢への認識を新たにされた方もいるのではないでしょうか。

ここまでは刑法犯について見てきました。刑法犯は，先に述べたとおり，刑法に規定がある犯罪ですが，我が国の犯罪を規定する法律は刑法だけではありません。例えば，**表 1.1** には覚醒剤に関する犯罪が含まれていません。覚醒剤に関する犯罪は，刑法ではなく，覚醒剤取締法という特別法によって規定され

表 1.1 令和 2（2020）年の我が国の刑法犯（警察統計から）

	認知件数	検挙件数	検挙率
刑法犯総数	614,231	279,185	45.5
凶悪犯総数	4,444	4,268	96.0
殺人	929	913	98.3
強盗	1,397	1,358	97.2
放火	786	700	89.1
強制性交等	1,332	1,297	97.4
粗暴犯総数	51,829	45,764	88.3
凶器準備集合	5	4	80.0
暴行	27,637	24,315	88.0
傷害	18,963	16,890	89.1
（うち）傷害致死	71	67	94.4
脅迫	3,778	3,299	87.3
恐喝	1,446	1,256	86.9
窃盗犯総数	417,291	170,687	40.9
侵入盗	44,093	31,836	72.2
乗り物盗	135,025	14,054	10.4
非侵入盗	238,173	124,797	52.4
知能犯総数	34,065	18,153	53.3
詐欺	30,468	15,270	50.1
横領	1,388	1,220	87.9
偽造	2,090	1,558	74.5
（うち）通貨偽造	217	72	33.2
（うち）文書偽造	1,431	1,242	86.8
（うち）支払用カード偽造	155	91	58.7
（うち）有価証券偽造	235	108	46.0
汚職	57	47	82.5
背任	62	58	93.5
風俗犯総数	7,723	6,549	84.8
賭博	118	112	94.9
わいせつ	7,605	6,437	84.6
（うち）強制わいせつ	4,154	3,766	90.7
（うち）公然わいせつ	2,463	1,784	72.4
その他の刑法犯	98,879	33,764	34.1
（うち）占有離脱物横領	14,154	11,558	81.7
（うち）公務執行妨害	2,118	2,072	97.8
（うち）住居侵入	11,021	6,357	57.7
（うち）逮捕監禁	265	257	97.0
（うち）略取誘拐・人身売買	337	335	99.4
（うち）盗品	875	812	92.8
（うち）器物損壊等	64,089	8,576	13.4

います。特別法とは，ある特定の事項について適用されるように定められた法律です。国は刑法犯以外にも特別法を設けて犯罪として取り締まっているのです。覚醒剤取締法では，第41条で以下のような罰則を規定しています。

「覚醒剤を，みだりに，本邦若しくは外国に輸入し，本邦若しくは外国から輸出して又は製造した者は，1年以上の有期懲役に処する。」

令和2（2020）年には，覚醒剤取締法違反での検挙は1万1,825件でした。その他の特別法犯をいくつか見ていくと，売春防止法違反が400件，ストーカー規制法違反が1,003件，労働基準法違反が33件となっています。

1.2 認知と認知件数

ここまで**認知件数**という言葉を説明なしに使ってきましたが，ここでその定義を見てみることにしましょう。犯罪統計細則（昭和46（1971）年10月6日警察庁訓令第16号）の第2条には，

「犯罪について，被害の届出若しくは告訴・告発を受理し…（中略）…その発生を確認することをいう。」

とあり，これが**認知**の定義になります。ここで注意したいのは，①被害の届出，告訴・告発があること，②それが捜査機関によって受理されること，という2つの条件がそろって初めて認知となり，認知件数として警察統計に計上されるということです。

①の条件，つまり，犯罪行為に該当するような行為があったとしても，被害が警察に届けられない場合には，認知件数に計上されません。例えば，未成年者がスーパーマーケットで万引きをした際に，店側は保護者に連絡をして子どもを引き取りに来てもらうことで話を収め，警察に被害届を出さないこともあるでしょう。中学校の校舎内で発生した殴り合いのけんかは，暴行・傷害罪を構成しますが，警察への届出がなされないことも少なくないでしょう。また，窃盗では，被害者が被害を受けたことに気がつかないままになっている可能性もあります。このように実際に犯罪があったとしても，統計数値には計上されないことは頻繁にあり，これは暗数と呼ばれます。

次に②の条件ですが，仮に警察に被害届が提出されたとしても，それが警察によって事件として受理されないことには認知とはならず，受理されなければ，警察統計には計上されません。被害届が出されていても警察が受理しなかった事例としてよく知られているのが，**桶川ストーカー殺人事件**です。これは被害者となった女子大学生が，元交際相手の男性から度重なる嫌がらせ行為を受け，本人及び家族が埼玉県上尾署に被害を申告していましたが，当該の警察署は被害届として受理せず，結果として平成 11（1999）年に，元交際相手から依頼を受けた男性によって女子大生が殺害されたという事件です。この事件では，警察が事件を受理しなかったことが被害の発生を未然に防げなかった原因であるとして，警察を非難する世論が強く沸き起こりました。この事件を契機として，警察の方針が，事件受理に積極的な姿勢を持つ方向に転換していったという経緯も指摘されています（浜井，2013, p.60）。このように，認知件数は，世論を背景にした捜査機関の事件受理の姿勢によって左右されるという性質があるのです。

1.3　検挙と検挙件数

犯罪統計の数値を読み解く上では**検挙件数**も重要です。検挙は，同じく犯罪統計細則の第 2 条で，

「犯罪について被疑者を特定し，送致・送付又は微罪処分に必要な捜査を遂げることをいう。」

と定義されています。端的には犯人が捕まり，事件が解決した件数が検挙件数となります。**表 1.1** では，刑法犯すべての認知件数が，61 万 4,231 件であり，そのうち，検挙に至ったのは 27 万 9,185 件です。ここで，検挙件数を認知件数で割って 100 を掛けたものを**検挙率**と呼び，上記の数値を用いて計算すると 45.5%となります。すなわち，おおむね 2 分の 1 の事件が何らかの形で解決していることになります。この数値を少ないと感じる人もいるかもしれません。しかし，殺人事件を見ると，929 件の認知件数に対して 913 件が検挙されており，検挙率は 98.3%と高い割合で検挙に至っています。これに対して，アメリ

BOX 1.1　犯罪統計と実態の乖離

警察統計を見ると，我が国で起こっている犯罪の量が正確に把握できると考えるかもしれませんが，実際には警察の捜査姿勢によって統計数値は容易に変化します。ここで事例を一つ取り上げて，統計数値の変化について説明することにします。

平成18（2006）年8月25日午後10時頃，福岡市で飲酒運転の車が事故を起こして子どもが死亡するという事件が起きました。福岡市東区奈多の「海の中道大橋」で追突された車が海に落ち，乗っていた夫婦は軽いけがですみましたが，幼児3人が死亡しました。福岡県警は同日，業務上過失致死傷と道交法違反（ひき逃げ）容疑で，追突後に一時逃走した車を運転していた東区奈多の同市職員（22）を緊急逮捕しました。容疑者は酒を飲んでいたとみられ，容疑を認めました。亡くなった幼児3人の死因はいずれも水死でした。楽しかった夏休み終盤の一夜に起こった悲劇的な出来事でした。

福岡県警によると，追突した容疑者の車は現場の制限速度50km/hを上回る80km/h以上で走行し，先を走っていた被害者のRV車に追突しました。追突されたRV車は弾みで左側の歩道に乗り上げた後，金属製のガードレールを突き破って海に転落しました。容疑者は車が走行不能になって止まるまで約300mにわたって逃走した後，駆けつけた福岡県警東署員に身柄を確保されました。呼気からは1L当たり0.25mgのアルコール分が検知されました。容疑者は，そのとき，一緒に車に乗っていた少年（19）と近くのスナックで酒を飲んだ後に，運転をして事故を起こしたそうです。

痛ましい事件でした。罪のない子どもが死亡しました。相手の車は飲酒運転です。この事件の内容を知った人はおそらく怒りを覚えるのではないでしょうか。当時，マスコミの論調も，加害者への非難や怒りの感情がこもったものになりました。飲酒運転が社会問題としてクローズアップされ，多数の記事がテレビのニュースや新聞紙上に載せられるようになりました。

「飲酒運転が心底から憎い　車転落3児死亡　暗い海で3人の子の命を必死に救おうとした親の心情を思い，遺族から提供された写真で3人の子どもの愛くるしい表情を見つめる。胸が締め付けられる。」（2006年8月29日付・西日本新聞）

こうした世論を受ける形で，警察は飲酒運転の取締りの強化に乗り出しました。警察庁は9月19日，全国で飲酒運転の一斉取締りを行いました。その結果，酒酔い・酒気帯び運転の疑いで27人が逮捕されるなど，延べ1,126人が摘発されました。この取締りは，2日間にわたって実施されましたが，その前年9月の1日平均の摘発数が392件であったことを考えれば，飲酒運転事案の増加が見られたことになります。しかし，世の中のドライバーがこの日に，急にこぞって飲酒運転を始めるようになったわけではないでしょう。それまで警察が摘発しきれていなかった飲酒運転が，先の事件による影響で，掘り起こされたと考えるのが妥当でしょう。

このように，飲酒運転の件数は捜査機関（警察）の姿勢に左右されることがあり，その捜査機関の姿勢は世論によって左右され得るということです。世論に衝撃を与えるような事件が起こり，マスコミやネット上で大きく取り上げられ，警察がそれまで摘発していなかった犯罪への取締りを強化すれば，世の中の犯罪は増えていくことになります。

もちろん，ここでは暗数として眠っている犯罪を摘発することの是非を論じているわけではありません。被害に苦しむ者がいるのであれば，警察による適切な介入が望まれることも言うまでもありません。ただし，犯罪統計を評価する際には，その数値が必ずしも犯罪実態を反映していない可能性があることを理解した上で，議論を進めていく必要があります。

カ合衆国の殺人事件検挙率は平成25（2013）年で64.1％でした（法務総合研究所，2016)。犯罪統計の国際比較は，制度の違いなどその国特有の事情があるため，解釈は慎重に行う必要がありますが，我が国の捜査機関は的確に殺人犯を逮捕しているといってよいのではないでしょうか。

1.4 我が国の犯罪情勢

法務省法務総合研究所が毎年発行している**『犯罪白書』**は，我が国の犯罪情勢を知る客観的な資料として役に立ちます。**図1.1**は『令和2年版犯罪白書』から引用した刑法犯の認知件数・検挙人員・検挙率の推移です。このグラフは，我が国の犯罪動向を示す資料として，しばしば引用されるものです。グラフで特徴的なのは，平成14（2002）年をピークとした認知件数の増減です。この年まで我が国では認知件数は増加の一途をたどり，刑法犯認知件数が285万4,061件となりました。平成9（1997）年の刑法犯認知件数は189万9,564件なので，この5年間で100万件近く刑法犯が増えたことになります。その後は一転して減少を続け，令和元（2019）年には74万8,559件まで減りました（令和2（2020）年は61万4,231件とさらに減少しました)。

平成14（2002）年まで，統計上で数値が増えたのは明確な事実ですが，実際に犯罪の量が増えたか否かについては議論があります。この間に，国家体制の変化や戦争といったような，顕著な社会的変革が我が国で起こったわけではありません。日本の人々がその5年間で急激に凶悪化して，多数の犯罪に及ぶようになったとは考えにくいでしょう。平成14（2002）年をピークとする認知件数の増加に関する一つの見解として，法律制定及び警察庁通達発出，これに伴う警察の方針転換により，未発覚であった事件等を「掘り起こした」ためとする解釈があります（浜井，2013, p.60)。平成11（1999）年10月26日には，1.2節で紹介した桶川ストーカー殺人事件が発生しました。また，同年12月2日には**栃木リンチ殺人・死体遺棄事件**が起こっています。この栃木の事件では，加害者少年らが被害者を連れ回し，暴行を加え，金銭を奪いました。そして，加害者少年らが，被害者家族が警察に相談していることを知ったことがきっか

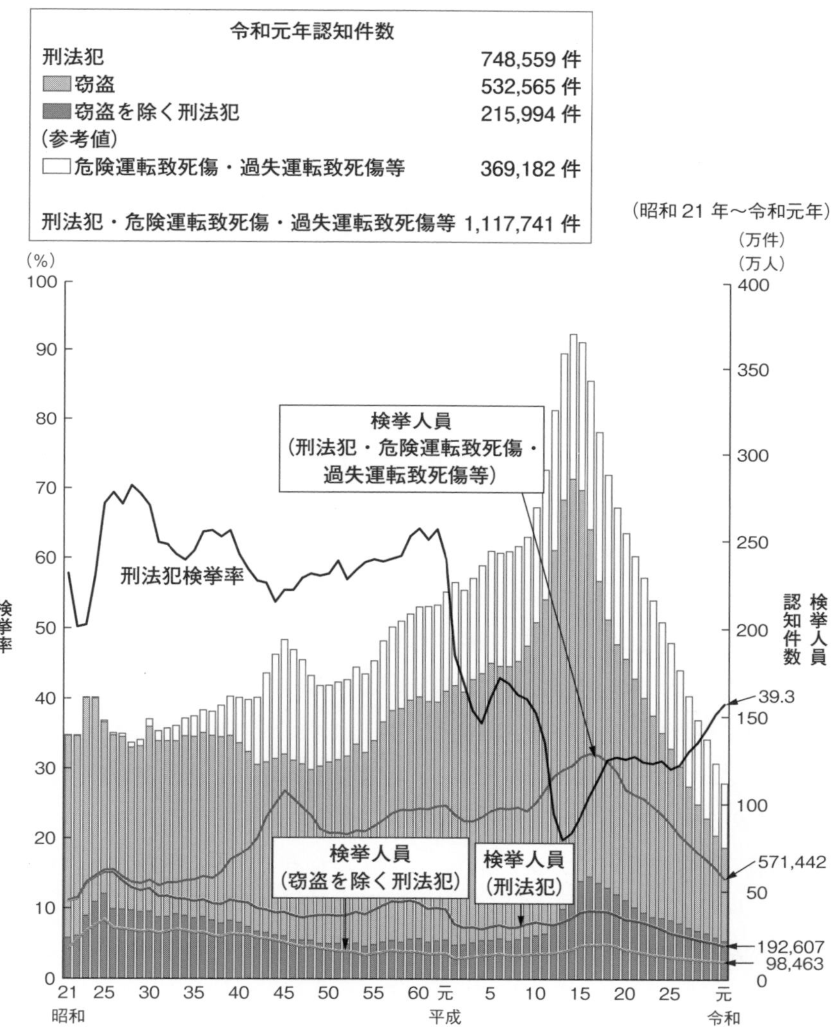

注 1　警察庁の統計による。
2　昭和 30 年以前は，14 歳未満の少年による触法行為を含む。
3　昭和 40 年以前の「刑法犯」は，業務上（重）過失致死傷を含まない。
4　危険運転致死傷は，平成 14 年から 26 年までは「刑法犯」に，27 年以降は「危険運転致死傷・過失運転致死傷等」に計上している。

図 1.1　**我が国の刑法犯の認知件数・検挙人員・検挙率の推移**（『令和 2 年版犯罪白書』から）

けとなって，被害者が殺害されたという事件です。被害者の両親は複数回，栃木県警に捜査依頼をしていましたが，県警はこれを取り合わず，被害者が殺害されるに至っています。この2つの事件では，警察が事件を受理することを拒否し，対応をとらなかったことで被害者が殺害される結果を招いたとして，世論から大きな非難を受けました。これを受けて，「犯罪等による被害の未然防止活動の徹底について」という警察庁次長通達が平成12（2000）年3月4日付で発出されました。以下がその内容の一部抜粋です。

「犯罪等による被害に遭った者はもとより，その不安を訴える者からの届出や相談を受けた場合において，たとえその時点で警察にとっては犯罪等によることが明らかでないもの又は家庭内におけるものであっても，各部門間の連携を密にして，刑罰法令に抵触する事案については迅速かつ的確な捜査を行うとともに，刑罰法令に抵触しない事案についても，個々の事案に応じて行為者に対する指導，警告等の適切な措置を講じるなど，犯罪等による被害の未然防止の徹底を期する必要がある。」

警察による事件への対応が変化し，それまでは事件として受理をせず，認知件数として計上されなかったものを，積極的に受理するようになった結果，急激な認知件数の上昇を招いたという解釈ができるわけです。例えば，それまでは元交際相手の男性から付きまとわれて困っていると警察に訴えても，「以前に交際していたことがあったのだから，付きまとわれても仕方がない。警察は事件にならないと動かない」などと言われ，対応をとってもらえなかったものが，警察の姿勢の変化によって事件として扱われるようになった，というようなことが生じていったわけです[2]。

もちろん，これは考えられる解釈の一つであり，実際に我が国の刑法犯が爆発的に増加した，という主張も成り立ちます。当時のマスコミには，我が国の犯罪の増加，治安の悪化を訴える論調も少なくありませんでした。次の例は，

[2] 犯罪の増減に関する議論は確定的な知見にたどりつくのが難しく，ここで書いた事柄に反対する意見もあるわけです。「（犯罪が増加したという）犯罪情勢の変化を一般的に否定するのは妥当ではない。まず，刑法犯の認知件数の増加傾向は，上記（犯罪等による被害の未然防止活動の徹底について）の警察改革以前から始まったものであり，警察側の対応の変化だけでは説明がつかない」（川出・金，2018, p.29）

平成13（2001）年10月8日付の朝日新聞に掲載された元警視総監・今泉正隆氏の談話からの抜粋です。

> ――刑法犯が昨年，最悪を記録するなど足元の治安も悪化しています。
>
> 「都市化，国際化で社会の犯罪抑止力が低下している。国民の規範意識も変わった。昔は悪いことをしたら親族に迷惑をかけると考えたが，いまは，おれはおれ，親は親だから。大阪の児童殺傷事件でも，容疑者の父親は『絶縁したから知らない』だった」
>
> ――検挙率も急落しており，東京・世田谷の一家4人殺害事件など多くの重大事件が未解決のままです。警察の捜査力が落ちたのですか。
>
> 「警察の言う『発生に検挙が追いつかない』は本当だと思う。30年前のニューヨークも同じような状況だった。警視庁では20～30年前は，捜査本部をつくる重大事件は年10件足らず。それが昨年は27件だ。重要事件に捜査力を投入すると，一般犯罪に力を向けにくくなる。それに聞き込みなどの地道な捜査の成果が，昔ほど出ていない。昔は現場周辺を1週間歩けばヒントが見つかった。いまは，隣は何をする人ぞ，で難しい」

刑法犯の検挙率は平成9（1997）年に40.0％だったものが，平成14（2002）年には20.8％と約半分になっていました。これをもって治安の悪化，警察力の低下が生じているという見方もできるわけです。ただし，検挙率は1.3節で解説したように，検挙件数を認知件数で割って100を掛けたものです。もしも分母となる認知件数が掘り起こしによって増加したのであれば，検挙率が下がるのは自明のことです。もちろん，犯罪の増加が実体を持った真実であったのか否かは，残念ながらわかりません。しかし，単なる統計数値の上昇を見て実体としての犯罪が増えた，と単純に考えるわけにはいかないということをここでは理解していただければと思います。

さて，先にも述べたように，我が国の刑法犯認知件数は平成14（2002）年をピークにして，令和2（2020）年まで減少の一途をたどっています。もちろん，この数値をもって本当に犯罪が減ったのかどうか，その絶対的な真偽を知ることはできないわけですが，令和2（2020）年の刑法犯認知件数は61万4,231件とピーク時の4分の1にまで減少しました。刑法犯認知件数はこれまで我が国が経験したことのないほどの減少局面にあります。この減少局面については，捜査機関の姿勢等による変化ではなく，実際に犯罪が減っているという主張があります。犯罪統計によって示される犯罪の減少は，近年，欧米諸国でも共通して見られており，こうした動向は我が国と共通しているという議論です。先進諸国で犯罪が減少する要因の一つとして，防犯技術の向上が指摘されています。これは住宅や自動車等に設置される防犯器具が普及してきたことにより，犯罪が未然に防がれているのではないかというものです（Sidebottom et al., 2018）。

図1.2は，我が国の少年による刑法犯等の検挙人員・人口比の推移を示したグラフです。これを見ると，近年，我が国では少年犯罪の数も減少の一途をたどっています。少年の検挙人員の推移には，昭和26（1951）年の16万6,433人をピークとする第1の波，昭和39（1964）年の23万8,830人をピークとする第2の波，昭和58（1983）年の31万7,438人をピークとする第3の波という3つの大きな波が見られます。平成になると，平成8（1996）年から平成10（1998）年及び平成13（2001）年から平成15（2003）年に一時的な増加がありました。当時は，少年非行の第4波が来るのかと話題になったこともありましたが，その後は減少傾向となりました。令和元（2019）年は戦後最少の3万7,193人となっています（法務総合研究所，2020）。少子化の影響で少年人口が減っていることもあるのでしょうが，人口比で見ても少年の検挙人員は下降しています。人口の減少を上回る速度で，少年の犯罪が減っているのです。**図1.3**は少年鑑別所[3]の入所人員の推移ですが，この16年間は連続して減少しています。平成15（2003）年に2万3,063人であった入所人員は，令和元（2019）年には，5,749人にまで減っています。

この現象の説明として，上田（2016）は，犯罪学におけるコントロール理

[3] 少年鑑別所については，第5章と第9章で説明します。少年鑑別所は，主として非行少年を収容して，非行に走った原因や立ち直りの方法について精査する施設です。

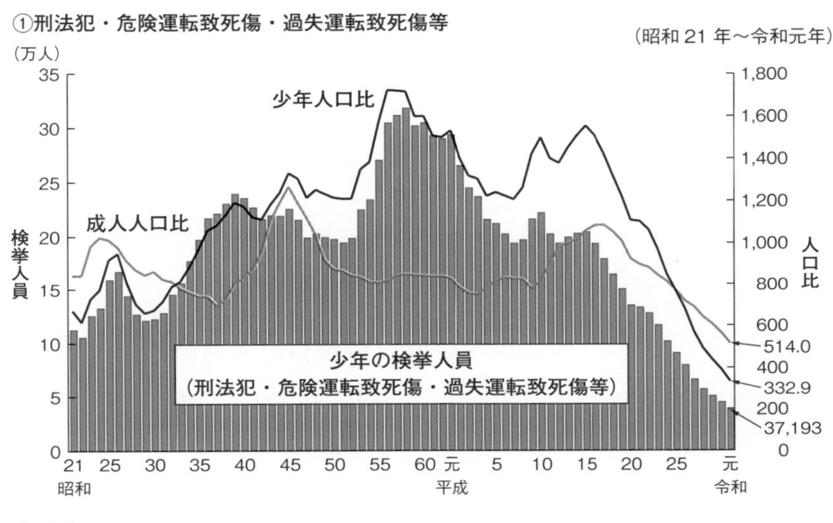

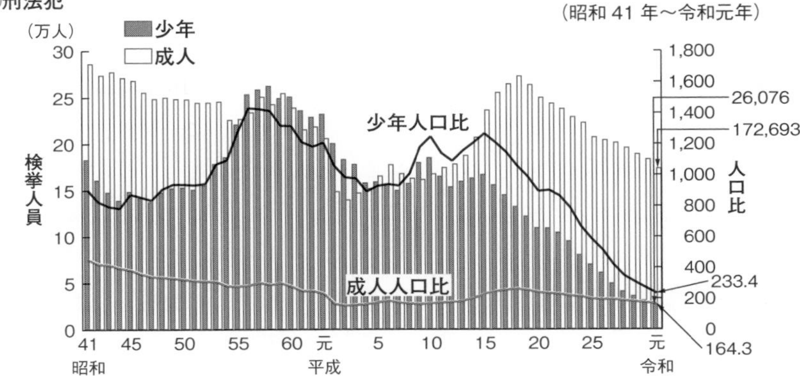

注 1　警察庁の統計，警察庁交通局の資料及び総務省統計局の人口資料による。
　2　犯行時の年齢による。ただし，検挙時に 20 歳以上であった者は，成人として計上している。
　3　触法少年の補導人員を含む。
　4　「少年人口比」は，10 歳以上の少年 10 万人当たりの，「成人人口比」は，成人 10 万人当たりの，それぞれの検挙人員である。
　5　①において，昭和 45 年以降は，過失運転致死傷等による触法少年を除く。
　6　②において，平成 14 年から 26 年は，危険運転致死傷を含む。

図 1.2　**我が国の少年による刑法犯等検挙人員・人口比の推移**（『令和 2 年版犯罪白書』から）

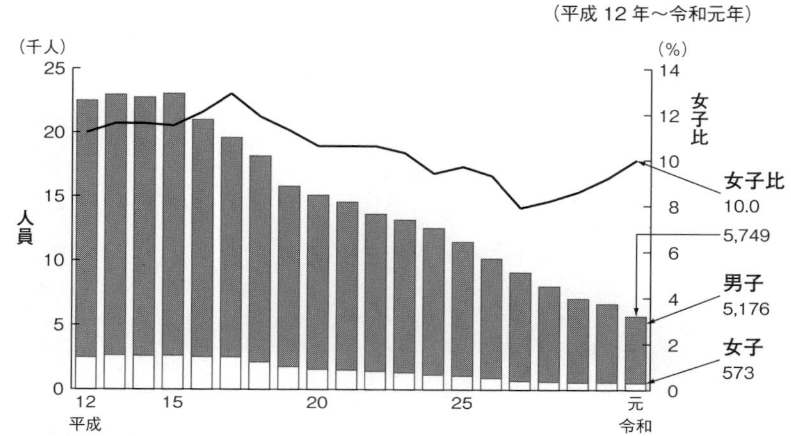

注1　矯正統計年報による。
2　「入所者」は，観護措置（少年鑑別所送致），勾留に代わる観護措置又はその他の事由（勾留，引致，少年院在院者の鑑別のための収容等）により入所した者をいい，逃走者の連戻し，施設間の移送又は仮収容により入所した者は含まない。

図1.3　**我が国の少年鑑別所入所人員の推移**（『令和2年版犯罪白書』から）

論[4]を取り上げ，家庭や学校，地域社会といった社会に対して青少年が持つ絆が強まっている可能性を指摘しています。土井（2016）は，すでに成長期を終えた現代の日本にあって，人々が余計な希望などを最初から抱かず，期待水準が低くなっていることが影響していると述べています。努力をしても報われないし，それを見越してそもそも最初から努力をせずに諦めることで，現実への不満感を低下させていることが，犯罪減少に結びついている可能性を論じています。また，ペイン（Payne, 2018）は，インターネット技術の急速な発展によって，自宅での遊びやソーシャルメディアの使用が増加したことで，これまであったような犯罪が生じる機会が減少したのではないかという興味深い指摘をしています。スマートフォン，いわゆるスマホの普及に伴って，かつて非行

[4] コントロール理論については，第4章で説明します。これは個人と周囲の社会との絆が，犯罪行動を抑制するという考え方です。

少年が行っていたような，夜の街に出て仲間と連れ立って遊ぶ必要性が減ってきているのかもしれません。直接的に人や社会に接触する機会が減ることで，直接的に他人の財産を侵害したり，有形力（物理的な力）によって他人を傷つけたりする機会が減ってきている可能性はあるでしょう。もちろん，これらの説明は今のところ仮説の域を出ないものであり，今後の実証的なデータを用いた分析による解明が待たれるところです。

復習問題

1. 警察統計の認知件数は，実際に起こった犯罪の数ではありませんが，認知件数の数値に影響を与える要因にはどのようなものがあるでしょうか。
2. 検挙率はどのようにして算出するでしょうか。
3. 平成 14（2002）年をピークとした我が国の刑法犯認知件数の増減には，どのような要因が考えられるでしょうか。

参考図書

浜井 浩一（編著）(2013). 犯罪統計入門——犯罪を科学する方法——　第２版　日本評論社

犯罪について考え，理解し，研究する上で最も基本となる，犯罪に関する統計数値とは何かについて，詳細に解説されています。認知件数，検挙件数といった数値についても丁寧に説明されています。科学的な視点から犯罪を見ていく際に必須の知識を得ることができます。

川出 敏裕・金 光旭 (2018). 刑事政策　第２版　成文堂

犯罪情勢を読み解くために必須となる犯罪統計と暗数，我が国の犯罪情勢，犯罪原因論，犯罪対策，犯罪の予防，犯罪被害者の保護と支援，罪種ごとの犯罪対策等，広範囲，多岐にわたって解説と論考があります。大部ですので，読み通すには時間がかかると思いますが，犯罪について豊富な知識が身につきます。

成人犯罪者処遇の流れ

犯罪が発生すると，警察が捜査を開始し，被疑者を逮捕することで，事件は一応の解決を見ることになります。テレビや映画の探偵物であれば，それで一件落着となるのかもしれません。しかし，現実に犯罪の被疑者を特定し，身柄を確保した後には，そうした被疑者を私たちの社会の中でどのように取り扱うかを決め，処遇を実施していく必要があります。そこには裁判所，検察庁，少年鑑別所，拘置所，少年院，刑務所，保護観察所など，多くの公的機関が相互に連携して手続を進めていくプロセスがあります。これらの手続には，必ず法律による定めがあります。犯罪者処遇に当たっては，しばしば身柄拘束を伴うことがあり，その運用には明確な根拠規定が必要とされるからです。この章では，初めに犯罪の法律的な定義を解説し，次いで成人の犯罪者処遇の流れを説明していきます。

2.1 我が国における法律上の犯罪の定義

犯罪を犯した者は国家によって裁かれ，刑罰を与えられることになるので，何が犯罪に当たるのか，あらかじめ法律に規定し，その定義を明確にしておかなければなりません。これを**罪刑法定主義**といいます。我が国の刑事法において，犯罪は，①構成要件に該当する，②違法，③有責な行為，とされています。ある行為が犯罪と認定されるためには，この3つの要件が充たされる必要があります。

まず，①の**構成要件**ですが，これは刑罰法規によって示される犯罪類型で，どういったことが犯罪に当たるのかについての共通認識として取り決められた枠組みのことです。例えば，刑法第108条には現住建造物等放火として，「放火して，現に人が住居に使用し又は現に人がいる建造物，汽車，電車，艦船又は鉱坑を焼損した者は，死刑又は無期若しくは5年以上の懲役に処する。」と定められており，これが構成要件になります。

次に，②の**違法**ですが，構成要件に該当するような行為は，構成要件がもともと犯罪行為を類型化したものですから，基本的には違法性が推定されることになります。しかし，刑法に定めるような構成要件に該当する行為を行っても，違法にならない場合があります。正当行為[1]（医師が手術でメスを人の体に入れる等），正当防衛[2]（いきなり他人から刃物で襲われて殴って反撃した等），緊急避難[3]（いきなり他人から襲われて逃げるために通行人を突き飛ばした等）は違法性阻却事由と呼ばれています。これに該当する場合には違法性なしとされて，構成要件に該当していても犯罪にはなりません。

最後に，③の**有責**ですが，刑罰を科すには行為者が自己の行為に関する法の命令・禁止を理解し，かつこの理解に従って自己の行為を制御する一般的能力を有していることが必要となります（吉川，1987）。この一般的能力のことを責任能力と呼びます。有責性については，心神喪失者の行為は，罰しない（刑法第39条第1項），心神耗弱者の行為は，その刑を減刑する（刑法第39条第2項）と規定があります。そのため，例えば精神障害等の理由により，裁判で心神喪失が認められた場合には犯罪の構成要件に該当する行為をした者でもその行為は刑事事件手続の上では犯罪ではなくなり，無罪になります。また，行為を行った者の年齢については，14歳に満たない者の行為は，罰しない（刑法第41条第1項）という規定があり，刑事責任を問うことができません。第

---

[1] 刑法第35条　法令又は正当な業務による行為は，罰しない。

[2] 刑法第36条　急迫不正の侵害に対して，自己又は他人の権利を防衛するため，やむを得ずにした行為は，罰しない。

2　防衛の程度を超えた行為は，情状により，その刑を減軽し，又は免除することができる。

[3] 刑法第37条　自己又は他人の生命，身体，自由又は財産に対する現在の危難を避けるため，やむを得ずにした行為は，これによって生じた害が避けようとした害の程度を超えなかった場合に限り，罰しない。ただし，その程度を超えた行為は，情状により，その刑を減軽し，又は免除することができる。

2　前項の規定は，業務上特別の義務がある者には，適用しない。

3章で改めて解説しますが，14歳未満の者が構成要件に該当する行為を行った場合には，犯罪ではなく，**触法**と呼ばれます。触法とは，刑罰法令に触れることを意味しています。

裁判では，殺人などの行為をしたことそのものは認め，検察側と弁護側で責任能力の有無について争うことがあります。例えば，平成28（2016）年，神奈川県相模原市の知的障害者福祉施設「津久井やまゆり園」で入所者19人が殺害された大量殺人事件の裁判では，殺人罪などに問われた元同園職員の被告人の弁護側が，事件当時は薬物の影響で心神喪失状態だったとして無罪を主張しました。

このような事件では，被告人に検察側は責任能力があったという主張を裁判でしますので，裁判の争点は責任能力の有無になります。なお，裁判で心神喪失が認定される，すなわち，被告人に責任能力がないと認められた場合には，無罪となり，懲役刑が科されないため刑務所に収監されることもなくなりますが，この場合には，医療保護観察という制度が適用されることになります（医療保護観察については第10章で取り上げます）。ちなみに，例に出した津久井やまゆり園の事件では，被告人には完全な刑事責任能力が認められると判断され，令和2（2020）年3月31日に死刑判決が確定しました。

ところで，ここまで我が国の定義に沿って犯罪を説明してきました。しかしながら，そもそも犯罪は，リンゴやテレビといった具体的な物体とは違って，実体がありません。そこで，犯罪を取り扱う際に，私たちは人間の営みの中で生じる無数の行為を切り分け，それに定義を与えて，犯罪とは何であるかを明確化することになります。先の刑事法における犯罪の定義は，あくまでその一つの例ということになります。そして，その定義は絶対的なものではなく相対的なものなので，犯罪の定義自体は，例えば，国や時代によって異なることになります（このような犯罪に関する相対論的なとらえ方については，「4.3　デュルケムの理論」「4.4　相互作用論的アプローチ」を参照してください）。

2.2 逮捕から起訴まで

犯罪行為の被疑者が警察官[4]によって逮捕された場面から，**図 2.1** に沿って，手続の流れを順次見ていくことにします。留意してほしいのは，すべての手続

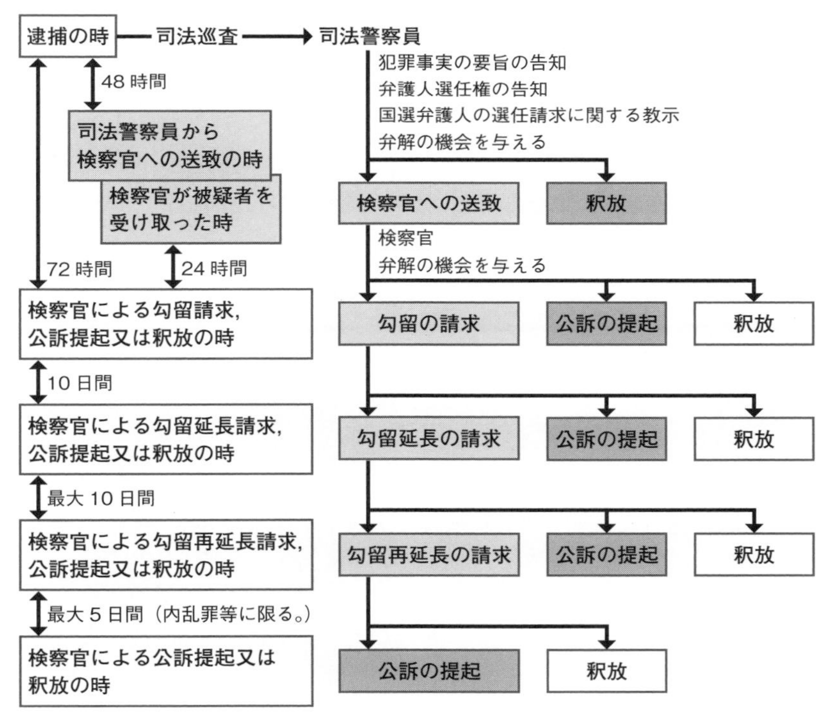

図 2.1　**逮捕から起訴までの流れ図**（検察庁ホームページから）

[4] 警察官は，刑事訴訟法では司法警察職員と呼ばれます。司法警察職員は，さらに司法警察員と司法巡査に分かれます。司法警察員は，司法巡査よりも職制では上位に位置づけられており，司法巡査は逮捕状の請求ができないなど刑事訴訟法上で権限が制限されています。我が国で犯罪捜査を行うことができるのは，検察官，検察事務官，司法警察職員のみであり，これらは**捜査機関**と呼ばれます。

には法律上の根拠があるということです。また，被疑者の身柄拘束を行う判断には裁判所が関与します。身柄拘束という人権を大きく制約する措置には明確な法律による規定と司法による慎重な判断が必要とされるのです。

2.2.1 逮捕・勾留

逮捕され，身柄を拘束されると警察署の中にある留置施設（留置場）に留置されることになります（**図 2.2**）。鉄格子のある部屋に閉じ込められ，自由に外に出たり，電話で外部に連絡をとったりすることができなくなります。ここで，警察官から事件について事情をいろいろ訊かれることになります。そして，逮捕から48時間以内には，事件が検察官に送致される必要がありますので[5]，被疑者は警察の護送車に乗せられて検察庁に連れて行かれます。なお，司法警察職員が犯罪捜査をしたときには，事件を検察官に送致しなければいけません

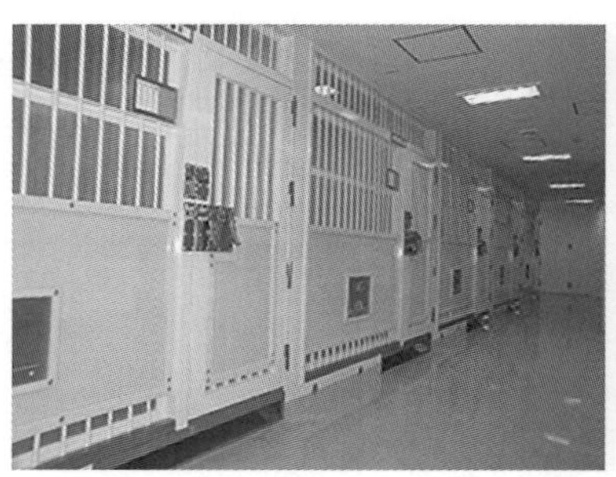

図 2.2 **留置場**（警察庁ホームページから）

[5] 刑事訴訟法第203条 司法警察員は，逮捕状により被疑者を逮捕したとき，又は逮捕状により逮捕された被疑者を受け取つたときは，直ちに犯罪事実の要旨及び弁護人を選任することができる旨を告げた上，弁解の機会を与え，留置の必要がないと思料するときは直ちにこれを釈放し，留置の必要があると思料するときは被疑者が身体を拘束された時から48時間以内に書類及び証拠物とともにこれを検察官に送致する手続をしなければならない。

が[6]，事案が軽微等の事情を勘案して，司法警察員が検察官に事件を送致しない手続をとることがあります（刑事訴訟法第246条但し書き）。これは**微罪処分**と呼ばれる措置で，この場合，警察段階で被疑者の身柄は釈放されます。微罪処分は令和元（2019）年には5万5,764人でした。

次に，事件の送致を受けた検察庁で，被疑者は検察官から事件について事情を訊かれることになりますが，そこで検察官がそれ以上の身柄拘束をする必要がないと判断すれば，その場で釈放されます。しかし，さらに身柄拘束をして取調べを行う必要があると考えられた場合には，24時間以内に**勾留**という，さらに身柄拘束を続ける措置を裁判官に請求することができます[7]。この勾留は，後に述べる起訴後の勾留と区別して**起訴前の勾留**とも呼ばれます。裁判官が勾留の必要があると認めると[8]，最大10日間にわたって身柄拘束が行われ

---

[6] 刑事訴訟法第246条　司法警察員は，犯罪の捜査をしたときは，この法律に特別の定のある場合を除いては，速やかに書類及び証拠物とともに事件を検察官に送致しなければならない。但し，検察官が指定した事件については，この限りでない。

[7] 刑事訴訟法第205条　検察官は，第203条の規定により送致された被疑者を受け取つたときは，弁解の機会を与え，留置の必要がないと思料するときは直ちにこれを釈放し，留置の必要があると思料するときは被疑者を受け取つた時から24時間以内に裁判官に被疑者の勾留を請求しなければならない。

2　前項の時間の制限は，被疑者が身体を拘束された時から72時間を超えることができない。

[8] 刑事訴訟法第207条　前3条の規定による勾留の請求を受けた裁判官は，その処分に関し裁判所又は裁判長と同一の権限を有する。但し，保釈については，この限りでない。

2　前項の裁判官は，勾留を請求された被疑者に被疑事件を告げる際に，被疑者に対し，弁護人を選任することができる旨を告げ，第37条の2第1項に規定する事件について勾留を請求された被疑者に対しては，貧困その他の事由により自ら弁護人を選任することができないときは弁護人の選任を請求することができる旨を告げなければならない。ただし，被疑者に弁護人があるときは，この限りでない。

3　前項の規定により弁護人を選任することができる旨を告げるに当たつては，勾留された被疑者は弁護士，弁護士法人又は弁護士会を指定して弁護人の選任を申し出ることができる旨及びその申出先を教示しなければならない。

4　第2項の規定により弁護人の選任を請求することができる旨を告げるに当たつては，弁護人の選任を請求するには資力申告書を提出しなければならない旨及びその資力が基準額以上であるときは，あらかじめ，弁護士会（第37条の3第2項の規定

ますが，勾留は1度延長をしてさらに10日間，つまり最大で合計20日間の身柄拘束を行うことができます[9]。なお，通常，勾留はこれ以上の延長はできません。内乱に関する罪，外患に関する罪，国交に関する罪，騒乱の罪で勾留する場合にはさらに5日間延長することができますが[10]，これは相当に特殊な場合になります。また，勾留は同一の事件について，これ以上の期間をとることはできませんが，事件が異なれば，再度勾留することもできます。例えば，恐喝の事件で勾留がとられていても，別に窃盗事件が余罪として見つかれば，再逮捕して勾留をとり直すことができます。

さて，ここまでで逮捕されてから警察で48時間，検察で24時間，勾留で10日＋10日の身柄拘束が行われましたが，この間，被疑者は警察署の中にあ

により第31条の2第1項の申出をすべき弁護士会をいう。）に弁護人の選任の申出をしていなければならない旨を教示しなければならない。

5　裁判官は，第1項の勾留の請求を受けたときは，速やかに勾留状を発しなければならない。ただし，勾留の理由がないと認めるとき，及び前条第2項の規定により勾留状を発することができないときは，勾留状を発しないで，直ちに被疑者の釈放を命じなければならない。

[9] 刑事訴訟法第208条　前条の規定により被疑者を勾留した事件につき，勾留の請求をした日から10日以内に公訴を提起しないときは，検察官は，直ちに被疑者を釈放しなければならない。

2　裁判官は，やむを得ない事由があると認めるときは，検察官の請求により，前項の期間を延長することができる。この期間の延長は，通じて10日を超えることができない。

[10] 刑事訴訟法第208条の2　裁判官は，刑法第2編第2章乃至第4章又は第8章の罪にあたる事件については，検察官の請求により，前条第2項の規定により延長された期間を更に延長することができる。この期間の延長は，通じて5日を超えることができない。

[11] 刑事訴訟法第64条　勾引状又は勾留状には，被告人の氏名及び住居，罪名，公訴事実の要旨，引致すべき場所又は勾留すべき刑事施設，有効期間及びその期間経過後は執行に着手することができず令状はこれを返還しなければならない旨並びに発付の年月日その他裁判所の規則で定める事項を記載し，裁判長又は受命裁判官が，これに記名押印しなければならない。

2　被告人の氏名が明らかでないときは，人相，体格その他被告人を特定するに足りる事項で被告人を指示することができる。

3　被告人の住居が明らかでないときは，これを記載することを要しない。

る留置場で生活をすることになります。法律上は，身柄は刑事施設である拘置所に置かれることになっていますが[11, 12]，警察の留置施設で留置，勾留を行うことができるようにもなっており（いわゆる代用刑事施設・代用監獄）[13]，多くの場合，警察署で身柄が拘束されることになります。この間に捜査機関によって取調べが行われた後，その被疑者を刑事裁判にかけるかどうかの判断を検察官が行います。

2.2.2　起訴独占主義と起訴便宜主義

被疑者を刑事裁判にかける手続に入ることを，**公訴提起**（**起訴**）と呼びます。この公訴を提起する権限は検察官だけが有しており[14]，これを**起訴独占主義**と呼びます。犯罪に及んだ人を裁判にかけて法廷で有罪判決を出して処罰してほ

---

[12] 刑事収容施設及び被収容者等の処遇に関する法律第3条　刑事施設は，次に掲げる者を収容し，これらの者に対し必要な処遇を行う施設とする。

一　懲役，禁錮又は拘留の刑の執行のため拘置される者

二　刑事訴訟法の規定により，逮捕された者であって，留置されるもの

三　刑事訴訟法の規定により勾留される者

四　死刑の言渡しを受けて拘置される者

五　前各号に掲げる者のほか，法令の規定により刑事施設に収容すべきこととされる者及び収容することができることとされる者

[13] 刑事収容施設及び被収容者等の処遇に関する法律第15条　第3条各号に掲げる者は，次に掲げる者を除き，刑事施設に収容することに代えて，留置施設に留置することができる。

一　懲役，禁錮又は拘留の刑の執行のため拘置される者（これらの刑の執行以外の逮捕，勾留その他の事由により刑事訴訟法その他の法令の規定に基づいて拘禁される者としての地位を有するものを除く。）

二　死刑の言渡しを受けて拘置される者

三　少年法（昭和23年法律第168号）第17条の4第1項，少年院法（平成26年法律第58号）第133条第2項又は少年鑑別所法（平成26年法律第59号）第123条の規定により仮に収容される者

四　逃亡犯罪人引渡法（昭和28年法律第68号）第5条第1項，第17条第2項若しくは第25条第1項，国際捜査共助等に関する法律（昭和55年法律第69号）第23条第1項又は国際刑事裁判所に対する協力等に関する法律（平成19年法律第37号）第21条第1項若しくは第35条第1項の規定により拘禁される者

[14] 刑事訴訟法第247条　公訴は，検察官がこれを行う。

しいと裁判所に求める（公訴提起）ことは，一般人にはできませんし，裁判官にも，警察官にもできないのです。これができるのは我が国では検察官だけです。また，公訴提起をするかどうかは検察官が決めます[15]。つまり，検察官は裁判にかけると判断をしてもよいですし，かけないという判断をしてもよいのです。これを**起訴便宜主義**と呼んでいます。検察が公訴提起をしないことを不起訴と呼びます。検察が，どのような判断をして**不起訴**となったのか，一般に明らかにされることはありませんが，法務省の規定で不起訴の理由として区分が定められています[16]。犯罪の成立を認定すべき証拠が十分に集まらなかったときは，**嫌疑不十分**として不起訴になります。証拠が十分に集まらず，有罪判決に持ち込める可能性が低い（つまり検察側が不利になる）と検察官が考えれ

[15] 刑事訴訟法第248条　犯人の性格，年齢及び境遇，犯罪の軽重及び情状並びに犯罪後の情況により訴追を必要としないときは，公訴を提起しないことができる。

[16] 事件事務規定（平成30年4月27日法務省刑総訓第3号）第75条　検察官は，事件を不起訴処分に付するときは，不起訴・中止裁定書（様式第117号）により不起訴の裁定をする。検察官が少年事件を家庭裁判所に送致しない処分に付するときも，同様とする。

2　不起訴裁定の主文は，次の各号に掲げる区分による。

(1) 被疑者死亡　被疑者が死亡したとき。

(2) 法人等消滅　被疑者である法人又は処罰の対象となるべき団体等が消滅したとき。

(3) 裁判権なし　被疑事件が我が国の裁判管轄に属しないとき。

(4) 第1次裁判権なし・不行使　日本国とアメリカ合衆国との間の相互協力及び安全保障条約第6条に基づく施設及び区域並びに日本国における合衆国軍隊の地位に関する協定（昭和35年条約第7号），日本国における国際連合の軍隊に対する刑事裁判権の行使に関する議定書（昭和28年条約第28号）若しくは日本国における国際連合の軍隊の地位に関する協定（昭和29年条約第12号）に基づき，我が国に第1次裁判権がないとき，又は前3号若しくは次号から第20号までのいずれかに該当する場合を除き我が国が第1次裁判権を行使しないとき（第1次裁判権を放棄したときを含む。）。

(5) 親告罪の告訴・告発・請求の欠如・無効・取消し　親告罪又は告発若しくは請求をまって論ずべき罪につき，告訴，告発若しくは請求がなかったとき，無効であったとき又は取り消されたとき。

(6) 通告欠如　道路交通法（昭和35年法律第105号）第130条の規定により公訴を提起することができないとき，又は同条の規定により家庭裁判所の審判に付する

ば裁判を回避するでしょう。また，被疑者が犯罪に及んだことが明白な場合であっても，事案が重くないもので，被疑者が真剣に反省し再犯のおそれが少ないような場合には，**起訴猶予**といって不起訴にすることもあります。

芸能人が逮捕されると，新聞やテレビ等のマスコミが警察署の前に大勢で集まり，警察署から出てきた芸能人が「大変申し訳ありませんでした」と謝罪する場面を目にします。これは，検察官が不起訴を決めたことで釈放された際の光景です。この場合，裁判が行われていないので，その芸能人は有罪ではありませんが，それは必ずしも事件に関する行為の事実がなかったことを示すものではありません。あくまで，検察官の判断によって公訴提起がされなかったという状態です（もちろん，嫌疑なし，の場合もあります）。

公訴提起をするかしないかという判断を独占している検察官の権限は非常に

ことができないとき。

(7) 反則金納付済み　道路交通法第128条第2項の規定により公訴を提起することができないとき又は同項（第130条の2第3項において準用する場合を含む。）の規定により家庭裁判所の審判に付することができないとき。

(8) 確定判決あり　同一事実につき既に既判力のある判決があるとき。

(9) 保護処分済み　同一事実につき既に少年法第24条第1項の保護処分がなされているとき。

(10) 起訴済み　同一事実につき既に公訴が提起されているとき（公訴の取消しがなされている場合を含む。）。ただし，第8号に該当する場合を除く。

(11) 刑の廃止　犯罪後の法令により刑が廃止されたとき。

(12) 大赦　被疑事実が大赦に係る罪であるとき。

(13) 時効完成　公訴の時効が完成したとき。

(14) 刑事未成年　被疑者が犯罪時14歳に満たないとき。

(15) 心神喪失　被疑者が犯罪時心神喪失であったとき。

(16) 罪とならず　被疑事実が犯罪構成要件に該当しないとき，又は犯罪の成立を阻却する事由のあることが証拠上明確なとき。ただし，前2号に該当する場合を除く。

(17) 嫌疑なし　被疑事実につき，被疑者がその行為者でないことが明白なとき，又は犯罪の成否を認定すべき証拠のないことが明白なとき。

(18) 嫌疑不十分　被疑事実につき，犯罪の成立を認定すべき証拠が不十分なとき。

(19) 刑の免除　被疑事実が明白な場合において，法律上刑が免除されるべきとき。

(20) 起訴猶予　被疑事実が明白な場合において，被疑者の性格，年齢及び境遇，犯罪の軽重及び情状並びに犯罪後の情況により訴追を必要としないとき。

大きなものがあります。このように，刑事事件の場合には，検察官が公訴提起をするか否かを決めます。一方，第3章で説明する未成年の場合，すなわち少年保護事件手続においては，検察官に送致された事件は，原則すべての事件が家庭裁判所に送致されます。刑事事件の起訴便宜主義に対して，少年事件におけるこの対応は**全件送致主義**と呼ばれます。

2.2.3 刑事事件手続のふるい

令和元（2019）年に検察庁で処理し終わった事件は，90万7,273人でした（図2.3）。そのうち，起訴された事件は28万2,844人[17]，不起訴になった事件は57万6,677人ですから，起訴される事件はおよそ3分の1程度であることがわかります。不起訴になった事件のうち，51万3,757人は起訴猶予ですから，不起訴の大半は，被疑事実が明白な場合であっても裁判にかけられなかった事件ということになります。また，先に述べたように警察段階で事案が軽微等の場合で微罪処分となって検察に送致されなかった者も5万5,764人います。

このように刑事事件手続は，先に進むにつれて事案の重いものが残され，処理される事件の数が減っていきます。この様子はふるいにかけられていく過程に例えることができ，フィルトレーション（filtration；濾過の意味）と呼ばれることもあります。微罪処分や起訴猶予によって，裁判にかけられる事件の数を抑制しているといえます。犯罪事件について通常の司法手続での処理を回避し，刑罰でない方法をとって処理することを**ダイバージョン**（diversion）と呼び，微罪処分や起訴猶予はその一種ということができます。ダイバージョンには，少年・刑事司法制度に付されることによるラベリング（レッテル貼り）などの不利益を回避するとともに，早期に効果的な措置をとり得るという利点が認められます（前田，2019，p.74）。また，刑事司法機関の負担を軽減することにもなっています。

[17] なお，起訴には公判請求と略式命令請求の2つの形式があり，これを決めるのも検察官です。検察官は，100万円以下の罰金，あるいは，科料しか求刑するつもりがない場合は，被疑者が略式手続に同意していれば，略式命令請求を選択することができます。懲役・禁錮（もちろん死刑も），あるいは，100万円を超える罰金を求刑しようとする場合は，必ず公判を経なければなりません（松原，2018，p.25）。

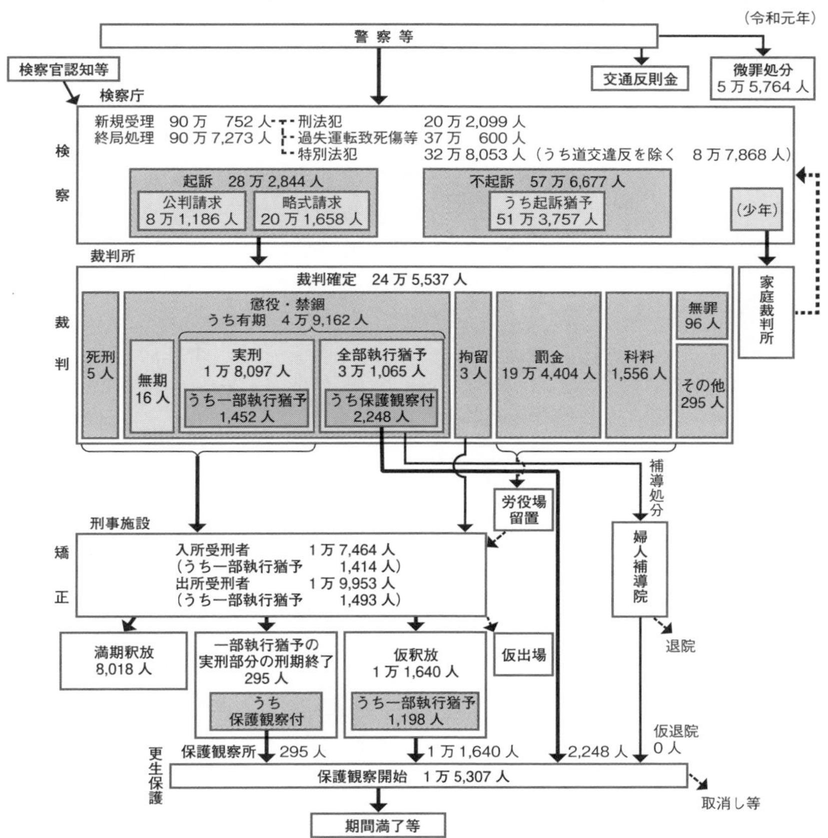

注 1　警察庁の統計，検察統計年報，矯正統計年報，保護統計年報及び法務省保護局の資料による。
2　各人員は令和元年の人員であり，少年を含む。
3　「微罪処分」とは，刑事訴訟法 246 条ただし書に基づき，検察官があらかじめ指定した犯情の特に軽微な窃盗，暴行，横領（遺失物等横領を含む。）等の成人による事件について，司法警察員が，検察官に送致しない手続を執ることをいう。
4　「検察庁」の人員は，事件単位の延べ人員である。例えば，1 人が 2 回送致された場合には，2 人として計上している。
5　「出所受刑者」の人員は，出所事由が仮釈放，一部執行猶予の実刑部分の刑期終了又は満期釈放の者に限る。
6　「一部執行猶予の実刑部分の刑期終了」の人員は，仮釈放中に余罪を理由に仮釈放を取り消され，その後刑事施設に収容される前に一部執行猶予の実刑部分の刑期を終了した者 1 人（なお，その者は，保護観察付一部執行猶予者である。）を含まない。
7　「保護観察開始」の人員は，仮釈放者，保護観察付一部執行猶予者，保護観察付全部執行猶予者及び婦人補導院仮退院者に限り，事件単位の延べ人員である。そのため，各類型の合計人員とは必ずしも一致しない。
8　「裁判確定」の「その他」は，免訴，公訴棄却，管轄違い及び刑の免除である。

図 2.3　**刑事事件での犯罪者処遇の概要**（『令和 2 年版犯罪白書』から）

後で説明しますが，裁判で有罪判決を受けても，執行猶予という刑務所への入所を回避する制度があります。同一の人物を追跡した資料がないため正確さを欠きますが，令和元（2019）年を例にとれば，事件で検察段階まで来るのが90万752人，裁判が終了するのが24万5,537人，そのうち，懲役・禁錮の有罪判決を受けるのが4万9,178人，執行猶予がつかずに実際に刑務所に入るのは1万8,113人です。刑事事件手続の川下に行くにつれて漸次ふるいにかけられて人数は少なくなっていきます。このことは，刑務所に入所してくる犯罪者の場合，事件の内容が重大で，犯罪性が進んだ者が大半を占めていることを意味しています。

2.3 起訴から判決確定後の処分まで

令和元（2019）年に裁判が確定したのは24万5,537人です（図2.3）。このうち，無罪判決となった事件はわずか96人です。このように，我が国の刑事裁判は公訴提起（起訴）が行われると99%以上が有罪判決となります。これは検察官が裁判で有罪判決になる可能性が高い事件しか起訴していないことによるものです。以下では，公訴提起後の手続を見ていくことにします。

2.3.1 起訴後の勾留と保釈

不起訴になると身柄は直ちに釈放されますが，公訴提起となった場合には被疑者はどうなるのでしょうか。公訴提起後は，被疑者は**被告人**と呼ばれ，検察官によって，被告人の住所が不定である，証拠を隠滅する恐れがある，逃亡す

---

[18] 刑事訴訟法第60条　裁判所は，被告人が罪を犯したことを疑うに足りる相当な理由がある場合で，左の各号の一にあたるときは，これを勾留することができる。

一　被告人が定まつた住居を有しないとき。

二　被告人が罪証を隠滅すると疑うに足りる相当な理由があるとき。

三　被告人が逃亡し又は逃亡すると疑うに足りる相当な理由があるとき。

2　勾留の期間は，公訴の提起があつた日から2箇月とする。特に継続の必要がある場合においては，具体的にその理由を附した決定で，1箇月ごとにこれを更新することができる。但し，第89条第一号，第三号，第四号又は第六号にあたる場合を

る恐れがあると判断された場合には，裁判所に勾留が請求され，それが認められれば身柄拘束が継続することになります[18]。2.2.1 項で説明した勾留は起訴前の勾留で，ここで述べているのは**起訴後の勾留**になります。起訴後の勾留は拘置所で行われるので，被疑者は警察の留置場から拘置所へと車で移送されることになります。

起訴後の勾留期間は起訴日から 2 カ月間で，その後は 1 カ月ごとの更新になります。起訴前の勾留が 10 日単位であったのに比べれば長期間になりますが，保釈[19]という釈放の制度があります。起訴前の勾留には保釈の制度はありません。被告人や弁護人等が保釈を請求して裁判所に認められれば釈放されることになります。もちろん，裁判が終わったわけではありませんので，釈放されて社会に戻っても，裁判の日には出廷して裁判を受けなければなりません。また，事件の関係者と接触するなど証拠隠滅を疑われるようなことはしないといった条件等が付されて保釈が行われますし，保釈の際には保釈保証金を納付することが必要になります。有名人の裁判では，テレビや新聞等で保釈請負人と呼ばれる凄腕の弁護士が登場し，多額の保釈金を積んで保釈が認められるといったことを見聞きすることがありますが，こうした話は検察官によって公訴提起が行われ，裁判が進行している中で起こっていることになります。保釈中は拘置所などの刑事施設に収容されることなく，一般社会で生活を営むことができますが，裁判の結果，懲役の実刑判決が確定すると，社会内から刑務所に収容されることになります。

除いては，更新は，1 回に限るものとする。

3　30 万円（刑法，暴力行為等処罰に関する法律（大正 15 年法律第 60 号）及び経済関係罰則の整備に関する法律（昭和 19 年法律第 4 号）の罪以外の罪については，当分の間，2 万円）以下の罰金，拘留又は科料に当たる事件については，被告人が定まつた住居を有しない場合に限り，第 1 項の規定を適用する。

[19] 刑事訴訟法第 88 条　勾留されている被告人又はその弁護人，法定代理人，保佐人，配偶者，直系の親族若しくは兄弟姉妹は，保釈の請求をすることができる。

2　第 82 条第 3 項の規定は，前項の請求についてこれを準用する。

2.3.2 裁判で言い渡される刑の種類

起訴された後，裁判によって被告人に科せられる刑について図2.3を参照しながら見ていきましょう。裁判で被告人に科される刑の種類は，重い順番に死刑，懲役，禁錮，罰金，拘留，科料[20]となります。

1. 死　刑

死刑は，我が国の刑罰のうちで最も重いもので，極刑と呼ばれることもあります。令和元（2019）年に死刑判決が確定したのは5人でした。死刑が裁判で確定した者は，原則として刑務所ではなく拘置所に収容されます。なお，我が国の死刑は絞首によって行われます[21]。

では，裁判官はどのような理由で死刑の判決を出すのでしょうか。平成13（2001）年5月8日に青森県弘前市田町で起こった強盗殺人・放火事件の例を見てみましょう。男が現金を奪う目的で消費者金融会社の支店に侵入し，店内にガソリンをまいて5人を殺害し，4人にけがを負わせた事件です。平成15（2003）年2月12日に出された第一審の青森地方裁判所の判決では，死刑に処す理由を以下のように示しています。

「人命の尊さを顧慮することなく，混合油に点火してF支店を丸ごと焼き払い，5人の焼死者と4人の火傷者を生じさせた被告人の罪責は，限りなく重いものであり…（中略）…死刑が生命を剥奪する究極の刑罰であって，その選択，適用は慎重であるべきことを十分に弁えたうえでもなお，被告人の罪責，とりわけ，本件犯行の結果はあまりにも重大であり，罪刑の均衡の見地から，被告人の生命をもって償わせるのが相当であり，一般予防の見地からも，被告人に対しては死刑をもって臨まざるを得ない。」

---

[20] 刑法第9条　死刑，懲役，禁錮，罰金，拘留及び科料を主刑とし，没収を付加刑とする。

[21] 刑法11条　死刑は，刑事施設内において，絞首して執行する。

[22] 刑事訴訟法第475条　死刑の執行は，法務大臣の命令による。

2　前項の命令は，判決確定の日から6箇月以内にこれをしなければならない。但し，上訴権回復若しくは再審の請求，非常上告又は恩赦の出願若しくは申出がされその手続が終了するまでの期間及び共同被告人であつた者に対する判決が確定するまでの期間は，これをその期間に算入しない。

なお，この事件では，被告人が死刑は不当に重いとして最高裁判所まで上告して量刑を争っています。死刑判決が確定したのは平成19（2007）年になってからのことでした。死刑が執行されたのは平成26（2014）年8月29日ですから，判決が確定してから約7年後になります。死刑は，確定判決の日から6カ月以内に行わなければならないと法律が規定していますが[22]，実際に執行されるまでには長い時間がかかることが多いのです。また，死刑の執行には法務大臣の署名が必要になります。平成17（2005）年，就任した直後の杉浦正健法務大臣が死刑執行命令書に署名しないと表明したことがあるように，死刑の執行は法務大臣の意向に左右される面があります。

2. 懲　役

懲役は，刑事施設に拘置して所定の作業を行わせる（刑法第12条第2項）という刑です。刑事施設とは，刑務所，少年刑務所[23]，拘置所[24]のことを指します。塀に囲まれた施設の中の鉄格子がある居室に収容され，一般社会との行き来ができなくなり，自由が制限されるため，後で述べる禁錮，拘留とともに自由刑と呼ばれます。

禁錮・懲役には有期と無期があります。有期は例えば，「懲役3年2カ月」のように期間を区切って身柄拘束を行います。この期間のことを刑期と呼びます（なお，懲役，禁錮は刑名と呼ばれます）。懲役の刑期は20年までとされていますが[25]，併合罪または死刑・無期からの減刑によって最大で30年までの刑を言い渡すことができます[26]。これに対して無期懲役は，刑期の定めがあり

---

[23] 少年刑務所という名前の響きから，未成年に限って収容していると，しばしば誤解されますが，主に20代の若年の受刑者を収容する施設になります。

[24] 裁判が行われている間は，拘置所に収容され，判決で禁錮・懲役が確定すると刑務所に移送されるのが原則ですが，一部の受刑者は，拘置所で懲役を執行されることがあります。

[25] 刑法第12条　懲役は，無期及び有期とし，有期懲役は，1月以上20年以下とする。
2　懲役は，刑事施設に拘置して所定の作業を行わせる。

[26] 刑法第14条　死刑又は無期の懲役若しくは禁錮を減軽して有期の懲役又は禁錮とする場合においては，その長期を30年とする。
2　有期の懲役又は禁錮を加重する場合においては30年にまで上げることができ，これを減軽する場合においては1月未満に下げることができる。

ません。しかし，無期懲役は一生刑務所から出られない終身刑とは異なり，一定の条件を満たし，地方更生保護委員会の許可が得られれば，仮釈放によって釈放される可能性があります（我が国には終身刑の制度はありません。仮釈放については，2.3.3項で説明します）。

令和元（2019）年に有期の禁錮・懲役が裁判で確定した者は4万9,162人で，内訳は禁錮が3,076人，懲役が4万6,102人でした。懲役のほうが禁錮よりも10倍以上多くなっています。無期懲役は16人で，無期禁錮は0人でした。無期禁錮は法律の上では制度として残っていますが，運用されることはほぼないものと考えられます。

懲役では，原則として刑務所に入所し，刑務作業と呼ばれる各種の労働を行います。これは，法律で義務として定められていますので，刑務作業を拒否すると規律違反行為とみなされて，厳正な調査と審査が行われた上で，懲罰を受けることになります。刑務作業では工場と呼ばれる作業場に配役されます。作業は，洗濯，炊事，印刷，木工，金属，洋裁などが用意されています。ここで作られた刑務所作業製品は，一般の人が購入することができます。刑務作業は，懲役に義務づけられた労働ですが，社会復帰後の更生のために技能を身につけるという意義もあります。また，刑務所では，更生に向けた教育的な働きかけも同時に行われています[27]。第11章では，刑務所における受刑者に対する教育についての詳細を説明しているので，参照してください。

3. 禁　　錮

禁錮は，懲役と同じく，刑事施設に拘置する刑（刑法第13条第1項）です

---

[27] 刑事収容施設及び被収容者等の処遇に関する法律第103条　刑事施設の長は，受刑者に対し，犯罪の責任を自覚させ，健康な心身を培わせ，並びに社会生活に適応するのに必要な知識及び生活態度を習得させるため必要な指導を行うものとする。
2　次に掲げる事情を有することにより改善更生及び円滑な社会復帰に支障があると認められる受刑者に対し前項の指導を行うに当たっては，その事情の改善に資するよう特に配慮しなければならない。
一　麻薬，覚醒剤その他の薬物に対する依存があること。
二　暴力団員による不当な行為の防止等に関する法律（平成3年法律第77号）第2条第六号に規定する暴力団員であること。
三　その他法務省令で定める事情

が，懲役との違いは刑務作業をする義務がないという点です。刑期についての定めは懲役と同じです。刑務作業をする義務はありませんが，希望すれば刑務作業を行うこともできます。

4. 拘　留

拘留は，1日以上30日未満の期間，刑事施設に拘置する刑（刑法第16条第1項）です。短期間の身柄拘束で，軽微な事件に対して行われます。先に説明した勾留との違いに注意してください。勾留は有罪が確定する前の未決の状態で行われ，拘留は有罪が確定した，すなわち，既決の状態で行われます。

5. 罰金・科料

罰金と**科料**は金銭を徴収する刑であり，懲役・禁錮・拘留といった自由刑に対して財産刑と呼ばれます。罰金刑の多くは交通事件が占めます。罰金と科料の違いは金額の大きさで，罰金は1万円以上[28]，科料は1,000円以上1万円未満[29]となります。

2.3.3　執行猶予・仮釈放・保護観察

裁判で禁錮・懲役の判決を受けた場合に，必ず刑務所に入らなくてはならないわけではありません。執行猶予という刑の執行を猶予する制度があります。また，禁錮・懲役刑で刑務所に収容された場合に，刑期が終了するまで刑務所を出られないかというと，そうではなく，仮釈放という刑の執行の途中で社会に釈放する制度があります。逮捕から始まった犯罪者処遇の流れの中でいわば川下に位置する部分になります。

1. 執 行 猶 予

執行猶予とは，刑の執行を猶予することです。懲役・禁錮を言い渡されると刑務所に入らないといけませんが，刑の執行が猶予されれば，社会内にいることができます。執行猶予がつかない判決，刑の一部執行猶予がついた判決は，実刑判決と呼ばれ，刑事施設に収容されることになります。

---

[28] 刑法第15条　罰金は，1万円以上とする。ただし，これを減軽する場合においては，1万円未満に下げることができる。
[29] 刑法第17条　科料は，1,000円以上1万円未満とする。

執行猶予には，全部執行猶予[30]と一部執行猶予[31]があります。**全部執行猶予**は，言い渡された刑期のすべての執行を猶予します。例えば，懲役2年執行猶予4年といった判決を耳にしたことはないでしょうか。これは刑期が2年の懲役刑で刑務所に入らなければならないところ，4年間その執行を猶予されて刑務所に入らなくてよく，その4年間，他に犯罪をせずに良好な生活状態を保っていれば[32]，懲役2年の刑は効力を失います[33]。もちろん，その間に別の犯罪をして，例えば，懲役2年の判決を言い渡されたときには，先に言い渡されていた懲役2年の執行猶予が取り消され，懲役2年＋懲役2年の合計4年間，刑務所に服役することになります。最初の懲役2年を1刑，後の執行猶予取消し刑である懲役2年を2刑と呼びます。実際の例では覚醒剤の自己使用事案で，最初の事件では執行猶予がついて社会に戻ったが，再び覚醒剤を使用して2度

---

[30] 刑法第25条　次に掲げる者が3年以下の懲役若しくは禁錮又は50万円以下の罰金の言渡しを受けたときは，情状により，裁判が確定した日から1年以上5年以下の期間，その刑の全部の執行を猶予することができる。

一　前に禁錮以上の刑に処せられたことがない者

二　前に禁錮以上の刑に処せられたことがあっても，その執行を終わった日又はその執行の免除を得た日から5年以内に禁錮以上の刑に処せられたことがない者

2　前に禁錮以上の刑に処せられたことがあってもその刑の全部の執行を猶予された者が1年以下の懲役又は禁錮の言渡しを受け，情状に特に酌量すべきものがあるときも，前項と同様とする。ただし，次条第1項の規定により保護観察に付せられ，その期間内に更に罪を犯した者については，この限りでない

[31] 第27条の2　次に掲げる者が3年以下の懲役又は禁錮の言渡しを受けた場合において，犯情の軽重及び犯人の境遇その他の情状を考慮して，再び犯罪をすることを防ぐために必要であり，かつ，相当であると認められるときは，1年以上5年以下の期間，その刑の一部の執行を猶予することができる。

一　前に禁錮以上の刑に処せられたことがない者

二　前に禁錮以上の刑に処せられたことがあっても，その刑の全部の執行を猶予された者

三　前に禁錮以上の刑に処せられたことがあっても，その執行を終わった日又はその執行の免除を得た日から5年以内に禁錮以上の刑に処せられたことがない者

2　前項の規定によりその一部の執行を猶予された刑については，そのうち執行が猶予されなかった部分の期間を執行し，当該部分の期間の執行を終わった日又はその執行を受けることがなくなった日から，その猶予の期間を起算する。

3　前項の規定にかかわらず，その刑のうち執行が猶予されなかった部分の期間の執

目の判決は実刑判決になり，2 刑持ちで刑務所に入ってくることが，しばしばあります。

禁錮・懲役の判決に全部執行猶予がつくことで，社会内での立ち直りの機会が与えられることになります。次に事件を犯したら刑務所に入らなければならないと考えれば，再度の犯罪行為に至らないよう自制も効くでしょう。また，刑務所に入った犯罪者という烙印を社会から押されることを回避できます。

これに対して，**一部執行猶予**は，禁錮・懲役を言い渡され，それによって刑務所等で刑を執行された後，刑期の途中で執行が猶予され，釈放されて社会の中で生活するという制度です[31]。この制度は平成 28（2016）年 6 月から運用が開始された比較的新しい制度です。具体的には，例えば「懲役 2 年 6 月に処する。その刑の一部である懲役 6 月の執行を 2 年間猶予する」のように言い渡

行を終わり，又はその執行を受けることがなくなった時において他に執行すべき懲役又は禁錮があるときは，第 1 項の規定による猶予の期間は，その執行すべき懲役若しくは禁錮の執行を終わった日又はその執行を受けることがなくなった日から起算する。

[32] 刑法第 26 条　次に掲げる場合においては，刑の全部の執行猶予の言渡しを取り消さなければならない。ただし，第三号の場合において，猶予の言渡しを受けた者が第 25 条第 1 項第二号に掲げる者であるとき，又は次条第三号に該当するときは，この限りでない。

一　猶予の期間内に更に罪を犯して禁錮以上の刑に処せられ，その刑の全部について執行猶予の言渡しがないとき。

二　猶予の言渡し前に犯した他の罪について禁錮以上の刑に処せられ，その刑の全部について執行猶予の言渡しがないとき。

三　猶予の言渡し前に他の罪について禁錮以上の刑に処せられたことが発覚したとき。

刑法第 26 条の 2　次に掲げる場合においては，刑の全部の執行猶予の言渡しを取り消すことができる。

一　猶予の期間内に更に罪を犯し，罰金に処せられたとき。

二　第 25 条の 2 第 1 項の規定により保護観察に付せられた者が遵守すべき事項を遵守せず，その情状が重いとき。

三　猶予の言渡し前に他の罪について禁錮以上の刑に処せられ，その刑の全部の執行を猶予されたことが発覚したとき。

[33] 刑法第 27 条　刑の全部の執行猶予の言渡しを取り消されることなくその猶予の期間を経過したときは，刑の言渡しは，効力を失う。

されます。この場合，最初の2年間は懲役刑で服役し，2年が経過すると釈放されて社会に戻り，残りの6月は社会で過ごすことになります。この制度には，一度刑務所に入って処遇，教育を受けた後，社会内で立ち直りの期間を確保するという意義があります。執行猶予の期間中は社会で過ごすことになるわけですが，その期間には，保護観察という社会内で改善更生に向けて指導を受ける措置を禁錮・懲役の判決に付すことができます（図 2.4）。特に，薬物使用等の罪では，執行猶予の期間中必ず保護観察に付されるようになりました[34]。保護観察については次の3の説明と第10章を参照してください。

2. 仮釈放

有期の禁錮・懲役受刑者は，定められた刑期が過ぎると必ず釈放されます。もし，刑期よりも1日でも長く刑務所に収容したままになると，それは過誤収

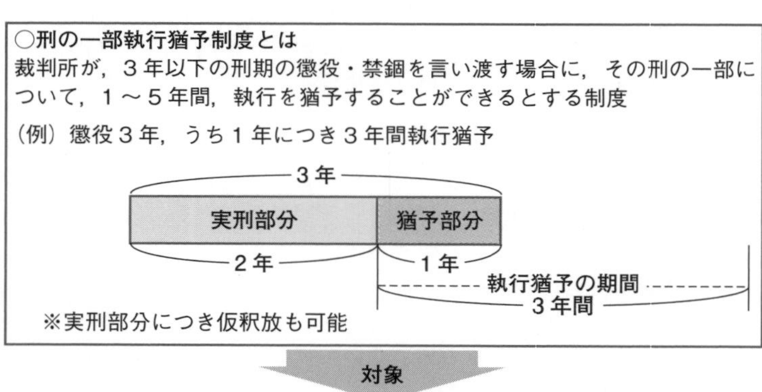

注1「初入者等」とは，前に禁錮以上の刑に処せられたことがない者，前に禁錮以上の刑に処せられたことがあっても，その刑の全部の執行を猶予された者，前に禁錮以上の刑に処せられたことがあっても，その執行を終わった日又はその執行の免除を得た日から5年以内に禁錮以上の刑に処せられたことがない者をいう。なお，対象犯罪による限定はない。

2「薬物使用等の罪」とは，規制薬物（覚醒剤，大麻，麻薬等）・毒劇物（トルエン等）の自己使用・単純所持の罪等をいう。

図 2.4　**一部執行猶予について**（『平成29年版犯罪白書』から）

容と呼ばれる大変な問題になります。刑事施設への収容は大きな人権の制約を伴う措置なので，1日たりとも不当な身柄拘束がないよう厳密な運用が求められます。世間一般では，刑務所では事件の反省をしないと出所できない，と思っている人もいるかもしれませんが，反省しているか否かには関係がなく，刑期が満了すれば釈放されて社会に戻るのです。これを**満期釈放**といいます。

しかし，刑期が満了する前に社会に釈放する制度があり，これを**仮釈放**と呼びます。仮釈放は，有期刑にも無期刑にも適用される制度です。自分の犯した事件のことを十分に反省して，改善更生の意欲があり，刑務所内で良好な生活態度を維持し再び犯罪をするおそれがなく，社会感情が仮釈放を是認すると認められること等が条件になります。有期刑では刑期の3分の1を，無期刑では10年を経過すると仮釈放の対象となります[35]。もちろん，この期間が過ぎると自動的に仮釈放になるのではなく，事件の内容や刑務所での成績等を勘案して，刑務所から仮釈放の申出が行われ，申出を受けた**地方更生保護委員会**が審理の上で仮釈放の許可を出すというのが手続の概要になります。令和元（2019）年に刑務所を出所した受刑者1万9,953人のうちで，満期釈放は8,018人，仮釈放は1万1,640人でした（**図2.3**参照）。

刑法上では有期刑の3分の1を経過すると仮釈放の対象になると規定されていますが，実際に刑期の3分の1で釈放される受刑者はまずいません。令和元（2019）年に仮釈放された受刑者1万1,640人のうち，刑期の7割未満で仮釈放となった者は210人，7割以上8割未満が2,130人，8割以上9割未満が5,173人，9割以上が3,960人でした。刑の執行率が8割というのは，懲役2年（24カ月）の場合には，1年9カ月（21カ月）刑務所に在監した後に釈放され

[34] 薬物使用等の罪を犯した者に対する刑の一部の執行猶予に関する法律第4条　前条に規定する者に刑の一部の執行猶予の言渡しをするときは，刑法第27条の3第1項の規定にかかわらず，猶予の期間中保護観察に付する。
2　刑法第27条の3第2項及び第3項の規定は，前項の規定により付せられた保護観察の仮解除について準用する。

[35] 刑法第28条　懲役又は禁錮に処せられた者に改悛の状があるときは，有期刑についてはその刑期の3分の1を，無期刑については10年を経過した後，行政官庁の処分によって仮に釈放することができる。

ているということです。

一方，無期刑の場合，刑法では10年を経過すると仮釈放の対象となりますが，10年で釈放されるということはまずありません。令和元（2019）年に釈放された無期懲役受刑者は17人ですが，ほとんどの者が刑期20年を超えてからの釈放になっています。しかし，無期懲役の仮釈放は，運用が時代によってかなり異なっており，例えば，平成3（1991）年に仮釈放となった33人のうち，13人（39.4％）は16年以内に釈放されています。有期の懲役で20年の刑期を宣告される受刑者よりも，無期懲役受刑者のほうが早く釈放されていた時代もあったわけです。無期懲役受刑者の仮釈放が遅くなってきた背景には，被害者遺族の心情を慮るという被害者保護の趨勢が影響しています。先に無期懲役は一生刑務所にいる終身刑ではないと述べましたが，無期懲役の期間が30年を超えてくると，受刑者の年齢によっては終身刑と変わらない扱いになっているともいえるでしょう。無期懲役受刑者の中には，昔はもっと早くに仮釈放になったのに，現在はそれとは比べものにならない長期間にわたって収容されることに不満を抱いている者もいます。また，多くの場合刑務所に収容されている者は刑期がどんなに長くてもよいので，いつ釈放されるかわからない無期懲役より，有期の懲役刑を望むものです。

仮釈放には，早く社会に釈放されるために，刑務所での生活をまじめに頑張るという動機を受刑者に与える機能があります。一方，有期刑受刑者の中には，決められた刑期が過ぎれば必ず釈放されるのだから，仮釈放は不要であると申し述べ，刑務所内で規律違反行為を繰り返す者もいます。これは仮釈放の抑制機能が働かない例です。我が国では死刑を廃止して終身刑を導入したらよい，という意見もしばしば聞かれますが，終身刑となると刑務所での成績がどんなに良好であっても釈放されることがなくなるため，受刑者に規律ある刑務所生活への動機づけを図るのが難しくなることが予想されます。

3. 保護観察

犯罪に及んだ者を刑務所，少年院などの施設に収容し，施設内で指導を受けさせながら立ち直りを図らせるやり方を**施設内処遇**といいます。これに対して，**保護観察**[36]は，社会の中で指導を受けながら更生を図らせるもので，**社会内**

処遇と呼ばれます（保護観察についての詳細は，第10章で説明しますので参照ください）。保護観察は保護観察所が所管しており，保護観察官や民間の篤志家である保護司が社会内で対象者と接触を保ちながら指導を行います。保護観察は，主として未成年の非行に対し，少年審判で決定されて行われる1号観察，少年院の仮退院中に行われる2号観察，刑事施設からの仮釈放中に行われる3号観察，禁錮・懲役の執行猶予中に行われる4号観察があります[37]。

先に述べたように，令和元（2019）年の仮釈放者は1万1,640人，満期釈放者は8,018人でした。このうち，満期釈放者には保護観察はつきませんが，刑事施設を仮釈放で出所した者には必ず保護観察が付されます。仮釈放では，原則として残された刑期の期間が保護観察の期間になります。禁錮・懲役で執行猶予となった場合には，全部執行猶予でも[38]一部執行猶予でも[39]保護観察に付することができます。また，薬物使用等の罪では，一部執行猶予の期間中必ず保護観察に付されます。令和元（2019）年に全部執行猶予つきの判決が確定

---

[36] 更生保護法第49条　保護観察は，保護観察対象者の改善更生を図ることを目的として，第57条及び第65条の3第1項に規定する指導監督並びに第58条に規定する補導援護を行うことにより実施するものとする。

2　保護観察処分少年又は少年院仮退院者に対する保護観察は，保護処分の趣旨を踏まえ，その者の健全な育成を期して実施しなければならない。

[37] 更生保護法第48条　次に掲げる者（以下「保護観察対象者」という。）に対する保護観察の実施については，この章の定めるところによる。

一　少年法第24条第1項第一号の保護処分に付されている者（以下「保護観察処分少年」という。）

二　少年院からの仮退院を許されて第42条において準用する第40条の規定により保護観察に付されている者（以下「少年院仮退院者」という。）

三　仮釈放を許されて第40条の規定により保護観察に付されている者（以下「仮釈放者」という。）

四　刑法第25条の2第1項若しくは第27条の3第1項又は薬物使用等の罪を犯した者に対する刑の一部の執行猶予に関する法律第4条第1項の規定により保護観察に付されている者（以下「保護観察付執行猶予者」という。）

[38] 刑法第25条の2　前条第1項の場合においては猶予の期間中保護観察に付することができ，同条第2項の場合においては猶予の期間中保護観察に付する。

2　前項の規定により付せられた保護観察は，行政官庁の処分によって仮に解除することができる。

した者は3万1,065人，そのうちで保護観察がついたものは2,248人でした。保護観察を受けた者の割合は7.2%になりますから，我が国で禁錮・懲役刑で執行猶予となった者のかなり多くが保護観察所による社会内処遇を受けないことになります。このことは我が国の社会内処遇の脆弱さを示しているともいえるでしょう。一方，一部執行猶予つき判決を受けた者は1,452人です。令和元(2019) 年に，一部執行猶予の実刑部分の刑期が終了した者は295人で，それらの者は全員保護観察が付されています。また，仮釈放された一部執行猶予の者は1,198人で，これらの者も全員が保護観察を受けることになります。ここでは刑務所で刑を執行して教育を行った後，刑の執行を猶予して社会内で引続き更生への処遇を行うという取組みが行われています。

---

3 前項の規定により保護観察を仮に解除されたときは，前条第2項ただし書及び第26条の2第二号の規定の適用については，その処分を取り消されるまでの間は，保護観察に付せられなかったものとみなす。

[39] 刑法第27条の3 前条第1項の場合においては，猶予の期間中保護観察に付することができる。

2 前項の規定により付せられた保護観察は，行政官庁の処分によって仮に解除することができる。

3 前項の規定により保護観察を仮に解除されたときは，第27条の5第二号の規定の適用については，その処分を取り消されるまでの間は，保護観察に付せられなかったものとみなす。

復習問題

1. 我が国の刑事法における犯罪の定義は，①構成要件に該当する，②違法，③有責な行為，とされています。①～③がどのような内容か説明してください。
2. 検察官による起訴独占主義，起訴便宜主義とは，どのようなものでしょうか。
3. 執行猶予・仮釈放・保護観察は，どのような制度でしょうか。

参考図書

前田 忠弘・松原 英世・平山 真理・前野 育三（2019）．刑事政策がわかる　改訂版　法律文化社

刑罰，刑務所，犯罪者処遇，犯罪被害者，非行少年の手続と処遇など，我が国の刑事政策，刑事司法システムについて実情を踏まえてわかりやすく解説されています。読みやすく，簡潔にまとめられているので，この章を読んで我が国の犯罪者を取り扱う制度に興味を持たれた方が読むのに適しています。

3 少年保護事件手続

犯罪を社会の中で処理していく手続は，成人と未成年で大きく異なります。精神的にも身体的にも未発達な段階にある未成年に対しては，成人と同様に刑罰を与えるのではなく，保護的な措置が望ましいと考えられるからです。このため，成人とは全く別系統の手続が定められていますが，この理念を説明しているのが，少年法第１条です。

「この法律は，少年の健全な育成を期し，非行のある少年に対して性格の矯正及び環境の調整に関する保護処分を行うとともに，少年の刑事事件について特別の措置を講ずることを目的とする。」

少年事件の手続においては，「保護」という言葉がキーワードになります。成人の場合には，犯罪者に対して懲役，禁錮等の刑が科されますが，未成年の場合には「保護処分」と呼ばれる措置が中核的な役割を担います。もちろん，少年事件においても適正な手続が重要ですので，成人の場合と同様に法律に沿って処分が決められていきます。その主軸となる法律が少年法です。

公認心理師が活躍する学校領域では，少年非行のケースに遭遇することも少なくないでしょう。また，少年非行の取扱いには児童相談所，児童自立支援施設といった福祉領域の行政機関も密接に関わっています。公認心理師にとって非行少年処遇の流れを知ることは必須の知識といえます。

3.1 少年保護事件の対象——犯罪少年・触法少年・ぐ犯少年

まず，「少年」が何を指すのかについて明確にしておきましょう。少年法では，「少年」を 20 歳未満としています[1]。少年法では，少女という言葉は使い

[1] 少年法第 2 条　この法律で「少年」とは，20 歳に満たない者をいい，「成人」とは，満 20 歳以上の者をいう。

ませんので，少年は20歳未満の男女を指します。また，年齢がいくら若くても，あるいは19歳であっても少年です。紛らわしいのですが，児童福祉法では18歳未満を児童とし，そのうち，小学校就学の始期から満18歳までを少年と呼んでいます[2]。この章で「少年」という言葉を使うときは，断りがない限り少年法の定義，すなわち，20歳未満としますので留意しておいてください。なお，少年法の適用年齢が20歳未満であるのに対し，児童福祉法は18歳未満が対象となるので，児童福祉法上の措置の上限が18歳になることに注意が必要です（**表3.1**）。

なお，令和3（2021）年の少年法改正で，満18歳以上20歳未満の少年を特定少年とし，現住建造物等放火，強盗，強制性交等罪のような死刑又は無期若しくは短期1年以上の懲役若しくは禁錮に当たる罪の事件では，原則として検察官送致決定を行い，成人と同様の刑事裁判が行われることになりました。また，特定少年についてはぐ犯の適用がなくなり，公訴を提起された後には氏名や顔写真等の報道ができるようになりました。

少年審判の対象となるのが，**図3.1**の一番上の四角い囲みの中にある犯罪少年，触法少年，ぐ犯少年です[3]。

犯罪少年は，罪を犯した少年のことで，年齢は14歳以上です。殺人，窃盗，

---

[2] 児童福祉法第4条　この法律で，児童とは，満18歳に満たない者をいい，児童を左のように分ける。

一　乳児　満1歳に満たない者

二　幼児　満1歳から，小学校就学の始期に達するまでの者

三　少年　小学校就学の始期から，満18歳に達するまでの者

[3] 少年法第3条　次に掲げる少年は，これを家庭裁判所の審判に付する。

一　罪を犯した少年

二　14歳に満たないで刑罰法令に触れる行為をした少年

三　次に掲げる事由があつて，その性格又は環境に照して，将来，罪を犯し，又は刑罰法令に触れる行為をする虞のある少年

イ　保護者の正当な監督に服しない性癖のあること。

ロ　正当の理由がなく家庭に寄り附かないこと。

ハ　犯罪性のある人若しくは不道徳な人と交際し，又はいかがわしい場所に出入すること。

ニ　自己又は他人の徳性を害する行為をする性癖のあること。

表 3.1　児童福祉法上の「児童」と少年法上の「少年」

児童福祉法		少年法	
児童	18 歳未満	少年	20 歳未満
乳児	満 1 歳に満たない者	触法少年	14 歳未満
幼児	満 1 歳から小学校就学の始期に達するまでの者	犯罪少年	14 歳以上 20 歳未満
少年	小学校就学の始期から満 18 歳に達するまでの者	ぐ犯少年	20 歳未満※

※ぐ犯少年は，14 歳未満と 14 歳以上の場合で，少年保護事件手続における取扱いが異なります。

強盗等の犯罪をして逮捕されるといった，皆さんが一般的にイメージするような非行少年がこれに当たります。ただし，警察庁の『令和元年の犯罪』によれば，刑法犯の場合，逮捕される少年は，犯罪少年全体の 23％にすぎず，大半は，身柄拘束を受けない状態で捜査を受けます。

触法少年は，刑罰法令に触れる行為をした 14 歳未満の少年のことです。第 2 章で刑法における有責性について説明したように，14 歳未満の少年には刑事責任を問うことができません。ですから，14 歳未満の少年は，殺人をしても，窃盗をしても犯罪にはならず，刑罰法令に触れる行為をした（触法）ということになるのです。そのため，触法少年という別建てのカテゴリーを作っているのです。

最後に，**ぐ犯少年**ですが，これは①ぐ犯事由，と，②ぐ犯性，のいずれにも該当する少年のことです。①ぐ犯事由，とは，正当の理由がなく家庭に寄り附かない等の事由で，これは少年法第 3 条第 1 項第三号にあるイからニに記載されています。一方，②ぐ犯性，とは，その性格又は環境に照らして，将来，罪を犯し，又は刑罰法令に触れる行為をする虞（おそれ）のあること，をいいます。①ぐ犯事由，と②ぐ犯性，の両方に該当しないとぐ犯少年にはなりません。ちなみに，ぐ犯の「ぐ」は漢字では「虞」と書き，将来，犯罪や触法に及ぶ虞（おそれ）を意味しています。成人の場合には，将来犯罪に及ぶ可能性があるという理由で司法の対象となることはないのですが，少年の場合には，心身共に発達途上にあり，判断力も未熟であることから，少年審判の対象として保護

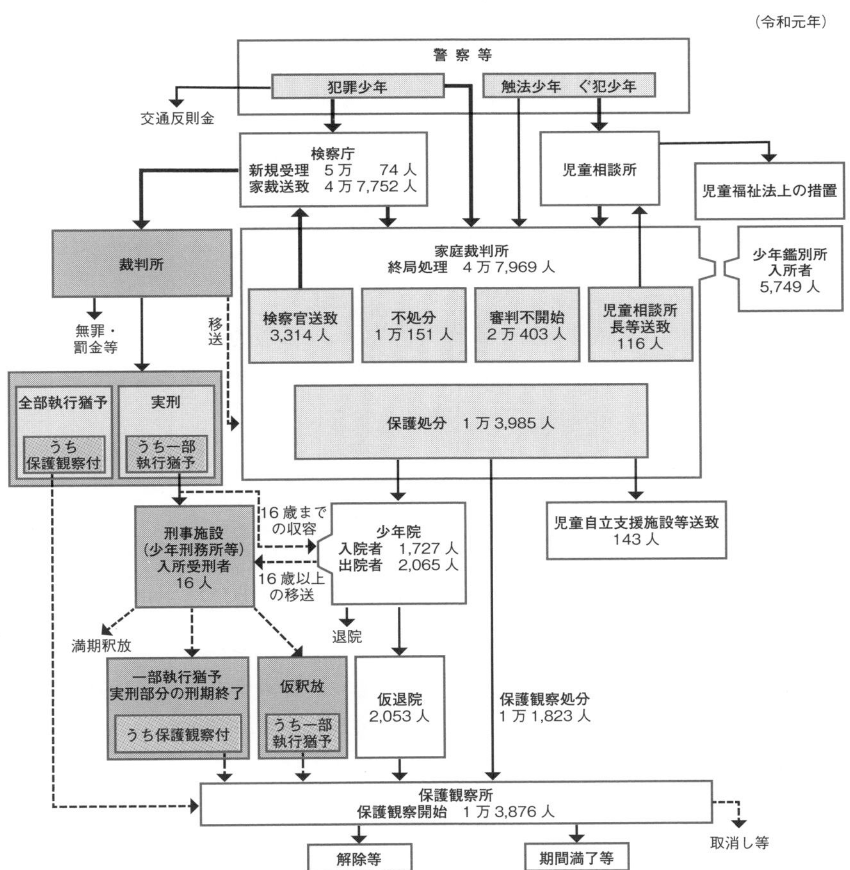

注1　検察統計年報，司法統計年報，矯正統計年報及び保護統計年報による。
2　「検察庁」の人員は，事件単位の延べ人員である。例えば，1人が2回送致された場合には，2人として計上している。
3　「児童相談所長等送致」は，知事・児童相談所長送致である。
4　「児童自立支援施設等送致」は，児童自立支援施設・児童養護施設送致である。
5　「出院者」の人員は，出院事由が退院又は仮退院の者に限る。
6　「保護観察開始」の人員は，保護観察処分少年及び少年院仮退院者に限る。

図3.1　**非行少年処遇の概要**（『令和2年版犯罪白書』から）

をするという制度になっているのです。例えば，保護者の元から長期間家出をして，暴力団関係者と関わって生活をしている少年のように，現在，犯罪はしていないけれども，ぐ犯事由に当てはまり，将来犯罪に走る可能性が高いと判断されれば，家庭裁判所における審判の対象となります。

3.2 家庭裁判所に送致されるまでの手続 ――捜査機関による捜査と調査

捜査段階では，刑事責任能力を問われる14歳に達しているかどうかによって取扱いが異なります。すなわち，犯罪少年と14歳以上のぐ犯少年は，司法機関である検察官や家庭裁判所が優先的に関与し，触法少年と14歳未満のぐ犯少年は，児童福祉の専門機関である児童相談所が優先的に関わることとされています。この違いを具体的に見ていきましょう。

3.2.1 犯罪少年と14歳以上のぐ犯少年の取扱い

少年であっても，刑事責任を問われる14歳以上であれば，第2章で説明したとおり，捜査段階では成人と同様，逮捕後48時間以内に検察官に送致し，24時間以内に勾留することができますが（ただし，成人と違って勾留の場所を少年鑑別所にすることができます），約80%は身柄拘束を受けない状態で取調べを受けます。これは，未成年である少年の未熟さから特別の配慮が求められていることに関係しています。すなわち，犯罪捜査規範208条では「少年の被疑者については，なるべく身柄の拘束を避け，やむを得ず，逮捕，連行又は護送する場合には，その時期及び方法について特に慎重な注意をしなければならない。」と定められています。

少年の身柄が拘束された場合でも，拘束されなかった場合でも，司法警察員は，犯罪の捜査を遂げたときは，原則として事件を検察官に送致しなければなりませんが，罰金以下の刑に当たる事件については，検察官を経ることなく，家庭裁判所に直接送致することが定められています。成人の場合，公訴提起の判断は検察官に委ねられ，不起訴とされることもありますが（**起訴便宜主義**），少年事件は，原則すべての事件が家庭裁判所に送致されます[4]。これを**全件送**

表 3.2　成人と少年の取扱いの違い

	成人	少年
対象	成人の刑事事件	少年の刑事事件
目的	（刑事訴訟法第 1 条） 公共の福祉の維持 個人の基本的人権の保障 事案の真相の解明 刑罰法令の適正かつ迅速な実現	（少年法第 1 条） 少年の健全な育成 性格の矯正及び環境の調整 少年の刑事事件についての特別の措置の定め
起訴	起訴便宜主義	全件送致主義
先議権	検察官	家庭裁判所（犯罪少年と 14 歳以上のぐ犯少年） 児童相談所（触法少年と 14 歳未満のぐ犯少年）

致主義と呼びます（表 3.2）。令和元（2019）年に検察庁から家庭裁判所に送致された事件は 4 万 7,752 人でした。なお，軽微な少年事件については，簡易送致[5]と呼ばれる書面のみでの簡便な処理が行われています。

3.2.2　触法少年と 14 歳未満のぐ犯少年の取扱い

全件送致には例外があります。それは，触法少年と 14 歳未満のぐ犯少年で，この場合は，都道府県知事または児童相談所からの送致がないと家庭裁判所の審判に付することができません[6]。このことは，14 歳未満の少年の場合，刑事

[4] 少年法第 42 条　検察官は，少年の被疑事件について捜査を遂げた結果，犯罪の嫌疑があるものと思料するときは，第 45 条第五号本文に規定する場合を除いて，これを家庭裁判所に送致しなければならない。犯罪の嫌疑がない場合でも，家庭裁判所の審判に付すべき事由があると思料するときは，同様である。

[5] 犯罪捜査規範第 214 条　捜査した少年事件について，その事実が極めて軽微であり，犯罪の原因及び動機，当該少年の性格，行状，家庭の状況及び環境等から見て再犯のおそれがなく，刑事処分又は保護処分を必要としないと明らかに認められ，かつ，検察官又は家庭裁判所からあらかじめ指定されたものについては，被疑少年ごとに少年事件簡易送致書及び捜査報告書を作成し，これに身上調査表その他の関係書類を添付し，一月ごとに一括して検察官又は家庭裁判所に送致することができる。

2　前項の規定による処理をするに当たっては，第 200 条（微罪処分の際の処置）に規定するところに準じて行うものとする。

責任が問われないため，司法機関である検察官でも家庭裁判所でもなく，児童福祉の専門機関である児童相談所に先議権があることを意味しています。これは図 3.1 の右上の部分になります。ただし，令和元（2019）年に家庭裁判所が知事または児童相談所長から送致を受けたのは 281 件ですから，数としてはそれほど多くありません。

触法少年に対して警察は調査を行うことができます[7]。調査を遂げた後，必要があれば事件を児童相談所に送致します[8]。児童相談所に送致された事件は，児童福祉法上の措置を行うか，家庭裁判所に送致するかの判断が都道府県によって行われます[9]。少年法上の措置と，児童福祉法上の措置のどちらもとるこ

---

[6] 少年法第3条第2項　家庭裁判所は，前項第二号に掲げる少年（触法少年）及び同項第三号に掲げる少年（ぐ犯少年）で 14 歳に満たない者については，都道府県知事又は児童相談所長から送致を受けたときに限り，これを審判に付することができる。

[7] 少年法第6条の2　警察官は，客観的な事情から合理的に判断して，第3条第1項第二号に掲げる少年（触法少年）であると疑うに足りる相当の理由のある者を発見した場合において，必要があるときは，事件について調査をすることができる。

2　前項の調査は，少年の情操の保護に配慮しつつ，事案の真相を明らかにし，もつて少年の健全な育成のための措置に資することを目的として行うものとする。

3　警察官は，国家公安委員会規則の定めるところにより，少年の心理その他の特性に関する専門的知識を有する警察職員（警察官を除く。）に調査（第6条の5第1項の処分を除く。）をさせることができる。

[8] 少年法第6条の6　警察官は，調査の結果，次の各号のいずれかに該当するときは，当該調査に係る書類とともに事件を児童相談所長に送致しなければならない。

一　第3条第1項第二号に掲げる少年に係る事件について，その少年の行為が次に掲げる罪に係る刑罰法令に触れるものであると思料するとき。

イ　故意の犯罪行為により被害者を死亡させた罪

ロ　イに掲げるもののほか，死刑又は無期若しくは短期2年以上の懲役若しくは禁錮に当たる罪

二　前号に掲げるもののほか，第3条第1項第二号に掲げる少年に係る事件について，家庭裁判所の審判に付することが適当であると思料するとき。

第6条の7　都道府県知事又は児童相談所長は，前条第1項（第一号に係る部分に限る。）の規定により送致を受けた事件については，児童福祉法第27条第1項第四号の措置をとらなければならない。ただし，調査の結果，その必要がないと認められるときは，この限りでない。

2　都道府県知事又は児童相談所長は，児童福祉法の適用がある少年について，たま

とができるのです。全件送致といっても，触法少年の場合には，家庭裁判所が一切関わらないままケースが終結することもあるわけです。

ぐ犯少年の場合も，14 歳未満である場合には，児童相談所からの送致がないと家庭裁判所で審判が行えません。児童相談所に係属した後，児童福祉法上の措置を行うか，家庭裁判所に送致するかの判断は都道府県によって行われます。

その他にも，家庭裁判所に係属する経路として，家庭裁判所への通告という制度があり（少年法第 6 条第 1 項），一般人の誰もが家庭裁判所へ審判に付すべき少年を通告することができます[10]。

たま，その行動の自由を制限し，又はその自由を奪うような強制的措置を必要とするときは，同法第 33 条，第 33 条の 2 及び第 47 条の規定により認められる場合を除き，これを家庭裁判所に送致しなければならない。

[9] 児童福祉法第 27 条　都道府県は，前条第 1 項第一号の規定による報告又は少年法第 18 条第 2 項の規定による送致のあつた児童につき，次の各号のいずれかの措置を採らなければならない。

一　児童又はその保護者に訓戒を加え，又は誓約書を提出させること。

二　児童又はその保護者を児童相談所その他の関係機関若しくは関係団体の事業所若しくは事務所に通わせ当該事業所若しくは事務所において，又は当該児童若しくはその保護者の住所若しくは居所において，児童福祉司，知的障害者福祉司，社会福祉主事，児童委員若しくは当該都道府県の設置する児童家庭支援センター若しくは当該都道府県が行う障害者等相談支援事業に係る職員に指導させ，又は市町村，当該都道府県以外の者の設置する児童家庭支援センター，当該都道府県以外の障害者等相談支援事業を行う者若しくは前条第 1 項第二号に規定する厚生労働省令で定める者に委託して指導させること。

三　児童を小規模住居型児童養育事業を行う者若しくは里親に委託し，又は乳児院，児童養護施設，障害児入所施設，児童心理治療施設若しくは児童自立支援施設に入所させること。

四　家庭裁判所の審判に付することが適当であると認める児童は，これを家庭裁判所に送致すること。

[10] 少年法第 6 条　家庭裁判所の審判に付すべき少年を発見した者は，これを家庭裁判所に通告しなければならない。

2　警察官又は保護者は，第 3 条第 1 項第三号に掲げる少年について，直接これを家庭裁判所に送致し，又は通告するよりも，先づ児童福祉法（昭和 22 年法律第 164 号）による措置にゆだねるのが適当であると認めるときは，その少年を直接児童相談所に通告することができる。

BOX 3.1 「することができる」と「しなければならない」——法律上の文言

本書の脚注にはたくさんの法律の条文が引用されていますが，その文末を注意して読んでみると，「～することができる」と「～しなければならない」の2種類があることがわかると思います。例えば，少年法第41条は「司法警察員は（中略）家庭裁判所に送致しなければならない。」，少年法第42条は「検察官は（中略）家庭裁判所に送致しなければならない。」と規定しています。これは，「しなければならない」と定められていますので，条文に定められた規定を満たす場合には必ずその規定に従わなければなりません。だからこそ，これらの条文が「全件送致主義」の根拠とされているわけです。

これに対して，警察による触法少年の調査を定めた少年法第6条の2は，「警察官は，客観的な事情から合理的に判断して（中略）必要があるときは，事件について調査をすることができる。」と規定しています。これは，「することができる」のであって，「しなければならない」わけではありませんので，警察官の判断によっては調査をしないという選択肢も取り得ることになります。

とはいえ，一般人からの家庭裁判所への通告を定めた少年法第6条では，「家庭裁判所の審判に付すべき少年を発見した者は，これを家庭裁判所に通告しなければならない。」と定められていますが，そのような少年を発見した人のほとんどは，家庭裁判所ではなく，警察に通報しているはずですので，これは，「通告することができる」という意味に解釈するほうが現実的だと思われます。

なお，少年法などの法律を読んでいると，「家庭裁判所は～しなければならない」とか「家庭裁判所は～することができる」などという条文に出会います。この場合の「家庭裁判所」は，建物としての裁判所ではなく，家庭裁判所の裁判官を意味しています。したがって，法律の条文の中に「家庭裁判所は」という主語を見つけた場合には「家庭裁判所の裁判官は」と読み替えると理解しやすいでしょう。

3.3 家庭裁判所に送致された後の手続――調査と審判

ここまで少年事件が家庭裁判所に送致されるまでの過程を見てきましたので，ここからは，家庭裁判所が事件を受理した後の手続（「調査」と「審判」に大別されます）を見ていきましょう。

3.3.1 家庭裁判所の調査

家庭裁判所は，事件を受理したときには事件について調査しなければならないと定められています[11]。この場合の調査は，裁判官による法的調査と家庭裁判所調査官による社会調査に区別されますが，実務上は後者を意味するのが一般的です。

家庭裁判所調査官は，裁判官から調査命令を受けると，少年や保護者を家庭裁判所に呼び出して面接を行うほか，少年の自宅や学校，少年鑑別所や児童相談所など様々なところに赴き，対象となった少年の更生や健全育成のためにはどのような処遇が必要となるかを探っていきます。この調査に当たっては，「少年，保護者又は関係人の行状，経歴，素質，環境等について，医学，心理学，教育学，社会学その他の専門的智識」を活用して行うこととされています[12]。このように，家庭裁判所調査官は，司法・犯罪領域の中で心理学の専門的知識を用いて稼働する専門家です。

なお，家庭裁判所調査官の活動で，非行少年を取り扱う少年事件については第8章を参照してください。また，家庭裁判所調査官は，少年事件だけでなく，離婚調停等を取り扱う家事事件にも関与していますので，これついては第13章を参照してください。

---

[11] 少年法第8条　家庭裁判所は，第6条第1項の通告又は前条第1項の報告により，審判に付すべき少年があると思料するときは，事件について調査しなければならない。検察官，司法警察員，警察官，都道府県知事又は児童相談所長から家庭裁判所の審判に付すべき少年事件の送致を受けたときも，同様とする。

[12] 少年法第9条　前条の調査は，なるべく，少年，保護者又は関係人の行状，経歴，素質，環境等について，医学，心理学，教育学，社会学その他の専門的智識特に少年鑑別所の鑑別の結果を活用して，これを行うように努めなければならない。

3.3.2　少年鑑別所への収容（観護措置）

事件が家庭裁判所に送致されると，少年に対して調査が行われますが，その際に**観護措置**[13]と呼ばれる決定が裁判官によって行われることがあります。その場合，**少年鑑別所**に送致されます。少年鑑別所は，少年の身柄を24時間拘束する全面的収容施設です。ここでは，少年を収容して，その少年がどういった性質，特徴を持っているのか，どうして非行に走ったのか，更生するためにはどのような処遇，処分が適当であるのかといったことを調べます。これを**鑑別**と呼びます。このように，少年鑑別所は，裁判官が最終的な処分を決めるまでに必要な調査や鑑別を行うための施設であり，事件に対する処分として収容されるわけではありません（成人における勾留と拘留の違いを参照してください）。

観護措置では少年鑑別所に最大で8週間まで収容することができますが，実際の運用では3〜4週間で審判が開かれます[14]。観護措置は，少年の身柄を拘束するわけですから，ある程度，事案が大きい場合や，少年の資質面の問題が大きな場合に観護措置がとられることになります。令和元（2019）年には4万7,752人が検察庁から家庭裁判所に送致されていますが，観護措置で少年鑑別

---

[13] 少年法第17条第1項　家庭裁判所は，審判を行うため必要があるときは，決定をもつて，次に掲げる観護の措置をとることができる。

一　家庭裁判所調査官の観護に付すること。

二　少年鑑別所に送致すること。

[14] 少年法第17条第3項　第1項第二号の措置においては，少年鑑別所に収容する期間は，2週間を超えることができない。ただし，特に継続の必要があるときは，決定をもつて，これを更新することができる。

少年法第17条第4項　前項ただし書の規定による更新は，1回を超えて行うことができない。ただし，第3条第1項第一号に掲げる少年に係る死刑，懲役又は禁錮に当たる罪の事件でその非行事実（犯行の動機，態様及び結果その他の当該犯罪に密接に関連する重要な事実を含む。以下同じ。）の認定に関し証人尋問，鑑定若しくは検証を行うことを決定したもの又はこれを行つたものについて，少年を収容しなければ審判に著しい支障が生じるおそれがあると認めるに足りる相当の理由がある場合には，その更新は，更に2回を限度として，行うことができる。

少年法第17条第5項　第3項ただし書の規定にかかわらず，検察官から再び送致を受けた事件が先に第1項第二号の措置がとられ，又は勾留状が発せられた事件で

所に入所したのは5,749人でした。

少年鑑別所では，収容少年に対する鑑別を行い，また，少年の生活全般を見守り，心情の安定を図りつつ，面接や行動観察を行う**観護処遇**を行っています。この鑑別と観護処遇は収容された少年が対象ですが，これに加えて，地域社会と連携して非行及び犯罪の防止に関する**援助**も行っています[15]。

3.3.3　審判（終局決定）

家庭裁判所では，送致された事件について，どのような処分が少年に必要であるのかを判断します。この手続は，**審判**と呼ばれ，成人の裁判に相当します。成人の裁判が地方裁判所や簡易裁判所で行われるのと異なり，少年審判は家庭裁判所で行われます。裁判は公開されますが，審判は非公開です。厳かな雰囲気で行われる刑事裁判とは異なり，懇切，和やかに行うとされています[16]。

成人の場合には，裁判で死刑，懲役，禁錮，罰金，拘留，科料といった判決が下されますが，少年審判で出される決定はこれとは全く異なります。下される決定には，審判不開始，不処分，保護処分，知事又は児童相談所長送致，検察官送致の5つがあり，これらは終局決定と呼ばれています（**表3.3**）。順次見ていきましょう。

あるときは，収容の期間は，これを更新することができない。

少年法第17条第9項　第1項第二号の措置については，収容の期間は，通じて8週間を超えることができない。ただし，その収容の期間が通じて4週間を超えることとなる決定を行うときは，第4項ただし書に規定する事由がなければならない。

[15] 少年鑑別所法第3条　少年鑑別所は，次に掲げる事務を行う施設とする。

一　鑑別対象者の鑑別を行うこと。

二　観護の措置が執られて少年鑑別所に収容される者その他法令の規定により少年鑑別所に収容すべきこととされる者及び収容することができることとされる者を収容し，これらの者に対し必要な観護処遇を行うこと。

三　この法律の定めるところにより，非行及び犯罪の防止に関する援助を行うこと。

[16] 少年法第22条　審判は，懇切を旨として，和やかに行うとともに，非行のある少年に対し自己の非行について内省を促すものとしなければならない。

2　審判は，これを公開しない。

3　審判の指揮は，裁判長が行う。

表 3.3 成人と少年の手続と終局決定

	成人	少年
裁判所	地方裁判所・簡易裁判所	家庭裁判所
手続	裁判（公開） • 厳か	審判（非公開） • 懇切で和やか • 内省を促す
終局決定	死刑 懲役 禁錮 罰金 拘留 科料	①審判不開始 ②不処分 ③保護処分 • 保護観察 • 児童自立支援施設送致又は児童養護施設送致 • 少年院送致 ④知事又は児童相談所長送致 ⑤検察官送致

1. **審判不開始**

審判不開始は，調査の結果，審判を開かないという決定をするものです[17]。事案が軽微である等の理由で審判まで開く必要がない場合がこれに当たります。事件が家庭裁判所に送られていながら，審判が行われないわけですから，成人でいえば不起訴のような取扱いであるともいえます（判断の主体は，審判不開始は裁判官，不起訴は検察官という違いはあります）。令和元（2019）年に家庭裁判所が終局処理した4万7,969人のうち，審判不開始は2万403人と43％を占めており，多くの事件が審判不開始とされています。全件送致主義といっても，すべての事件について審判が開かれているわけではないのです。

2. **不 処 分**

審判を開いた結果，次に説明する保護処分にする必要がない場合には**不処分**決定となります[18]。これは保護処分にしない，という処分を決定しています。

[17] 少年法第19条 家庭裁判所は，調査の結果，審判に付することができず，又は審判に付するのが相当でないと認めるときは，審判を開始しない旨の決定をしなければならない。

審判開始後に，非行事実の存在について合理的疑いを超える心証（確信）が得られない場合（裁判所職員総合研修所，2018）にはこの決定になりますが，非行事実があったとしても，少年の資質面の問題やこれまでの非行歴がさほど重篤なものではない場合などを勘案して，処分なし，と決定をされることもあるわけです。令和元（2019）年に家庭裁判所が終局処理した4万7,969人のうち，不処分は1万151人ですから，21％と相当の割合を占めています。

3. 保護処分

保護処分は，少年法の最初の部分，第1条で出てきたように，少年審判における中核的な処分になります。保護処分には，保護観察，少年院送致，児童自立支援施設送致又は児童養護施設送致の3種類があり，保護処分決定の際にはどれか一つが選択されます[19]。

保護観察は，法務省保護局管轄の保護観察所が行っている**社会内処遇**で，在宅のまま保護観察官や保護司の指導を受けながら更生を図るものです。令和元（2019）年の保護処分決定1万3,985人のうち，保護観察処分になった者が1万1,823人（85％）と大半を占めています。保護観察については第10章で詳しく説明していますので，参照ください。これに対して，**少年院送致**は**施設内処遇**であり，**少年院**[20]という24時間の身柄拘束を行う全面的収容施設において矯正教育を受けながら立ち直りを図るというものです。

審判の日になると，少年鑑別所に収容されている非行少年は少年鑑別所の職

---

[18] 少年法第23条第2項　家庭裁判所は，審判の結果，保護処分に付することができず，又は保護処分に付する必要がないと認めるときは，その旨の決定をしなければならない。

[19] 少年法第24条　家庭裁判所は，前条の場合を除いて，審判を開始した事件につき，決定をもつて，次に掲げる保護処分をしなければならない。ただし，決定の時に14歳に満たない少年に係る事件については，特に必要と認める場合に限り，第三号の保護処分をすることができる。

　一　保護観察所の保護観察に付すること。

　二　児童自立支援施設又は児童養護施設に送致すること。

　三　少年院に送致すること。

2　前項第一号及び第三号の保護処分においては，保護観察所の長をして，家庭その他の環境調整に関する措置を行わせることができる。

員によって手錠をかけられ，護送車に乗せられて家庭裁判所に連行され審判を受けるのですが，そこで裁判官から保護観察決定の言渡しがあれば，その場で釈放されて自由の身になれます。しかし，少年院送致決定になると，再び少年鑑別所に戻され，そこから少年院へと連れて行かれます。ほとんどの者は，少年院には行きたくない，何とかして保護観察になって社会に戻りたいと強く願いながら，少年鑑別所の中で生活しています。「保護観察になって，釈放されたらラーメン屋に行きたい」といった話を少年鑑別所の中でしたりするものです。

少年院送致は，保護観察と比べると，少年の資質面の問題性が大きく，強い枠組みの中で系統的・集中的な教育が必要である，事案が相応に大きい，過去の非行による処分歴が複数ある等の場合に選択される可能性が高くなります。令和元（2019）年の保護処分決定1万3,985人のうち，少年院送致となった者は1,727人（12%）ですから，割合としてはそれほど多くありません。家庭裁判所の終局処理4万7,969人から見れば，3.6%と割合は低いのですが，問題性の大きな非行少年が選りすぐられて送致されるのが少年院ということになります。少年院については第9章で説明していますので，参照ください。

---

[20] 少年院法第3条　少年院は，次に掲げる者を収容し，これらの者に対し矯正教育その他の必要な処遇を行う施設とする。

一　保護処分の執行を受ける者

二　少年院において懲役又は禁錮の刑（国際受刑者移送法第16条第1項各号の共助刑を含む。以下単に「刑」という。）の執行を受ける者

少年院法第4条　少年院の種類は，次の各号に掲げるとおりとし，それぞれ当該各号に定める者を収容するものとする。

一　第1種　保護処分の執行を受ける者であって，心身に著しい障害がないおおむね12歳以上23歳未満のもの（次号に定める者を除く。）

二　第2種　保護処分の執行を受ける者であって，心身に著しい障害がない犯罪的傾向が進んだおおむね16歳以上23歳未満のもの

三　第3種　保護処分の執行を受ける者であって，心身に著しい障害があるおおむね12歳以上26歳未満のもの

四　第4種　少年院において刑の執行を受ける者

五　第5種　少年法第64条第1項第二号の保護処分の執行を受け，かつ，同法第66条第1項の規定による決定を受けた者

最後に，**児童自立支援施設又は児童養護施設送致**ですが，これは児童福祉法上の施設に送致する処分です。施設といっても少年院と比べると開放的な施設になっています。**児童養護施設**[21]は，保護者のない児童，虐待されている等で養護が必要な者が入所します。一方，**児童自立支援施設**[22]は，不良行為や家庭環境の問題等で生活指導が必要な者が入所します。これらは，施設での生活が必要と考えられるものの，少年院における矯正教育を受けるよりは児童福祉の枠組みでの支援が必要となる場合に選択されます。令和元（2019）年の児童自立支援施設又は児童養護施設送致は143人であり，保護処分決定のうちの1%と，数としては非常に少ないものです。

4. 知事又は児童相談所長送致

知事又は児童相談所長送致の決定は，先に説明した保護処分における児童自立支援施設又は児童養護施設送致と同様に，児童福祉法の枠組みに対象少年を移行させる決定です[23]。一般的には，犯罪傾向はそれほどではないが，家庭環境等の環境面における要保護性が強く，継続的な保護，指導を必要とする場合が考えられます（裁判所職員総合研修所，2018）。この決定を受けた少年には，児童福祉法上の措置が行われることになります[24]。この決定の後，都道府県は

---

[21] 児童福祉法第41条　児童養護施設は，保護者のない児童（乳児を除く。ただし，安定した生活環境の確保その他の理由により特に必要のある場合には，乳児を含む。以下この条において同じ。），虐待されている児童その他環境上養護を要する児童を入所させて，これを養護し，あわせて退所した者に対する相談その他の自立のための援助を行うことを目的とする施設とする。

[22] 児童福祉法第44条　児童自立支援施設は，不良行為をなし，又はなすおそれのある児童及び家庭環境その他の環境上の理由により生活指導等を要する児童を入所させ，又は保護者の下から通わせて，個々の児童の状況に応じて必要な指導を行い，その自立を支援し，あわせて退所した者について相談その他の援助を行うことを目的とする施設とする。

[23] 少年法第18条　家庭裁判所は，調査の結果，児童福祉法の規定による措置を相当と認めるときは，決定をもつて，事件を権限を有する都道府県知事又は児童相談所長に送致しなければならない。

2　少年法第6条の7第2項の規定により，都道府県知事又は児童相談所長から送致を受けた少年については，決定をもつて，期限を付して，これに対してとるべき保護の方法その他の措置を指示して，事件を権限を有する都道府県知事又は児童相談所長に送致することができる。

児童自立支援施設や児童養護施設に少年を送致できますが，児童福祉法上の措置で少年をこれらの施設に送致する場合には親権者等の同意が必要となります。一方，家庭裁判所の保護処分決定の場合には親権者等の同意がなくても送致できます。

令和元（2019）年の少年審判において，知事又は児童相談所長送致決定は116人と家庭裁判所の終局決定に占める割合は1%に満たない数です。加えて，先に見たように保護処分決定における児童自立支援施設又は児童養護施設送致は143人で終局決定の1%にすぎません。一方，知事又は児童相談所から家庭裁判所に送致された者は281人とこちらも少数です。少年司法の領域と児童福祉の領域は，どちらも非行に及んだ少年を対象にしており，相補的に機能しているといえますが，両領域間のケースのやりとりは多くはありません。

---

[24] 児童福祉法第26条　児童相談所長は，第25条第1項の規定による通告を受けた児童，第25条の7第1項第一号若しくは第2項第一号，前条第一号又は少年法（昭和23年法律第168号）第6条の6第1項若しくは第18条第1項の規定による送致を受けた児童及び相談に応じた児童，その保護者又は妊産婦について，必要があると認めたときは，次の各号のいずれかの措置を採らなければならない。

一　次条の措置を要すると認める者は，これを都道府県知事に報告すること。

二　児童又はその保護者を児童相談所その他の関係機関若しくは関係団体の事業所若しくは事務所に通わせ当該事業所若しくは事務所において，又は当該児童若しくはその保護者の住所若しくは居所において，児童福祉司若しくは児童委員に指導させ，又は市町村，都道府県以外の者の設置する児童家庭支援センター，都道府県以外の障害者の日常生活及び社会生活を総合的に支援するための法律第5条第18項に規定する一般相談支援事業若しくは特定相談支援事業（次条第1項第二号及び第34条の7において「障害者等相談支援事業」という。）を行う者その他当該指導を適切に行うことができる者として厚生労働省令で定めるものに委託して指導させること。

三　児童及び妊産婦の福祉に関し，情報を提供すること，相談（専門的な知識及び技術を必要とするものを除く。）に応ずること，調査及び指導（医学的，心理学的，教育学的，社会学的及び精神保健上の判定を必要とする場合を除く。）を行うことその他の支援（専門的な知識及び技術を必要とするものを除く。）を行うことを要すると認める者（次条の措置を要すると認める者を除く。）は，これを市町村に送致すること。

四　第25条の7第1項第二号又は前条第二号の措置が適当であると認める者は，これを福祉事務所に送致すること。

昨今，児童相談所は児童虐待対応の中核をなす行政機関として注目されていますが，触法少年と呼ばれる刑罰法令に触れた少年，18 歳未満のぐ犯少年，犯罪少年への対処も行っており，司法・犯罪領域と密接する重要な役割を担っています。児童相談所の非行児対応について，詳しくは第 7 章を参照してください。

5. 検察官送致

検察官送致は，少年保護事件手続の中で行われていた事件の処理を成人と同じ刑事事件手続に移行させる決定です。具体的には，年齢が 14 歳以上の少年で，その罪質や情状が少年事件の範疇で取り扱うよりも刑事事件として扱ったほうがよいと考えられる場合になされます[25]。典型的には，殺人など，世間の耳目を集めるような重大な結果を招いた事件が挙げられます。特に，故意の犯

五　保育の利用等が適当であると認める者は，これをそれぞれその保育の利用等に係る都道府県又は市町村の長に報告し，又は通知すること。

六　児童自立生活援助の実施が適当であると認める児童は，これをその実施に係る都道府県知事に報告すること。

七　第 21 条の 6 の規定による措置が適当であると認める者は，これをその措置に係る市町村の長に報告し，又は通知すること。

八　放課後児童健全育成事業，子育て短期支援事業，養育支援訪問事業，地域子育て支援拠点事業，子育て援助活動支援事業，子ども・子育て支援法第 59 条第一号に掲げる事業その他市町村が実施する児童の健全な育成に資する事業の実施が適当であると認める者は，これをその事業の実施に係る市町村の長に通知すること。

2　前項第一号の規定による報告書には，児童の住所，氏名，年齢，履歴，性行，健康状態及び家庭環境，同号に規定する措置についての当該児童及びその保護者の意向その他児童の福祉増進に関し，参考となる事項を記載しなければならない。

[25] 少年法第 20 条　家庭裁判所は，死刑，懲役又は禁錮に当たる罪の事件について，調査の結果，その罪質及び情状に照らして刑事処分を相当と認めるときは，決定をもつて，これを管轄地方裁判所に対応する検察庁の検察官に送致しなければならない。

2　前項の規定にかかわらず，家庭裁判所は，故意の犯罪行為により被害者を死亡させた罪の事件であつて，その罪を犯すとき 16 歳以上の少年に係るものについては，同項の決定をしなければならない。ただし，調査の結果，犯行の動機及び態様，犯行後の情況，少年の性格，年齢，行状及び環境その他の事情を考慮し，刑事処分以外の措置を相当と認めるときは，この限りでない。

BOX 3.2 少年保護事件手続は公認心理師試験でどのように出題されるのか？

2019年の公認心理師試験問題を見てみましょう。

> 虞犯について正しいものを2つ選べ
> ①虞犯少年とは14歳以上の者をいう。
> ②虞犯少年は少年院送致の処分を受けることがある。
> ③虞犯と言う概念は少年に限らず，成人にも適用される。
> ④虞犯少年とは，将来罪を犯すおそれのある少年のことをいう。
> ⑤虞犯少年は児童相談所における措置は受けるが，家庭裁判所には送致されない。

正解 ②と④

解説

①× 虞（ぐ）犯少年は，少年の年齢による区分を示すものではないので間違いです。14歳未満の虞（ぐ）犯少年もいます。

②○ 虞（ぐ）犯少年は，少年審判に付すべき少年ですので，審判の結果，少年院送致となることもあります。

③× 虞（ぐ）犯は，少年のみに適用される概念です。

④○ 虞（ぐ）犯少年は，少年法第3条で定義されており，「ぐ犯事由があり，その性格又は環境に照して，将来，罪を犯し，又は刑罰法令に触れる行為をする虞のある少年」となっています。しかし，選択肢にはぐ犯事由に関する記載がありません。また，選択肢には，「罪を犯すおそれ」とありますが，厳密には「将来，罪を犯し，又は刑罰法令に触れる行為をする虞」です。したがって，この選択肢も正確ではないのですが，他の選択肢が明らかに間違っており，2つ選べという問題なので，これを正解に選ばなければなりません。

⑤× 虞（ぐ）犯少年は，少年審判に付されますので，当然，家庭裁判所に送致されます。

罪行為により被害者を死亡させた事件で，犯行時の年齢が16歳以上であれば，原則として検察官送致とすることが平成12（2000）年の少年法改正で規定されました。この制度は，故意の生命犯原則逆送と呼ばれ，少年に対する厳罰化を目的とした制度です。少年法が改正された当時，神戸連続児童殺傷事件，西鉄バスジャック事件等の凶悪事件が少年によって引き起こされ，世論が厳罰化に傾いたことが改正の動機の一つとなりました。また，令和3（2021）年の少年法改正では，満18歳以上20歳未満の特定少年について，現住建造物等放火，強盗や強制性交等罪のような死刑又は無期若しくは短期1年以上の懲役若しくは禁錮に当たる罪の事件では，原則として検察官送致が行われることになりました。

なお，年齢超過による検察官送致[26]というものもあります。

復 習 問 題

1. 犯罪少年・触法少年・ぐ犯少年とは，それぞれ何を指すでしょうか。
2. 全件送致主義について説明してください。
3. 審判不開始，不処分，保護処分，知事又は児童相談所長送致，検察官送致について，それぞれ説明してください。

参 考 図 書

澤登 俊雄（2015）．少年法入門　第6版　有斐閣

少年事件の現状，少年法の基本理念，少年事件手続についてわかりやすく，丁寧に書かれています。平成26（2014）年の少年法改正，少年院法や少年鑑別所法制定についても説明があります。通読することで少年法について詳しく知ることができます。

[26] 少年法第19条第2項　家庭裁判所は，調査の結果，本人が20歳以上であることが判明したときは，前項の規定にかかわらず，決定をもつて，事件を管轄地方裁判所に対応する検察庁の検察官に送致しなければならない。

4 犯罪・非行の理論

理論という言葉を聞くと，何だか難しそうだと思ったり，現実ではない空疎な理屈だと感じて敬遠したりすることがあるかもしれません。しかし，ひとたび犯罪が発生すると，人々は犯罪者が何が原因でこのような行為をしたのだろう，と疑問を抱くことでしょう。犯罪は昔から人々の関心の対象となっており，現在に至るまで，このような疑問に答え犯罪の原因を説明するための様々な理論が考え出されてきました。

このような犯罪理論は現実に起こっている犯罪という現象をどのように理解したらよいか，どのように説明したらよいかについて包括的に取り扱います。したがって，それは単に犯罪の原因を示すだけでなく，社会の中において犯罪をどのように取り扱うかを決めたり，犯罪を防止したりする際の指針にもなります。例えば，法律を改正し，刑罰の引き上げを行うことで犯罪を防止しようとする試みの背景には，抑止理論（deterrence theory）という理論的枠組みがあります。

犯罪を単一の枠組みで統一して説明することは，現在の理論では残念ながらできません。様々な犯罪理論が考案され，それぞれの視点から犯罪行動の説明が行われているのが現状です。この章では，著名で，重要な犯罪・非行の理論を取り上げて解説していきます。これらの理論は社会における逸脱行動を深く理解する上で必要不可欠な知識となります。

4.1 古典学派の犯罪学理論

犯罪は，おそらく人類が地球上に誕生した当初から存在していたと考えられ，当時から人々は犯罪について何らかの考えを抱いていたと思われます。犯罪に対処するための法として，紀元前1800年頃にはハムラビ法典（Code of

Hammurabi）があったことが知られています。犯罪を取り扱う法が必要であると認識されていたわけです。また，古代ギリシャの哲学者が犯罪防止の思想について議論していたことも伝えられています。

啓蒙思想が出てくる以前の世界では，犯罪は超自然的，宗教的な見地から理解されていました。例えば，悪魔が乗り移ったことで犯罪に及んだといった理解です。これはもちろん，科学的ではありませんが，一つの犯罪原因論といってよいでしょう。犯罪理論には，犯罪行動，逸脱行動そのものを対象にする観点と，犯罪に関する法律を作り運用していく過程に焦点を当てる観点があります（Akers et al., 2017, p.13）。前者は社会的，法的な規範がなぜ破られるのかという問いに答えようとし，後者は社会の中でどのようにしてある行動が犯罪的であると定義され，人々が犯罪者として取り扱われるのかを説明しようとします。先に挙げた例は，古来人々が犯罪理論に類することを思索していたことを示しています。

近代的な犯罪理論が発展してくるのは，17〜18 世紀中葉にヨーロッパで啓蒙思想が生まれてからのことになります。それまでの中世ヨーロッパでは封建制の下で教会や領主によって，犯罪者に対して恣意的で残虐な刑罰が運用されていましたが，啓蒙思想の進展に伴い刑罰の人道的，合理的な運用が議論されるようになりました。

こうした背景で生まれた犯罪観，刑罰論は**古典学派の犯罪学**（classical criminology）と呼ばれています。啓蒙思想では，人は**自由意思**を持ち，合理的な判断をして行動を選択できるという大前提があり，古典学派の犯罪学もこの前提に基づいて犯罪を説明します。功利主義で有名なベンサム（Bentham, J.）は，人は快楽と苦痛の重さを計算して行動を選択すると主張しました。これに従えば，人は判断力を持った合理的な存在なので，犯罪行動によって得られる快楽が，罰による苦痛を上回ったときに犯罪が生じることになります。ベッカーリア（Beccaria, C.）は，1764 年に『**犯罪と刑罰**（*Dei delitti e delle pene*）』を著し，啓蒙思想の社会契約説の立場から，権力者による恣意的な刑罰の行使に反対し，刑罰に関する基本的な原理を提唱しました。すなわち，残虐な刑罰は禁止する，犯罪を犯した場合には身分によらず誰もが平等に刑罰を受ける，何が犯罪に当たり何がそれに対して科せられる刑罰かは，あらかじめ明確に法律で定める（**罪刑法定主義**），一律に厳しい刑罰を科すのではなく，犯罪の重さに応じて刑罰の重さを決める（**犯罪と刑罰の均衡**）などと主張したのです。

古典学派の考え方では，犯罪行動は個人の損得計算に基づく意思決定によるものであると説明されます。しかし，実際には，人の犯罪行動には本人を取り巻く家庭環境や社会情勢，もしくは本人の性格や知能等の資質面の特徴など，多様な要因が影響を与えていると考えられるため，古典学派の理論で犯罪を説明すると不十分な面が少なからず生じることになります。ただし，古典学派は現在の刑法理論にも大きな影響を与えています。合理的な判断ができる人間が自由意思で及んだ犯罪に対し，その行為の重大さに見合う刑罰を科すという考え方は，現代の裁判所においても量刑判断の基本原理です。また，犯罪行動が損得計算に基づいて行われるのであれば，刑罰を重くすれば犯罪を減らすことができるという考え方にも結びつくため，刑事政策に大きな影響を与えています。古典学派の考え方は後で紹介する抑止理論と呼ばれる犯罪理論へと受け継がれ，現在も検討が続けられています。

4.2 実証主義犯罪学

19 世紀になると，**実証主義犯罪学**（positivist criminology）と呼ばれる科学的な方法論によって犯罪の解明を行う試みが出現しました。これは，当時，物理学，化学，生物学，医学などの自然科学が科学的方法論を用いて発展を遂げるという流れの中で起こったものです。

この実証主義犯罪学は，犯罪理論史を振り返る上で必ず名前が挙がる著名なものですが，今日的にはすでに妥当ではないとみなされる奇妙な理論が含まれていました。その代表としては，犯罪学の父と呼ばれるロンブローゾ（Lombroso, C.）の理論が挙げられます。

ロンブローゾは，この当時流行していた骨相学に基づいて犯罪者の分析を行いました。骨相学は，脳の器官・機能の差が頭蓋の大きさや形状に現れると主張する学問です。ロンブローゾは，犯罪者の容貌や身体的特徴，頭蓋骨について調査を行い，犯罪者固有の特徴を見出したと主張しました。それらは，非対称な顔面，大きな顎，形の珍しい耳といったものです。そして，それらの特徴を有する者を**生来性犯罪者**（born criminal）と呼び，彼らは宿命的に犯罪者になると主張しました。また，ロンブローゾは，生来性犯罪者は未開で野蛮であった時代の人に**先祖返り**（atavism）を起こしていると主張しました。ここには当時，一般に知られるようになったダーウィンの進化論の影響を見ることができます。

もちろん，ロンブローゾの主張は，今日的には到底受け入れることはできないものですが，実証的な測定によって犯罪を解明しようとしたアプローチは，それまでの犯罪学にはなかったものでした。古典学派の犯罪学は，主として思弁に基づくもので，科学的にデータを収集し，分析して犯罪を解明しようとすることはありませんでした。その意味で，犯罪研究としてのロンブローゾの試みは画期的であったといえ，これが彼が**犯罪学の父**と呼ばれるゆえんです。

また，生来性犯罪者という考え方は，生物学的決定論と呼ばれるもので，犯罪生物学の始まりでもありました。犯罪行動に結びつく生物学的な特質を調べる試みは今日でも行われていますが，単一の生物学的要因が必ず犯罪に結びつくという科学的証拠は現在まで見つかっていません。犯罪行動の説明には，個人の生物学的な要因に加えて，環境的要因との相互作用を考慮することが必要になります。

4.3　デュルケムの理論

19世紀，ほぼロンブローゾと同時期に社会学の立場から犯罪について考察を行ったのがデュルケム（Durkheim, É.）です。彼は，犯罪発生の機序を個人の自由意思や生物学的要因のみに委ねるのではなく，社会的な状況，文脈の要因に焦点を当てました。彼は『自殺論（*Le suicide: Étude de sociologie*）』（1897）で有名ですが，自殺や犯罪について論を進める際に数値データを使用し，単なる思弁ではなく実証的なアプローチを行っている点はロンブローゾと同様で，古典学派とは異なっています。

デュルケムは『社会分業論（*De la division du travail social*）』の中で，「われわれは，それを犯罪だから非難するのではなくて，われわれがそれを非難するから犯罪なのである」（Durkheim, 1893 田原訳 2017, p.148）と述べました。ある行為は，その行為そのものが持つ属性として犯罪であることが決まるのではなく，社会の中で集団の大多数が規範的な行動だと考えていることを冒す行為が犯罪とされるのです。

例えば，人を殺すという行為は，それ自体が犯罪行為としての属性を絶対的に内包しているわけではありません。戦争で兵士が敵の兵士を殺すことは犯罪にはなりません。そうした行為は犯罪ではないと社会の大勢が判断している場合には，人を殺すという行為が犯罪にならないこともあるのです。さらに，国や時代が異なれば，何をもって犯罪とするかは大きく異なります。ある社会においては犯罪であったものが別の社会においては犯罪でなくなることもあれば，過去には犯罪として処罰されなかったものが現在では処罰されるといったことも起こり得るわけです。

このように，犯罪を社会と人との関係性の中でとらえ，定義する考え方は，後にラベリング理論として発展していくことになります。また，デュルケムの活動していた 19 世紀末は資本主義化が急激に進んだ時代でした。産業革命が起こり，社会が小規模な農村社会から大規模な近代社会に変遷する中で，労働が分業化され，従来からある伝統的な規範や役割が失われ，価値観が混沌としていくことで，**アノミー**（anomie）と呼ばれる道徳的無規制状態が生じるとデュルケムは主張しました。アノミーとは，道徳的価値が急速に変遷することで，人々が社会的に共通して受け入れられる社会規範が欠如した状態を指します。アノミーの下では，自殺や犯罪といった社会問題が起こりやすくなると考えられます。こういった観点は，その後，アノミーを社会における緊張状態ととらえる緊張理論，社会や規範との絆の喪失を問う統制理論（コントロール理論）に結びついていくことになります。

4.4 相互作用論的アプローチ

相互作用論的アプローチでは，犯罪は，その行為がもともと有する性質として確定的に犯罪とされているわけではないとされます。これは，先に解説したデュルケムによる犯罪の定義と共通していますが，さらに相互作用論的アプローチはブルーマー（Blumer, H. G.）の**シンボリック相互作用論**（symbolic interactionism）から強い影響を受けています。

シンボリック相互作用論では，①人間はものごとが自分に対して持つ意味にのっとって，そのものごとに対して行為する，②このようなものごとの意味は，個人がその仲間と一緒に参加する社会的相互作用から導き出され，発生する，③このような意味は，個人が，自分の出会ったものごとに対処するなかで，その個人が用いる解釈の過程によって扱われたり，修正されたりする，という前提に立脚しています（Blumer, 1969 後藤訳 1991, p.2）。物事に対する意味は，最初から所与のものとして確定しているのではなく，他者との相互作用の中で形成され，そして変化していくことになります。この考え方を犯罪の定義に応用すると，犯罪は，最初から絶対的な基準として存在しているのではなく，ある行為を行った者とその者が参加している社会との間の相互作用からその行為の意味づけが導かれ，その結果としてある行為が逸脱行動や犯罪行動とされることになります。

相互作用論の犯罪理論としては，レマート（Lemert, E. M.）やベッカー（Becker, H. S.）が**ラベリング理論**として発展させました。ベッカーは著書『アウトサイダーズ（*Outsiders: Studies in the sociology of deviance*）』において，「社会集団は，これを犯せば逸脱となるような規則をもうけ，それを特定の人々に適用し，彼らにアウトサイダーのレッテルを貼ることによって，逸脱を生み出すのである。この観点からすれば，逸脱とは人間の行為の性質ではなくして，むしろ，他者によってこの規則と制裁とが『違反者』に適用された結果なのである」と主張しました（Becker, 1963 村上訳 1993 p.17）。ラベリング理論では，犯罪は犯罪者としてレッテルを貼られる（ラベルづけされる）者とレッテルを貼る者（ラベルづけする者）の相互作用の中で生み出されるとされます。そして，何らかの理由で逸脱とされる行為を行うことを**1次的逸脱**と呼び，犯罪者というレッテルを貼られることによって，社会に対して一層背を向けて犯罪者としての役割を担い，犯罪を累行させていくことを**2次的逸脱**と呼びました。

我が国の刑法では，第235条で「他人の財物を窃取した者は，窃盗の罪とし，10年以下の懲役又は50万円以下の罰金に処する」と窃盗の罪を定めています。しかし，この行為がどうして犯罪になるのかは説明されておらず，これをラベリングととらえることができます。刑法における犯罪は，構成要件に該当する，違法，有責な行為と定義されますが，構成要件は，どのような行為が犯罪に当たるのかを示したものですから，犯罪は構成[1]されるものであるということができます。犯罪は「犯罪を行ったとされる人」と「犯罪を行ったとされる人を取り扱う権限を委ねられた人」による相互行為の中で行われるとする解釈を通じて構成されることになります（鮎川，2000）。

どの社会でも，それまで犯罪でなかったものが犯罪とされる**犯罪化**（criminalization）と呼ばれる過程が起こります。我が国では昭和26（1951）年に覚醒剤取締法が制定されるまで，覚醒剤の使用は合法でした。戦前に「ヒロポン」という商品名で販売され，戦後も薬局で一般に売られて販売されていた時代があり，タクシー運転手や深夜勤務の作業員が愛用していたそうです。犯罪という現象は，犯罪行為の実行者，被害者，捜査機関，裁判所，世論がお互いに申立てを行い，相互作用した結果，産出されたものととらえることができます。

4.5 緊張理論

ストレスや緊張状態を経験することが結果として犯罪や非行を生じるとする

[1] キツセとスペクターは社会構築主義を展開し，「社会問題は何らかの想定された状態について苦情を述べ，クレイムを申し立てる個人やグループの活動である」「社会問題の理論の中心課題はクレイム申し立て活動とそれに反応する活動の発生や性質，持続について説明することである」としました（Kituse & Spector, 1992）。我が国では，社会構築主義を用いた犯罪学が中河（1999），鮎川（2002）によって展開されています。

のが**緊張理論**（strain theory）の考え方です（Agnew, 2009）。つまり，緊張が人を犯罪へと押しやる，と考えるのです。緊張，という言葉は，後で説明するコントロール（統制）理論と対比して，英語のままストレイン理論と呼ばれることもあります。

4.5.1 マートンのアノミー論

まず，緊張理論の嚆矢であるマートン（Merton, R. K.）によるアノミー論（Merton, 1949）を見ることにしましょう。アノミーとはデュルケムのところで出てきた道徳的無規制状態のことですが，マートンは以下のような状況でアノミーが生じると説明しました。社会には人々が共通に追い求める文化的目標があります。文化的目標とは金銭，社会的な地位，名誉といったように，人々が人生においてそれを得ることが成功であるとして，その価値を認めたものです。人々はこうした文化的目標を達成するために努力をします。ところが，文化的目標を達成しようとしても，それを実現するための手段が得られない場合があります。例えば，貧困層に生まれ，当初から金銭的，物質的に恵まれず，成功を収めるための手段が限定されてしまい，富や社会的地位を獲得していくことが困難と思われる場合です。マートンはこうした状態をアノミーと呼びました。そこでは社会的な緊張が高まり，非合法な方法で富を得ようとして犯罪，非行が発生することになります。マートンが革新と呼んだ適応様式です。

マートンのアノミーは非行臨床の現場でしばしば観察されます。家庭が金銭的に困窮しており，教育的な環境が乏しく，学業成績も不良といった状態では，義務教育を卒業後の進路は非常に限られたものとなります。部活動でスポーツを頑張っていたとしても，プロのスポーツ選手として活躍できる可能性は極めてわずかでしょう。高等教育を受ける機会がないと，進路選択の幅は狭くなり，社会的な成功を獲得するための合法的な手段が乏しく，そうした緊張状態が少年を非行へと押しやることになるのです。

4.5.2 一般緊張理論

アグニュー（Agnew, R.）の**一般緊張理論**（General Strain Theory; GST）は，

マートンの緊張理論などを拡張したものになっています。緊張（ストレイン）を経験した個人は，動揺し，犯罪を行うことによって緊張や否定的な感情に対処しようと試みるかもしれません。犯罪によって，緊張を減らしたり，回避したりできるかもしれないし，自分を貶めた相手に対して報復できるかもしれません。また，違法薬物の使用によって否定的な感情が軽減するかもしれません（Agnew, 2006, p.18）。それでは，なぜ緊張が犯罪行動による対処に結びつきやすいのでしょうか。それは，緊張が，怒り，欲求不満，悪意のある妬み，嫉妬，抑うつ，恐怖といった否定的な感情状態を引き起こすからです。こうした状態が，行動を修正することを妨げ，合法的に対処する能力を損ない，犯罪によって生じるであろう不利益を認識することを難しくし，犯罪に走る傾向を強めるのです（Agnew, 2006, p.49）。

一般緊張理論においては，緊張は，個人によって好ましくないとされる出来事や状態に関連して生じるもので，3つの主要な類型があります。1つ目は，個人が何かしら価値と考えているものを失うかもしれないことです。これは，お金や財産が盗まれる，親しい友人や家族の誰かが亡くなる，恋愛関係が破綻するといったものが該当するでしょう。次には，個人が誰かから忌避的な，あるいは否定的な態度で取り扱われるかもしれないことです。これは，家族の構成員によって性的，身体的な虐待を受けたり，仲間から侮辱されたり，嘲られたり，雇用主から無礼な扱いを受けたりといったものが該当するでしょう。最後に，個人が，自身の目標を達成できないかもしれないことです。これは，望んでいるようなお金や地位，自律性を失っていることが該当するでしょう（Agnew, 2006, p.4）。

この最後の緊張は，マートンの緊張理論で出てきたアノミーと同様のものであり，一般緊張理論は，緊張の概念を拡張したということができます。また，マートンのアノミーでは，社会構造全体における緊張という巨視的（マクロ）な観点からとらえられているのに対し，一般緊張理論は，個人の経験レベルというミクロな視座から緊張を説明しています。そこでは，緊張は，客観的な状態のみを指すのではなく，同じような経験をしても，人それぞれでとらえ方は異なり，ある人にとっては緊張となるが，別の人にとっては緊張にはならないという主観的な要素が入ることになります。その意味で，一般緊張理論は，臨床心理学的な査定や支援を行う場面で理論的な考察を行う際に，適用可能性がある理論といえるでしょう。

4.6 ハーシーのコントロール理論

緊張理論では人々を犯罪へと追いやる要因を探求します。なぜ人は犯罪に走るのかといった問いを立てるのです。一方，**コントロール（統制）理論**（control theory）では，人はもともと犯罪を行うものであり，どういった要因が，人を犯罪に走らせないようにしているのかを探求します。緊張理論は，性善説になぞらえることができるでしょう。人はもともと犯罪をしない善人であるが，何らかの緊張状態のせいで犯罪に押し出されることになります。対して，コントロール理論は性悪説になります。すなわち，逸脱行動は楽しく，刺激的，欲求充足的であるので誰にとっても魅力的なものであり，真に問題とすべきはなぜ犯罪に走らない人がいるかを説明することとされます（Kubrin et al., 2009）。

ハーシー（Hirschi, T.）は，著書『非行の原因（*Cause of delinquency*）』において，社会に対する個人の絆が弱くなったり，失われたりするときに非行は発生するとし，社会的コントロール理論を提唱しました（Hirschi, 1969 森田・清水訳 1995, p.29）。そして，人が犯罪に走ることを抑制する**社会的絆**（social bond）として，**愛着**（attachmemt），**コミットメント**（commitment），**巻き込み**（involvement），**規範観念**（belief）という4つの要素を挙げました。

愛着とは家族や友人，学校集団，職場集団への情緒的なつながりの糸のことです。自分にとって大切な人々に対する愛情・尊敬の念といった絆（ボンド）があれば，そうした人々との絆を大切にしたいし，迷惑もかけたくないという気持ちが生じ，犯罪行動が抑制されるでしょう。

コミットメントは**投資**（investment）とも呼ばれます。これは自分がこれまでに築き上げてきたものが犯罪によって失われることになると考えたときに，犯罪によって得られるものが，失うものに見合うかどうかを比較衡量することで，犯罪に及ぶことから人がつなぎ止められるという絆です。例えば，学校生活で勉強を頑張り，大学に進学し，いわゆる大企業に勤めたサラリーマンが，わずか 1 個のパンを盗んで職を失うことは割に合いません。それまで自分が投じてきた投資に対して犯罪で得られる利益は見合わないことになり，犯罪行動は抑制されるでしょう。

巻き込みは，合法的な活動に関わっているので犯罪，非行をする時間がないということによる絆です。人は通常，社会の中で担っている役割があり，人はそうした役割に組み込まれているが，その役割に従事していることで忙しく毎日を送っている人は，悪事をする機会も少なくなるでしょう（麦島，1990）。

最後に，規範観念は，規範に対して疑問を持たない態度や規範への信頼感を意味するものです。人々の中にはしつけや教育を通して，規範が内面化されており，社会のルールに従わなければならないという信念が存在しています。そうした意識が強い場合には犯罪は行われないことになります。

このようにハーシーはコントロール理論で有名ですが，1990 年になるとゴットフレッドソン（Gottfredson, M. R.）と共に，『**犯罪の一般理論**（*A general theory of crime*）』を著し，犯罪の原因は**低自己統制**（low self-control）であると主張しました。ここで自己統制（self-control）は，「長期的なコストが即時的な利益を上回るような行動を避ける傾向」と定義されます（Hirschi & Gottfredson, 1994, p.3）。犯罪行為は，欲求に対して即座の満足をもたらします。低自己統制の人の主要特性は，目の前の環境にある有形の刺激に反応する傾向，つまり，具体的で「今，ここで」の志向性を持つことです（Gottfredson & Hirschi, 1990 大渕訳 2018, p.80）。長期的な視点に立って欲求を抑えることをせず，目先の刺激や快楽ばかりを追求すると，犯罪行為に直接結びつくことになるでしょう。そして，この低自己統制は幼少期からの家庭環境で，子どもに対する親からの愛着が欠けていたり，親からの指導，監督，しつけが不十分であったりすることから発生すると説明しました。非行少年の家庭環境では，しばしばこういった不安定な要素を抱えている，といった臨床的な所見とも一致しているといえるでしょう。

ところで，ここまでの説明からは，ハーシーは 1969 年のコントロール理論から1990年の犯罪の一般理論（低自己統制理論）へと，理論的な立場を変えたように見えます。しかし，彼はその後，社会的コントロールと自己統制は同じものであると主張しています（Hirschi, 2004, p.543）。その際，ハーシーは，自己統制の定義を修正し，「特定の行為の潜在的なコストについてすべての範囲を考慮する傾向」と再定義しました。先に出てきた定義では長期的なコストとなっていたものが，潜在的なコストをすべて考慮に入れる，とより広い範囲のコストが考慮の対象になっています。この修正によって，例えば，少年自身が現在の喫煙を控えるに当たって，喫煙の長期的な健康に与える害の程度を知らなくても，喫煙の長期的な害を少年が大切にしている人が知っていた場合には，現在の喫煙行動が抑止される可能性が生じます。

この機制は，コントロール理論で導入された，絆による逸脱行動の抑止と同様の性質ということができます。自己統制は，人間が常に持ち歩いている行動の抑止機構といえます。自己統制が確立されると，親から失望されることを恐れる気持ちや，家族や友人の前で恥をかいたり，他の人たちからの愛情や尊敬を失ったり，自分が気にかけている人から承認を得られなかったりすることを避けようとする思いが衝動的行動を抑制します。

自分にとって大切な他者を失望させたり，大切な他者からの不承認を得たりするかもしれないといった懸念は，意識的，無意識的に一貫して強い自己の一部となり，生涯を通じて維持されます。それらは社会的な絆の規範的，道徳的な側面を構成し，自己統制に統合されます。そうなると，社会的コントロールと自己統制は実質的に区別できなくなります（Gottfredson, 2011, p.133）。これが，社会的コントロールと自己統制は同じものであるという主張の意味するところになります。

コントロール理論における絆は**紐帯**とも呼ばれます。また，この理論そのものは**ボンド理論**と呼ばれることもあります。人を犯罪に陥らないよう合法的社会につなぎ止める絆，自己統制は，現在でも犯罪研究において重要な理論変数となっています。

4.7 サザランドの分化的接触理論

サザランド（Sutherland, E.）が提唱した**分化的接触**（differential association）**理論**は，学習によって犯罪行動を説明しようとします。この理論は，今日では犯罪学における**社会的学習理論**として位置づけられています。社会的学習理論は心理学の分野で著名なバンデューラ（Bandura, A.）によって1970年代に提唱され，人間の学習は人間と社会との相互作用の中で行われ，自身の体験だけでなく，他者の行動を観察し，模倣すること（モデリング）によっても行われるとしています。

サザランドが分化的接触理論を明確に打ち出したのは1939年に出版された『犯罪学の原理（*Principles of criminology*）［第3版］』ですから，バンデューラよりも時代的にはかなり前のことになります[2]。分化的接触理論は，人が犯罪行動に従事するようになる過程について，以下に示す9つの命題を提示しています（Sutherland et al., 1992, p.88）。

1. 犯罪行動は，学習される。

これは，犯罪行動は生得的なものではないということを意味しています。犯罪行動は何もないところから発生することはなく，犯罪を学習することがない者は，犯罪をすることはないことになります。

2. 犯罪行動は，他者とのコミュニケーションの過程における相互作用において学習される。

このコミュニケーションは，言葉によるところが大きいですが，身振り手振りといったジェスチャーでも行われます。

3. 犯罪行動の学習における主要な部分は，親密な私的集団の中で行われる。

親密な私的集団とありますが，映画や新聞のような個人的ではない情報伝達機構の役割はそれほど重要ではないということです。

4. 犯罪行動の学習が行われるとき，その学習は，

[2] 『犯罪学の原理』は，クレッシー（Cressey, D. R.）とラッケンビル（Luckenbill, D. F.）によってサザランドの没後も改訂が続けられ，1992年には第11版が出版されています。

(a) 犯罪を遂行する技術，それは時として大変複雑なものであったり，単純なものであったりする。

(b) 特定の方向性を持つ動機，衝動，合理化，態度，を含む。

この命題は犯罪行動の学習が認知面，行動面，感情面など人間の生活全般にわたり，多岐に及んでいることを説明しています。

5. 特定の方向性を持つ動機と衝動は，法律を好ましいものとする，あるいは，好ましいものとしないとする定義から学習される。

ある社会では法律は守るべき規則であると恒常的に定義している人たちが周りにたくさんいる場合がある一方で，法律違反をすることが好ましいとしている人たちが周りにたくさんいるような別の社会もあります。サザランドは，アメリカ社会では，法律を守ることを好ましいとする定義と，法律違反をすることを好ましいとする定義がほとんどいつも混じり合っており，人々が法律との関係で葛藤を抱えるのが標準的である，と述べていますが，これはアメリカ社会に限らず，どこの国でも程度の差はあれ同じことでしょう。例えば，思春期に形成される仲間集団を見れば，後輩に馬鹿にされたら殴ってケジメをつけようとしたり，バイクを無免許で運転したりするような一群の不良者集団が存在する一方で，暴力を好ましくないこととし，まじめに学校生活を送る集団も存在します。

6. 法律違反を好ましいとする定義が，法律違反を好ましくないとする定義を超えたときに，人は非行者になる。

サザランドは，これが分化的接触理論で特に重要であると述べています。この命題は，犯罪的なものと，犯罪的でないものへの接触について言及したもので，それらへの接触はお互いに競合したり，妨害したりする関係にあります。人が犯罪的になるのは，犯罪的な行動様式に接触し，犯罪的でない行動様式から切り離されることで，そうなるのです。どんな人でも，身近に他の文化的な様式が存在して，自分の周囲の文化様式と葛藤状態になければ，後者に同化することは避けられません。自分の周囲の社会環境で多くの者が，ある犯罪行動を好ましいと考えているのであれば，その人も犯罪行動に従事するようになるでしょう。なお，この接触の性質が，例えば，歯磨きの習慣のように犯罪に関する限り中立的なものへの接触であれば，犯罪行動の産出に寄与することはほとんどないでしょう。サザランドは，この犯罪的に中立的な行動への接触を子ども時代に多く費やすことが重要であり，そうすることで，中立的な行動に従事して，犯罪行動に接触するようなことがなくなると述べています。

7. 分化的接触は，頻度，期間，優先度，及び強度の点で異なる。

これは，犯罪行動及び非犯罪行動への接触は，人の生活する局面が異なれば違ってくることを述べるものです。接触の頻度や期間が異なることは言うまでもないでしょう。優先度は，例えば，幼少期に遵法的な行動様式が形成されればそれが生涯にわたって続く一方，幼少期に非行行動が形成されれば今度はそちらが生涯続くであろう，といったメカニズムです。つまり，幼少期に形成された態度が優先されるというわけです。強度は，明確に定義することが困難であるとサザランドは述べていますが，犯罪的な，あるいは非犯罪的な様式に接触した際に，その感化力が弱い場合もあれば，強い場合もあるでしょうし，接触の際に沸き起こる情動反応にも強弱があるでしょう。学校の先生から投げかけられた言葉に強い感銘を受け，更生への道をたどる若者もいるわけです。

8. 犯罪行動の学習過程には，他のあらゆる学習に含まれているものと同じメカニズムが含まれている。

犯罪行動の学習は模倣に限られる，といったようなことでありません。学習理論にはバンデューラの社会的学習の他にも，古典的条件づけ，オペラント条件づけなどの理論があり，犯罪行動の学習と一般の学習において，そのメカニズムに異なるところはないとされます。

9. 犯罪行動は，一般的な要求や価値の表現であり，非犯罪行動も同様の欲求や価値の表現であるのだから，これらの一般的な欲求や価値によって犯罪行動は説明されない。

泥棒は一般的にお金を確保しようとして盗みをしますが，誠実な勤労者も同様にお金を確保しようとして働いています。サザランドは，快楽原則，社会的地位を得るための努力，金銭的動機，欲求不満といった一般的な動機や価値によって犯罪行動を説明しようとする多くの犯罪学者の試みは徒労に終わると述べています。なぜなら，それらは，犯罪行動についての説明だけでなく遵法的な行動も完全に説明することになるからです。一般的な動機や価値は，呼吸と同じものであり，あらゆる行動に必要であるが，非犯罪行動から犯罪行動を区別するものではないとされます。

非行臨床の場面では，思春期になって不良者と交遊するようになり，先輩から万引きやバイク窃盗の手口を学んで実行したり，けんかなどの暴力場面を身近で見たりすることで自身も暴力的に振る舞うようになる非行少年をしばしば目にします。手口や行動様式だけでなく，「コンビニエンスストアはあらかじめ万引きの被害を計算に入れて商品の値段をつけているので万引きをしても誰も損をしない」といった合理化（正当化）のやり方を学んだりもします。大人の場合でも，例えば，周囲の仲間社会に飲酒運転をする人ばかりがいると，「少しくらい飲んでも運転には影響しない」と考えて，飲酒運転に及ぶ人が出てくることがあります。分化的接触理論の「分化」の意味するところは，このように自分の身の回りで犯罪に接触した場合には，犯罪行動が引き起こされやすくなるでしょうし，そうした犯罪的な思考，行動様式，文化に接触しない場合には，犯罪行動は学習されないということを意味しています。

サザランドは20世紀で最も重要な犯罪学者として広く認識されています。分化的接触理論が犯罪学に与えた影響は大きく，それは社会的学習理論として今日でも重要な犯罪理論の一つとなっています[3]。

4.8　古典学派の犯罪学の継承

ここで最初に説明した古典学派の犯罪学を振り返ってみましょう。古典学派は，人には自由意思があり，犯罪をすることによるメリットとデメリットを考えて，犯罪をしたり，思いとどまったりするので，適切な刑罰により抑止が可能になるというものでした。犯罪をするかしないかは個人が自由意思で決めている，というこの考え方は，これまでに概観してきた犯罪理論を見ればわかる

[3] 例えば，エイカーズ（Akers, R. L.）は，分化的接触理論を発展させ，分化的強化理論を提唱しています。

ように，その後発展した多くの犯罪理論においてはあまり重要視されなくなりました。しかし，その古典学派の考え方を，現代に引き継いだといえる犯罪理論も生み出されています。以下では，古典学派の流れを受け継ぐ理論的枠組みとして，抑止理論とルーティンアクティビティ理論（日常活動理論）を取り上げます。

4.8.1 抑止理論

抑止理論（deterrence theory）は，刑罰による犯罪抑止効果についての理論であり，社会における犯罪防止をどのように実施していくかという施策に重要な示唆を与え，刑事司法制度の構築と深い関わりを持っています。抑止理論では，刑罰による犯罪抑止について，**一般予防**（general deterrence）と**特別予防**（specific deterrence）という2つの機能を想定しています。一般予防は，犯罪行為に及ぶと逮捕され，刑務所に入れられることへの恐れから人々が犯罪をすることを思いとどまるという威嚇の効果を指します。特別予防は，犯罪行為をした本人が公的な処罰を受けることで，その後の犯罪行動を控えるようになるという犯罪者本人に対する個別の効果のことです。

また，抑止理論では刑罰の犯罪抑止効果に影響を与える要因として，**刑罰の重さ**，**刑罰の確実性**，**刑罰の迅速性**を仮定しています。理論的には，刑罰が重くなるほど，そして犯罪行為への刑罰が確実にかつ迅速になされるほど，刑罰による犯罪抑止効果が高まることになります。では，実証的にも本当にそうした効果が確認されるのでしょうか。抑止理論を検証したメタ分析（meta analysis）では，刑罰の厳しさが犯罪を減らすことについては，非常に小さな効果しか得られず，それに比べて刑罰の確実性は，中程度の犯罪抑止効果を持っていることがわかっています（Pratto et al., 2008）。また，刑罰の重さや確実性については，客観的なものというよりは，個人がそれらについて主観的に抱いている認知のほうが重要であるとした研究もあります。

厳罰化による犯罪抑止効果は微々たるものですが，厳罰化の主張は大衆受けがよいこともあってか，政策決定者は厳罰化に積極的になる傾向があるようです。アメリカでは，1990年代に**三振法**（three-strikes law）と呼ばれる法律が制定されました（6.3 節参照）。これは重罪で 2 回の前科を持つ者が，有罪判決を受けると終身刑になるという法律です。この法律によって，ゴルフクラブ 3 本を盗んで，三振法が適用され，終身刑が言い渡されるという事例が生じています。厳罰化政策の結果，アメリカでは刑務所人口が 100 万人を超えるという過剰収容に陥るようになりました。我が国でも平成 12（2000）年以後，少年法，交通事犯，性犯罪の領域や，有期刑上限の引き上げ等で厳罰化の政策が行われています。

4.8.2　ルーティンアクティビティ理論（日常活動理論）

抑止理論では，個人が主観的にとらえた刑罰の厳しさや刑罰が実行される確実性が犯罪行動の発生を考える上で重要な要因とされましたが，犯罪行動の発生に影響を与える条件，状況に着目して，犯罪の起こりやすさを分析するアプローチがあり，これは犯罪機会論と呼ばれています。犯罪機会論において，犯罪者は自由意思を持ち，損得を考えて犯罪行動をするかしないかを決めるという古典学派の原理に則った犯罪者像が想定されており，抑止理論と共に古典学派を継承しているといえます。以下では，このアプローチにおいて著名なコーエン（Cohen, L. E.）とフェルソン（Felson, M.）による**ルーティンアクティビティ理論**（**日常活動理論**；routine activity theory；15.3.1 項参照）を紹介します。この理論は**環境犯罪学**[4]の一つとしての位置づけも有しています。

ルーティンアクティビティ理論では，①動機づけられた犯罪者[5]，②適当なターゲット，③犯罪に対して有効な監視者の不在，の 3 つが時間的，空間的に収斂することによって掠奪的犯罪が起こるとされます（Cohen & Felson, 1979）。人々が日常の社会生活（ルーティンアクティビティ）を送る中でこの 3 要素がそろったときに犯罪が起こるというわけです。以下にフェルソンとエッカート

---

[4] 環境犯罪学とは，建物や地域などの環境の持つ犯罪誘発要因を分析し，犯罪機会の減少を目的として犯罪環境の設計管理を提起する新しい犯罪学を指します（瀬川，1988）。

[5] コーエンとフェルソン（Cohen & Felson, 1979）では，動機づけられた犯罪者（motivated offenders），フェルソンとエッカート（Felson & Eckert, 2019）では，犯罪を起こす可能性がある犯罪者（a likely offender）となっています。

（Felson & Eckert, 2019, p.26）に沿ってこの３つを解説します。

まず，①の動機づけられた犯罪者ですが，ルーティンアクティビティ理論では人はすべて犯罪を起こす可能性があることを前提としています。もちろん，犯罪への動機づけが高い者もいれば，低い者もいますし，その中間の者がいることが想定されています。思春期の男子少年が犯罪への動機づけが高いことは犯罪学ではよく知られた知見です。また，日常生活のパターンによって潜在的な犯罪可能性が高められることがある一方で，犯罪可能性が抑えられるということもあります。犯罪可能性は多様に分布しており，変化することが想定されています。②の適当なターゲットは，犯罪者を犯罪へと引き入れるあらゆる人や物です。あたかもそれを盗むことを誘うように鍵がさされたままの自動車であったり，簡単に盗めそうな場所に目につくように置いてあるお金であったり，盛り場でけんかをするように挑発してくる人であったり，容易にスリができるようにポケットから財布をはみ出したままにしている人であったりします。③の監視者についてですが，警察官や警備員のみのことを指すと誤解してはいけません。もちろん，警察官や警備員は監視者としての機能を持ちますが，犯罪が起こったときに，その場所に警察官や警備員が偶然居合わせるということはまず起こらないでしょう。警察官や警備員は公的な監視者ですが，最も意味のある監視者は，普通に日常生活を営んでいる一般市民です。一般市民は，自然発生している監視者といえます。自分自身の所有物を守る監視者は一般市民である自分自身です。友達や身内もまた自分自身や自分の所有物を守る監視者になり得ますし，逆に，自分が友達や身内のための監視者になり得ます。全く見ず知らずの一般市民であっても，犯罪者は犯行を見ていた一般市民によって警察に通報されるかもしれないし，何らかの方法で犯行を邪魔するかもしれないと考えるでしょう。コンビニエンスストアに店員が誰か一人が存在していれば，店員は監視者となり，犯罪への抵抗を助けることになります。

ルーティンアクティビティ理論では，犯罪行為は，他の日常的な活動の多くの属性を共有し，他の日常的な活動と相互に依存している日常的な活動として扱われます（Cohen & Felson, 1979）。社会の人々がごく普通の日常生活を営んでいる中で，上記の３要素が満たされるときに犯罪が起こるわけですから，この三者の日常活動のパターンが犯罪発生率に影響を及ぼすことを意味しています。そのため，ルーティンアクティビティ理論による犯罪防止は，公共の空間で人通りが多くなり，人が犯罪に及ぼうとする場面で，誰かはその場面を見るような都市計画を行う，自動車の窃盗防止のためにイモビライザー[6]を導入する，小売店で一定の金額以上の売上金を保管しないといったことで達成されます。繁華街でアルコール飲料をテイクアウトする際には，凶器となり得るガラスの瓶ではなく，ペットボトルで提供することも，けんかが起きた際に被害の程度を小さくすることになるでしょう[7]。

古典派犯罪学では，人が頭の中で考える刑罰への恐れが犯罪行動を抑制するとされます。よって，犯罪抑制のためには行為と刑罰の重さの均衡を図ることが必要とされ，それにはしばしば刑罰の厳罰化という形がとられることになります。これに対しルーティンアクティビティ理論は，古典派犯罪学を継承していると先に述べましたが，この理論では，刑罰の強化による犯罪抑止には消極的で，犯罪対策の在り方も古典派犯罪学のものとはかなり異なることになります。また，ルーティンアクティビティ理論では，個人が持つ犯罪的な傾向，特性といったものを分析することに重点を置きません。よって，ある特定の犯罪をした者に，何らかの働きかけを行って，犯罪性を除去し，更生を促す手法を提供することは困難です。少年院や刑務所等の矯正施設では，まず，犯罪的な傾向がある程度進んだ犯罪者に対する直接的な処遇の方法が必要とされますから，ルーティンアクティビティ理論が援用される機会はあまり多くはありません。一方で，ルーティンアクティビティ理論では，3つの要素の時間的，空間的な一致を防ぎ，犯罪そのものが発生する機会を奪うという観点から，犯罪の数としては圧倒的に多く，多数を占める機会的な犯罪者による犯罪（それはしばしば万引きや自転車窃盗であったりします）に対して，具体的な防犯対策への幅広い示唆を与えることができます。

6　電子的なキーの照合システムによって，専用のキー以外ではエンジンの始動ができないという自動車盗難防止システムのことです。

7　アメリカ合衆国の南部の都市ニューオーリンズのバーボンストリートでは，テイクアウトで販売するアルコール飲料をプラスチック容器で提供するという施策を実際に行っています。

4.9 まとめ

この章で紹介した犯罪理論は，数多くある犯罪理論のほんの一部にすぎません。この章では触れませんでしたが，第6章で説明するRNRモデルも，矯正現場における再犯防止に重要な役割を演じている犯罪理論となります。また，第15章には，「犯罪の三角形」モデル，犯罪パターン理論，割れ窓理論，場所に基づく犯罪予防，環境デザインによる犯罪予防（CPTED）といった犯罪理論の解説がありますので，併せて参照ください。

さて，従来の犯罪研究は互いに孤立状態にあり，ただ多くの相異なる理論的パースペクティブが散在するのみで，十分に発達した知識体系に結びつくような理論的展開は見出すことができないという指摘があります（藤本，2003）。すべての犯罪を説明するような統一的な犯罪理論は現在までのところありませんし，そのような大統一理論が今後，完成されることもおそらくないでしょう。これは人間行動のすべてを説明できる理論が心理学にはなく，世界経済の動きをすべて説明できる理論が経済学にないのと同じことです。各種の犯罪理論は，犯罪という複雑な対象に対して，ある1つの面に焦点を当てたり，別の切り口から分析したり，とらえ方を変えてみたりしていることになります。犯罪理論の数だけ犯罪の定義や犯罪とは何かという問いへの答えがあるといえます。今後も，理論に基づいた実証研究と並行して，既存の犯罪理論を改良したり，新たな犯罪理論を提案したりする試みが継続して行われていくと考えられます。

復 習 問 題

1. ロンブローゾの主張する犯罪理論の特徴とはどのようなものでしょうか。今日では受け入れ難い部分と現代の犯罪理論にも結びつく部分について説明してください。
2. 緊張理論とコントロール理論は，それぞれどのような理論でしょうか。2つの理論を対比させて説明してください。
3. ルーティンアクティビティ理論において，犯罪を防止するための手立てには，どのようなものがあるでしょうか。

参 考 図 書

瀬川 晃（1998）．犯罪学　成文堂

犯罪理論が網羅的にわかりやすく解説されており，通読すれば本章で紹介した以外の犯罪理論も含めて，体系的な知識を得ることができます。

岡本 英生・松原 英世・岡邊 健（2017）．犯罪学リテラシー　法律文化社

犯罪理論について，心理学，法学，社会学の各視点から詳しい解説があり，多角的に犯罪学を学ぶことができます。生物学的要因についての新しい知見や，計量分析も含めた犯罪学研究の手法についても詳細に解説されています。

犯罪・司法に関わる機関・施設における活動

犯罪を社会の中で処理していく際には，公的なものから民間のものまで様々な機関が関わります。公認心理師法第42条では，「公認心理師は，その業務を行うに当たっては，その担当する者に対し，保健医療，福祉，教育等が密接な連携の下で総合的かつ適切に提供されるよう，これらを提供する者その他の関係者等との連携を保たなければならない」と連携の義務が定められているように，心理の専門職にとって関係機関に関する知識は必須となります。

それぞれの機関は，どれも専門的な知識，技術をもって犯罪に対処しており，その業務内容を詳しく知ろうと思えば，実際にそこで働いてみる必要があるでしょう。もちろんそれは不可能なため，司法犯罪領域に関係する仕事に携わっている心理の専門職は，普段から，関係する機関についての知識や情報を積極的に収集するよう努めています。そして，情報に接する際には，実際に現場ではどんなふうに職員が動いているのか，対象には具体的にどういった処遇がなされているのかといった点が焦点になります。

5.1 家庭裁判所

裁判所は，最高裁判所を頂点として，高等裁判所，地方裁判所，簡易裁判所，家庭裁判所で構成されています。このうち，**家庭裁判所**は，全国に50カ所（各都道府県の県庁所在地と北海道の3カ所）の本庁，203カ所の支部，77カ所の出張所がそれぞれ設けられており，**家事事件**と**少年事件**という2種類の事件を扱っています。

家事事件とは，夫婦や親族間の争いなどの家庭に関する問題を家事審判や家事調停，人事訴訟などによって解決を図る手続で，少年事件は，非行のある少年について処分を決定する手続です。これらは，いずれも法律的な解決を図るだけでなく，その背後にある人間関係や環境を考慮した解決が求められます。そのため，家庭裁判所（と高等裁判所）には**家庭裁判所調査官**という専門職が配置されています[1]。家庭裁判所調査官は，心理学，社会学，社会福祉学，教育学などのいわゆる行動科学の知識や技法と法律知識を活用して，家庭裁判所で扱っている家事事件や少年事件などについて調査を行うのが主な仕事です。家庭裁判所調査官は，裁判所職員採用総合職試験（家庭裁判所調査官補）を受験して採用された後，裁判所職員総合研修所で2年間の研修を受け，必要な知識や技能等を修得します。

5.1.1 家事事件における家庭裁判所調査官の活動

家事事件では，紛争の当事者や親の紛争下に置かれている子どもに面接をして問題の原因や背景を調査し，必要に応じて社会福祉機関や医療機関などとの連絡や調整を行いながら，当事者や子にとって最も良いと思われる解決方法を検討し，裁判官に報告します。裁判官は，この報告に基づいて，事件の適切な解決に向けて審判や調停を進めていきます。

家事事件の当事者の中には，悩み事から気持ちが混乱している人がいます。そこで，家庭裁判所調査官は，そうした人が冷静に話合いに参加できるように，カウンセリングなどの方法を活用して心理的援助をしたり，調停に立ち会ったりして当事者間の話合いがスムーズに進められるよう計らうこともあります。

なお，家事事件についての基本的な知識や家庭裁判所調査官の活動の詳細は，第13章を参照してください。

5.1.2 少年事件における家庭裁判所調査官の活動

第3章で解説したとおり，家庭裁判所調査官は，少年事件では，非行を犯したとされる少年とその保護者に会って事情を聞くなどして，少年が非行に至った動機や原因，生育歴や性格，生活環境などを調査します。少年の資質や性格傾向を把握するために必要に応じて心理テストを行ったり，少年鑑別所，保護

[1] 裁判所法第61条の2　各家庭裁判所及び各高等裁判所に家庭裁判所調査官を置く。

観察所，児童相談所などの関係機関と連携を図ったりしながら，少年の更生に向けて必要な方策を検討し，裁判官に報告します。裁判官は，この報告に基づいて，少年の更生にとって最も適切な解決に向けて審判を行います。

少年審判の対象は，**非行事実**と**要保護性**の2つです（裁判所職員総合研修所，2018)。このうち，非行事実は，捜査機関から送致された事件を少年が実際に起こしたことを認定するとともに，その事案の重大性や悪質性などが判断されます。これに対して要保護性は，簡単に言えば，保護の必要性を意味する用語ですが，詳しくは**表5.1**のように，①犯罪的危険性，②矯正可能性，③保護相当性，の3つの観点があります（裁判所職員総合研修所，2017)。

保護観察や児童自立支援施設送致あるいは少年院送致などの保護処分の目的は，少年を「保護」することにある一方で，少年の自由を制限するという不利益な側面もあるので，再犯危険性が高いかどうかだけでなく，非行事実の内容や程度によって最終的な処遇選択が調整されます。つまり，家庭裁判所調査官は，調査の結果を踏まえて要保護性に関する意見を裁判官に提出し，裁判官は家庭裁判所調査官から提出された要保護性に関する資料に加え，非行事実も考慮して最終的な処分を決めるという立てつけになっています。言い換えると，

表5.1　**要保護性**（裁判所職員総合研修所（2017）p.41を基に作成）

要保護性	内容
犯罪的危険性	再非行のおそれがあること。累非行性，再非行の危険性，再犯危険性などとも呼ばれる。RNRモデルにおける「再犯リスク」に相当する。
矯正可能性	保護処分によって犯罪的危険性を除去できる見込みや可能性のこと。保護処分による改善の見込みがない場合には，保護処分以外（例えば，刑事処分など）に委ねることが相当とされる。
保護相当性	保護処分による保護が最も有効適切な手段であると認められること。例えば，殺人や放火，強盗や強姦などの重大な犯罪の場合，保護処分に付すよりも，刑事責任を問い，その罪責を明らかにするほうが社会の法感情や被害感情にもかない，少年にとっても最も有効な保護手段であると考えられる場合がある。

家庭裁判所調査官は保護処分の「必要性」を調査しているのに対して，裁判官は，その「必要性」を踏まえて処分の「相当性」を判断していることになります。ボンタとアンドリュース（Bonta & Andrews, 2016）が提唱する**RNRモデル**（第6章で詳しく説明します）では，再犯リスクの程度と処遇密度を合致させることが再犯防止にとって有効だとされていますが，実際には，再犯リスク（犯罪的危険性）が同じであっても，パンを1個盗んだ少年と人を殺した少年の終局決定が同じにはならないでしょう。

裁判官が最終処分を決めるために必要がある場合，しばらくの間，少年の様子を見守る「試験観察」という決定をすることがあります。試験観察とは，少年に対する終局決定を保留し，少年の行動を観察するための中間的な決定で，家庭裁判所調査官が担当します[2]。試験観察中，家庭裁判所調査官は，少年や保護者との面接を中心に密接な連絡を保ち，助言，補導，環境の調整などの教育的働きかけを行いながら，少年の行動を能動的に観察します。このように家庭裁判所調査官は，保護観察所と共に，**社会内処遇**を担当しています。なお，このような社会内処遇に対して，少年鑑別所や少年院は，主として**施設内処遇**を行う機関となります。

社会内処遇としては，試験観察の他に，調査や審判の過程で，裁判官や家庭裁判所調査官によって様々な教育的な働きかけが行われています。このような教育的な働きかけは，**保護的措置**や**教育的措置**と呼ばれています。第3章で説明した審判不開始と不処分という家庭裁判所の審判決定は，字面だけ見ると何もしていないように思えるかもしれませんが，実際には，その大半においてこ

---

[2] 少年法第25条　家庭裁判所は，第24条第1項の保護処分を決定するため必要があると認めるときは，決定をもつて，相当の期間，家庭裁判所調査官の観察に付することができる。

2　家庭裁判所は，前項の観察とあわせて，次に掲げる措置をとることができる。

一　遵守事項を定めてその履行を命ずること。

二　条件を附けて保護者に引き渡すこと。

三　適当な施設，団体又は個人に補導を委託すること。

[3] 保護的措置以外に，審判不開始や不処分とされるのは，次の5つの場合があるとされています（裁判所職員総合研修所，2018）。

①別件保護中：少年が他の事件で保護処分に付されているため，本件では特に処分

うした措置が行われています[3]。保護的措置は，事案に応じて様々なものが行われており，一概には言えませんが，第8章の本文や BOX 8.1 にその一端が紹介されているので，参照してください。

RNR モデルに含まれる原則の一つであるリスク原則によれば，犯罪性が軽微な少年は処分をしなくても再非行に走る可能性は低く，密度の高い重い処分をした場合にはかえって再犯リスクを高めてしまうことが知られています。その意味では，審判不開始と不処分は，低リスクの非行少年への処遇に適合する低密度処遇と言うことができます。令和元（2019）年では審判不開始と不処分を合計すると3万554人で，これは，家庭裁判所で終局処理された4万7,969人のうち64％であり，家庭裁判所が決めている少年に対する処遇は多くの部分が低密度処遇ということになります。家庭裁判所調査官は我が国の非行少年に対する低密度処遇の大きな部分を担っているのです。

5.2 少年鑑別所

少年鑑別所は法務省矯正局が管轄する施設で，各都道府県庁所在地などに全国で52（分所7を含む）あります。**図5.1**は，その一つ，大阪少年鑑別所の外観で，**図5.2**は少年鑑別所の居室になります。少年鑑別所には，大まかに言うと20歳未満の非行少年が収容されます。厳密には，3.1節で説明した，少年法第3条に示される審判に付すべき少年である犯罪少年，触法少年，ぐ犯少年のうち，**観護措置決定**[4]を裁判官から受けた少年が収容されます。少年鑑別所

をする必要がないと認められる場合
②事案軽微：非行事実が極めて軽微で，既に警察や家庭や学校などで適切な措置がとられて要保護性が解消し，再非行のおそれがなくなっている場合
③非行なし：非行事実の存在の蓋然性が認められない場合
④所在不明等：調査や審判を行うことが法律上又は事実上不可能と認められる場合（例えば，少年の心神喪失，死亡，所在不明，疾病，海外居住など）
⑤その他：いずれにも該当しない場合

[4] 少年法第17条　家庭裁判所は，審判を行うため必要があるときは，決定をもつて，次に掲げる観護の措置をとることができる。
　一　家庭裁判所調査官の観護に付すること。

図 5.1 **大阪少年鑑別所の外観**（法務省ホームページから）

図 5.2 **居室の様子**（法務省矯正展資料より）

写真は展示用に作られた模擬のものになりますが，実際の居室もおおむねこのようになっています。

二 少年鑑別所に送致すること。

2 同行された少年については，観護の措置は，遅くとも，到着のときから 24 時間以内に，これを行わなければならない。検察官又は司法警察員から勾留又は逮捕された少年の送致を受けたときも，同様である。

3 第 1 項第二号の措置においては，少年鑑別所に収容する期間は，2 週間を超えることができない。ただし，特に継続の必要があるときは，決定をもつて，これを更新することができる。

4 前項ただし書の規定による更新は，1 回を超えて行うことができない。ただし，第 3 条第 1 項第一号に掲げる少年に係る死刑，懲役又は禁錮に当たる罪の事件でその非行事実（犯行の動機，態様及び結果その他の当該犯罪に密接に関連する重要なでは鉄格子のある部屋に少年を収容します。身柄を拘束する人権制限の度合いが大きな措置なので，事案がそれなりに大きなものであったり，繰返し非行を犯していたりする場合などにこの措置がとられます。1，2回，店舗で少額の万引きをした程度では，家庭裁判所に事件が係属しても，在宅事件として取り扱われることがほとんどで，観護措置で少年鑑別所に収容されることはまずありません。

5.2.1　少年鑑別所に収容できる期間

観護措置で少年鑑別所に収容される期間には制限があり，2週間を超えることができないのですが，更新を1回することができるので，4週間以内ということになります。ほとんどの場合は1回更新されるので，少年が少年鑑別所にいる期間は，だいたい3〜4週間くらいになります。ただし，証人尋問等が行われる等の事情があって，収容期間を延ばす必要が出てきた際には，もう2回

事実を含む。以下同じ。）の認定に関し証人尋問，鑑定若しくは検証を行うことを決定したもの又はこれを行つたものについて，少年を収容しなければ審判に著しい支障が生じるおそれがあると認めるに足りる相当の理由がある場合には，その更新は，更に2回を限度として，行うことができる。

5　第3項ただし書の規定にかかわらず，検察官から再び送致を受けた事件が先に第1項第二号の措置がとられ，又は勾留状が発せられた事件であるときは，収容の期間は，これを更新することができない。

6　裁判官が第43条第1項の請求により，第1項第一号の措置をとつた場合において，事件が家庭裁判所に送致されたときは，その措置は，これを第1項第一号の措置とみなす。

7　裁判官が第43条第1項の請求により第1項第二号の措置をとつた場合において，事件が家庭裁判所に送致されたときは，その措置は，これを第1項第二号の措置とみなす。この場合には，第3項の期間は，家庭裁判所が事件の送致を受けた日から，これを起算する。

8　観護の措置は，決定をもつて，これを取り消し，又は変更することができる。

9　第1項第二号の措置については，収容の期間は，通じて8週間を超えることができない。ただし，その収容の期間が通じて4週間を超えることとなる決定を行うときは，第4項ただし書に規定する事由がなければならない。

10　裁判長は，急速を要する場合には，第1項及び第8項の処分をし，又は合議体の構成員にこれをさせることができる。

更新することができますので，合計で最大8週間，少年鑑別所に収容することができます。

5.2.2　少年鑑別所の役割

少年鑑別所の役割は少年鑑別所法第3条に規定されています（表5.2）。

「少年鑑別所は，次に掲げる事務を行う施設とする。

一　鑑別対象者の鑑別を行うこと。

二　観護の措置が執られて少年鑑別所に収容される者その他法令の規定により少年鑑別所に収容すべきこととされる者及び収容することができることとされる者を収容し，これらの者に対し必要な観護処遇を行うこと。

三　この法律の定めるところにより，非行及び犯罪の防止に関する援助を行うこと。」

ここでいう**鑑別**とは，医学，心理学，教育学，社会学などの専門的知識や技術に基づいて，非行等に影響を及ぼした資質上及び環境上問題となる事情を明らかにした上で，その事情を改善するための適切な指針を示すことをいいます。**観護処遇**は，少年の生活全般を見守り，心情の安定を図りつつ，面接や行動観察を行うものです。鑑別は**法務技官**，観護処遇は**法務教官**という職種によって行われます。

また，少年鑑別所法第3条第1項第3号は**地域援助**と呼ばれています。地域

表5.2　**少年鑑別所の業務**（少年鑑別所法第3条）

業務	内容
鑑別	少年がどういった性質，特徴を持っているのか，どうして非行に走ったのか，更生するためにはどのような処遇，処分が適当であるのかといったことを調べること。
観護処遇	少年の生活全般を見守り，心情の安定を図りつつ，面接や行動観察を行うこと。
地域援助	地域社会と連携して非行及び犯罪の防止に関する援助を行うこと。

援助では，少年鑑別所は「法務少年支援センター」という名称を用い，収容された少年ではなく，一般社会に対して活動を行っています。地域援助では，非行や犯罪に関する問題や思春期の子どもたちの行動理解に関する知識を活用して，児童福祉機関，学校教育機関，青少年の健全育成に携わる関係団体と連携を図りながら地域における非行・犯罪の防止に関する活動や健全育成に関する活動の支援に取り組んでいます。具体的には，子どもの知能や性格の検査，問題行動の分析や指導方法の提案，子どもや保護者に対する心理相談，研修・講演などを行っています。

5.3 少年院

少年院は法務省矯正局管轄の施設で，全国に49あり，送致された非行少年に対する矯正教育を行っています[5]。少年鑑別所と少年院はどこが違うのか，疑問を持たれる方もしばしばいるようですが，少年院送致は家庭裁判所の審判決定である保護処分の一つとして行われるものであり，一方，少年鑑別所への入所は審判決定前に調査のために行われる措置です。ですから，成人の刑事司法に例えれば，少年鑑別所は未決の段階で収容される拘置所，少年院は既決になってから収容される刑務所に位置づけられます。

5.3.1 少年院の種類

少年院（**図5.3**）には第1種から第5種まで5つの種類があり，少年院法第4条に規定されています。

「少年院の種類は，次の各号に掲げるとおりとし，それぞれ当該各号に定める者を収容するものとする。

一　第1種　保護処分の執行を受ける者であって，心身に著しい障害がない

[5] 少年院法第3条　少年院は，次に掲げる者を収容し，これらの者に対し矯正教育その他の必要な処遇を行う施設とする。

一　保護処分の執行を受ける者

二　少年院において懲役又は禁錮の刑（国際受刑者移送法第16条第1項各号の共助刑を含む。以下単に「刑」という。）の執行を受ける者

図 5.3　**多摩少年院の外観**（法務省ホームページから）

おおむね 12 歳以上 23 歳未満のもの（次号に定める者を除く。）

二　第 2 種　保護処分の執行を受ける者であって，心身に著しい障害がない犯罪的傾向が進んだおおむね 16 歳以上 23 歳未満のもの

三　第 3 種　保護処分の執行を受ける者であって，心身に著しい障害があるおおむね 12 歳以上 26 歳未満のもの

四　第 4 種　少年院において刑の執行を受ける者

五　第 5 種　少年法第 64 条第 1 項第二号の保護処分の執行を受け，かつ，同法第 66 条第 1 項の規定による決定を受けた者」

この種類分けでは，似たような文言が少しずつ言葉を変えて並んでいるので，一見わかりにくいかもしれませんが，**第 1 種少年院**はいわば普通の少年院です。平成 26（2014）年に法律が改正される前は，初等少年院，中等少年院と呼ばれていました。心身に著しい障害がないというのは，重い精神疾患や身体疾患を持っていないことを意味します。専門的な医療措置を講じる必要がない少年を収容して矯正教育を行うということです。収容できる年齢は，おおむね 12 歳以上 23 歳未満です。この「おおむね」は 12 歳だけにかかっていることに注意してください。改正される以前の旧少年院法では，下限年齢を 14 歳としていました。平成 16（2004）年に長崎県佐世保市で小学 6 年生（11 歳）の女児が同級生をカッターナイフで切りつけて殺害した事件が起こりましたが，

この時期には，少年院送致という選択肢はなかったわけです（女児は児童自立支援施設送致となりました）。法律が改正された現在では，「おおむね」12歳以上ですから，11歳であっても少年院送致は選択肢となり得ます。第1種から第3種まで年齢の下限にはすべて「おおむね」の文言がかかっているので，この下限年齢には柔軟性が持たされています。一方，年齢の上限には第1種では23歳であり，「おおむね」の文言はありません。収容の上限が解釈によって延びる余地はないのです。第1種から第3種までいずれも上限は明確に決まっています。

次に，**第2種少年院**ですが，これは「心身に著しい障害がない犯罪的傾向が進んだ」という文言がポイントになります。犯罪的傾向が進んでいるということは，例えば，これまで何度も犯罪を繰り返して少年院に入ったような非行歴があったり，暴力団などの反社会的集団に所属して犯罪をすることが生業になっていたりすることを指します。旧少年院法では第2種は特別少年院という名称でした。「特別」という言葉は，あたかも非行少年に「箔」をつけているようだという意見がありましたが，現在の呼称であればそういったことはないでしょう。

---

[6] 第4種少年院への収容は，少年法第56条に規定があります。

少年法第56条　懲役又は禁錮の言渡しを受けた少年（第3項の規定により少年院において刑の執行を受ける者を除く。）に対しては，特に設けた刑事施設又は刑事施設若しくは留置施設内の特に分界を設けた場所において，その刑を執行する。

2　本人が満20歳に達した後でも，満26歳に達するまでは，前項の規定による執行を継続することができる。

3　懲役又は禁錮の言渡しを受けた16歳に満たない少年に対しては，刑法第12条第2項又は第13条第2項の規定にかかわらず，16歳に達するまでの間，少年院において，その刑を執行することができる。この場合において，その少年には，矯正教育を授ける。

現在（2021年）まで，第4種少年院の対象者は一人もいません。14歳の少年が重大事件を起こして，家庭裁判所の審判決定で検察官送致となり，地方裁判所で懲役刑の判決が確定すれば，少年刑務所に移送されます。その後，刑務所での調査の結果，第4種少年院に移送されることは，法令上は想定できます。しかし，こうした事案では，通常は精神鑑定が行われるなどして裁判の進行に時間がかかり，第4種少年院で入ることのできる16歳を超えてしまうでしょう。こうした理由から，現在まで対象者が一人もいない状態となっているのです。

第3種少年院は,「心身に著しい障害がある」少年を収容しており,旧法では医療少年院という区分になっていたものです。身体疾患と精神疾患のいずれもが対象になり,年齢の上限が26歳と長く収容できるようになっています。世間の耳目を騒がせるような大きな事件に及んだ少年は,この区分での収容となることがよくあります。例えば,平成9(1997)年に2人の小学生を殺害するという神戸連続児童殺傷事件を起こした当時14歳の少年は,関東医療少年院に収容されました(現在,関東医療少年院は施設の統廃合により,東日本少年矯正医療・教育センターとなっています)。

第4種少年院は検察官送致決定によって成人の刑事裁判を受け,刑を言い渡された者が執行されるときの区分です。懲役・禁錮刑が言い渡されても,16歳未満の間は,刑務所ではなく,少年院で刑の執行を受けます[6]。

最後に**第5種少年院**ですが,これは令和3(2021)年の法改正によって加えられました。収容の対象となるのは,満18歳以上20歳未満の特定少年が2年の保護観察処分に付された後[7],保護観察の遵守事項違反があり,少年院において処遇を行わなければ本人の改善及び更生を図ることができないと認められた場合となります[8]。

なお,あくまで少年受刑者が少年院で刑の執行を受けるときに,その少年院を第4種少年院として扱うということなので,一つの施設として第4種の少年院が存在しているわけではありません。今後,もしそうした対象者が出てくれば,施設としては普段は第2種あるいは第3種少年院として運用されている少年院に入ることになるでしょう。

[7] 少年法第64条　第24条第1項の規定にかかわらず,家庭裁判所は,第23条の場合を除いて,審判を開始した事件につき,少年が特定少年である場合には,犯情の軽重を考慮して相当な限度を超えない範囲内において,決定をもつて,次の各号に掲げる保護処分のいずれかをしなければならない。ただし,罰金以下の刑に当たる罪の事件については,第一号の保護処分に限り,これをすることができる。

一　6月の保護観察所の保護観察に付すること。

二　2年の保護観察所の保護観察に付すること。

三　少年院に送致すること。

[8] 少年法第66条　更生保護法第68条の2の申請があつた場合において,家庭裁判所は,審判の結果,第64条第1項第二号の保護処分を受けた者がその遵守すべき事項を遵守しなかつたと認められる事由があり,その程度が重く,かつ,少年院において処遇を行わなければ本人の改善及び更生を図ることができないと認めるときは,

5.3.2　少年院で行われる矯正教育

少年院で行われている**矯正教育（図 5.4）**は，在院者の犯罪的傾向を矯正し，健全な心身を培わせ，社会生活に適応するのに必要な知識及び能力を習得させることを目的として行われています[9]。法務教官によって行われるこの教育は，以下の5つの内容からなります（9.3.2 項参照）。

①生活指導：善良な社会人として自立した生活を営むための知識・生活態度の

図 5.4　少年院における矯正教育（法務省ホームページから）
左上は職業指導，右上は体育指導，左下は生活指導（グループワーク），右下は教科指導。

これを少年院に収容する旨の決定をしなければならない。ただし，この項の決定により既に少年院に収容した期間が通算して同条第2項の規定により定められた期間に達しているときは，この限りでない。

[9] 少年院法第23条　矯正教育は，在院者の犯罪的傾向を矯正し，並びに在院者に対し，健全な心身を培わせ，社会生活に適応するのに必要な知識及び能力を習得させることを目的とする。

2　矯正教育を行うに当たっては，在院者の特性に応じ，次節に規定する指導を適切に組み合わせ，体系的かつ組織的にこれを行うものとする。

習得

②職業指導：勤労意欲の喚起，職業上有用な知識・技能の習得

③教科指導：基礎学力の向上，義務教育，高校卒業程度認定試験受験指導

④体育指導：基礎体力の向上

⑤特別活動指導：社会貢献活動，野外活動，音楽の実施

少年院では教育学や心理学等の専門家である法務教官が主として指導に当たります。法務教官は，先に挙げた5領域の指導について，個別面接などを行いながら常に少年と密接に関わりを持ち，非行少年の更生のために稼働します。

5.4　刑事施設（拘置所・刑務所・少年刑務所）

拘置所，刑務所，少年刑務所は法務省矯正局が管轄する施設で，これらは**刑事施設**と呼ばれます。刑務所は全国で62あり，各都道府県に1つ以上あります（この他支所が8)。少年刑務所は7，拘置所は8（この他支所が103）あります。令和元（2019）年末に我が国で刑事施設に収容されている人員は4万8,429人でした（矯正統計年報，2020)。この数値を皆さんはどう考えるでしょうか。多いと思うでしょうか，それとも少ないと思うでしょうか。ちなみに，アメリカの刑務所では収容者数が100万人を超えています。アメリカの人口は日本の人口の約2.5倍程度ですから，それを考えると，日本はアメリカと比べて刑務所に収容されている人数は相当に少ないことになります。

5.4.1　拘置所

拘置所は主として刑事裁判が確定していない未決拘禁者を収容する施設です。第2章で説明したように，犯罪を犯したとされる被疑者が起訴された後に収容される施設が拘置所になります。確定，未決拘禁という言葉が出てきましたが，確定は裁判において控訴，上告も含めて最終的に刑が決まったことを，また未決拘禁は，裁判において刑が確定しない間に収容することをそれぞれ意味しています。裁判の結果に不服があれば，地方裁判所，高等裁判所，最高裁判所と順次，裁判を継続していくことになるので，刑が確定するまでには長い期間が

かかりますし，その間，保釈が認められなければ，未決拘禁として拘置所にいる期間も長くなります。

拘置所で最も有名なものは東京拘置所でしょう（**図 5.5**）。著名な政治家や芸能人が起訴されると，テレビや新聞などで大きく報道されるので，見たことがある人も多いのではないでしょうか。なお，死刑が裁判で確定した者は，原則として刑務所ではなく拘置所に収容されます。**図 5.6** は，平成 22（2010）年に千葉景子法務大臣の指示で公開された東京拘置所の刑場です。我が国の死刑は絞首によって行われます。

図 5.5　**東京拘置所**（Wikipedia から）

図 5.6　**報道機関に公開された東京拘置所の刑場の「執行室」**（毎日新聞社提供）
中央下は踏み板。

5.4.2　刑務所・少年刑務所

刑務所と**少年刑務所**は，主として裁判で懲役刑・禁錮刑が確定した受刑者を収容します。少年刑務所というと，その名前から少年（未成年）が主として収容されていると勘違いしている人も少なくないようですが，実際には 26 歳に満たない若年の成人受刑者が主として収容されます。16 歳以上の少年で検察官送致となり，刑事裁判を受けて受刑が確定した者も少年刑務所に収容されますが，その割合は極めて低いものです。刑務所にはいくつかの種類があり，初めて刑務所に入る受刑者を集めた A 指標の刑務所と累犯の受刑者を集めた B 指標に大別されます。裁判で実刑判決を受けて初犯で刑務所に入る場合は A，2 回目からは多くの場合 B の刑務所に入ることになります。種類は刑務所ごとに決まっており，例えば，府中刑務所は B，長野刑務所は A です（令和 3（2021）年 4 月現在）。

1．矯 正 処 遇

受刑者に対する処遇は，資質及び環境に応じ，その自覚に訴え，改善，更生の意欲の喚起，社会生活に適応する能力の育成を図ることを目的に行われます[10]。受刑者に対する処遇の内容としては，作業，改善指導，教科指導という**矯正処遇**が行われています[11]。矯正処遇は，必要に応じて医学，心理学，教育

[10] 刑事収容施設及び被収容者等の処遇に関する法律第 30 条　受刑者の処遇は，その者の資質及び環境に応じ，その自覚に訴え，改善更生の意欲の喚起及び社会生活に適応する能力の育成を図ることを旨として行うものとする。

[11] 刑事収容施設及び被収容者等の処遇に関する法律第 84 条　受刑者には，矯正処遇として，第 92 条又は第 93 条に規定する作業を行わせ，並びに第 103 条及び第 104 条に規定する指導を行う。

2　矯正処遇は，処遇要領（矯正処遇の目標並びにその基本的な内容及び方法を受刑者ごとに定める矯正処遇の実施の要領をいう。以下この条において同じ。）に基づいて行うものとする。

3　処遇要領は，法務省令で定めるところにより，刑事施設の長が受刑者の資質及び環境の調査の結果に基づき定めるものとする。

4　処遇要領は，必要に応じ，受刑者の希望を参酌して定めるものとする。これを変更しようとするときも，同様とする。

5　矯正処遇は，必要に応じ，医学，心理学，教育学，社会学その他の専門的知識及び技術を活用して行うものとする。

学，社会学その他の専門的知識や技術を活用して行うとされており，刑務官の他，法務技官という心理学の専門家が関与します。以下に作業，改善指導，教科指導の中身をそれぞれ見ていきましょう。

2. 作　業

作業は，**刑務作業**とも呼ばれます。刑務所の中には工場と呼ばれる棟が並び，各工場で異なる作業が行われます（**図 5.7**）。受刑者は朝，自分のいる居室から工場に出て作業を行い，夕方になると工場から帰ってくるという毎日を過ごします。刑務作業は更生に向けた取組みです。受刑者に規則正しい勤労生活を行わせることで，心身の健康を維持し，勤労意欲を養成し，規律ある生活態度，共同生活における自己の役割・責任を自覚させることが目的です。また，職業的知識や技能を付与することにより，その社会復帰を促進することも目的の一つです。刑務作業の中で，受刑者に免許や資格，職業に関する知識，技能を習

図 5.7　**刑務作業の様子（上の写真はいす製作作業）**（法務省ホームページから）

得させるための職業訓練も実施されます。職業訓練には，溶接科，建設機械科，フォークリフト運転科，情報処理技術科，電気通信設備科，理容科，美容科，介護福祉科等の種類があります。

3. 改善指導

改善指導は，受刑者が更生するために行われる指導，教育です。再犯を防止するための教育，という言い方をするとわかりやすいでしょう（図 5.8）。受刑者に自らが行った犯罪の責任を自覚させ，社会生活に適応するのに必要な知識や生活態度を習得させるために必要な指導が行われます。指導には，すべての受刑者を対象とした一般改善指導と，受刑者の罪種や本人固有の事情によって個別に選択される特別改善指導があります。これらの指導は R0 から R6 までの符号がついています。一般改善指導は R0 で，特別改善指導では，薬物依存離脱指導（R1），暴力団離脱指導（R2），性犯罪再犯防止指導（R3），被害者

図 5.8　**グループワークによる改善指導（上段）と教科指導（下段）の様子**
（法務省ホームページから）

の視点を取り入れた教育（R4），交通安全指導（R5），就労支援指導（R6）があります。第11章には，性犯罪受刑者に特化した再犯防止教育プログラムであるR3処遇についての解説があります。

4. 教科指導

受刑者の中には，義務教育を修了していない者もいますし，修了していても学力が不十分である者も少なくありません。平仮名ばかりの作文を書いたり，簡単な足し算引き算ができない人もたくさんいるのです。**教科指導**では，社会生活の基礎となる学力を欠くために改善更生や円滑な社会復帰に支障がある受刑者に対しては，小学校や中学校に相当する学習指導を行います（図5.8）。また，学力に応じて，高等学校や大学で行う教育内容に準ずる指導も行います。

5.5 保護観察所

保護観察所は法務省保護局が所管する機関で，地方裁判所の管轄区域ごとに全国50カ所に設置されています。保護観察所には保護観察官と社会復帰調整官が配置され，前者は更生保護，後者は心身喪失者等医療観察（以下，「医療観察」と表記します）に関する業務に従事します。一部の保護観察所には，国が運営する宿泊施設である**自立更生促進センター**が付設されています。この施設は，親族や民間の更生保護施設など，円滑な社会復帰のために必要な環境を整えることができない刑務所出所者等を宿泊させるもので，保護観察官が直接指導監督と就労支援を行います。このうち，特定の問題性に応じた重点的・専門的な社会内処遇を実施するものが福島市及び北九州市に，農業等の職業訓練を行うものが北海道沼田町及び茨城県ひたちなか市に設置されており，後者は就業支援センターという名称で呼ばれています。

5.5.1 更生保護に関する業務

更生保護は，犯罪をした人や非行のある少年を社会の中で適切に処遇することを通じて，その再犯を防ぎ，非行をなくし，これらの人たちが自立し改善更生するのを助けることにより，社会を保護し，個人と公共の福祉を増進することを目的としています。犯罪者・非行少年を刑務所・少年院などの矯正施設に収容して指導・教育する矯正教育を「施設内処遇」と呼ぶのに対して，更生保護は「社会内処遇」とも呼ばれます。更生保護の基本法は，更生保護法です。更生保護における保護観察所の業務としては，①生活環境の調整（矯正施設の被収容者のための帰住先などの調整），②保護観察（保護観察対象者の指導監督・補導援護），③更生緊急保護（刑事上の手続又は保護処分により身体を拘束された者に対する釈放後の緊急保護），④恩赦事務（恩赦上申のための調査等），⑤犯罪予防活動（地域社会での犯罪予防活動の促進）などがあります。このうち，①と②については，保護観察官が地域の民間篤志家である保護司と協働して実施します。実務の多くを保護司に依頼しますが，必要に応じて保護司への指示や助言を行い，自ら直接介入することもあります。また，⑤についても，地域の保護司と協力しながら行います。

5.5.2　更生保護を支える民間の人々・団体

保護観察所における更生保護の業務は，保護司などの民間人や更生保護施設など民間団体の協力を得ながら行われます。

1. 保 護 司

保護司は，地域の民間篤志家ですが，非常勤の国家公務員の身分を有しており，守秘義務を持ちます。一方で，活動に必要な費用の一部が実費弁償金として国から支払われるものの，給与は支給されないことから，ボランティアとしての面もあります。保護司になるには，①社会的信望があること，②熱意と時間的余裕があること，③生活が安定していること，④健康で活動力があること，という 4 つの具備条件をすべて満たしている必要があり，保護観察所単位に設置された保護司選考会[12]での審査を経て，法務大臣から保護司に委嘱されます。任期は 2 年間ですが，78 歳になるまでは再任が可能です[13]。定員は保護

[12] 各保護観察に置かれる付属機関であり，地方裁判所長，家庭裁判所長，検事正，弁護士会長，矯正施設の代表，保護司代表，公安委員会委員長，教育長などから構成されます。

[13] 2 年間の任期の切れ目で 77 歳と 11 月であれば保護司の再任は可能ですが，78 歳からはケースの処遇は行わないことになります。

司法により5万2,500人と定められており，現在，全国で約4万7,000人が活動しています。

2. 更生保護女性会

更生保護女性会は，犯罪や非行のない明るい地域社会の実現に寄与することを目的として，地域の犯罪予防活動と犯罪をした人や非行のある少年の更生支援活動を行う女性ボランティア団体です。家庭や非行問題を地域住民と考える集会の実施，子育て支援地域活動，保護観察対象者の社会貢献活動・社会参加活動への協力，更生保護施設・矯正施設の訪問など多様な活動を展開しています。現在，全国で約15万8,000人の会員が活動しています。

3. BBS会

BBS会は，「兄」や「姉」のような身近な存在として，少年たちと一緒に悩み，学び，楽しむ青年ボランティア団体です。非行少年等の「ともだち」となってその成長や自立を支援する「ともだち活動」の他，地域に根ざした非行防止活動やグループワーク，保護観察対象者の社会貢献活動・社会参加活動等への協力を行っており，全国で約4,500人の会員が活動しています。

4. 協力雇用主と就労支援事業者機構

協力雇用主は，犯罪・非行の前歴のために定職に就くことが容易でない人を積極的に雇用し，改善更生に協力する民間の事業主として，保護観察所に登録された事業主で，全国で約2万の事業主が協力しています。また，**就労支援事業者機構**は，事業者の立場から刑務所出所者などの就労を支援する組織です。全国50カ所に組織されている都道府県就労支援事業者機構（特定非営利活動法人）は，刑務所出所者等の雇用に協力する事業者の増加を図ることや，実際に雇用している事業主への支援活動を行っており，全国組織である全国就労支援事業者機構（認定特定非営利活動法人）は，これらの事業について資金助成などの支援を行っています。

5. 更生保護施設

更生保護施設は，刑務所出所者等のうち頼るべき人がいないなどの理由で，帰る場所がない人たちに対して，一定期間，宿泊場所や食事を提供する民間の施設です。更生保護施設は，宿泊場所や食事の提供とともに，就職指導や社会適応のために必要な生活指導を行うなどして，被保護者の円滑な社会復帰を手助けします。現在，全国に103施設があり，法務大臣の認可を受けた民間の更生保護法人等によって運営されます。対人関係を円滑にするためのSST（Social Skills Training；社会生活技能訓練），飲酒・覚醒剤使用の問題を改善するための処遇，地域住民との交流などを行っています。さらに，指定を受けた施設においては，高齢・障害等によって自立が困難な人たちを受け入れ，円滑に福祉施設等へ移行できるよう支援する取組みや，依存性薬物等に対する依存からの回復に重点を置いた取組みも実施しています。

6. 自立準備ホーム

保護観察所長は，あらかじめ登録されたNPO法人等に対し，刑務所出所者等のうち頼るべき人がいないなどの理由で帰る場所がない人たちへの宿泊場所や食事の提供等を委託する事業を実施しており，この宿泊場所を**自立準備ホーム**と呼んでいます。自立準備ホームでは，委託を受けたNPO法人等の職員が毎日，対象者に対して自立に向けた支援を行っています。

5.5.3 医療観察制度に関する業務

医療観察制度は，**心神喪失**[14]又は**心身耗弱**[15]の状態で殺人，放火などの重大な他害行為を行った精神障害者について，継続的かつ適切な医療を確保し，病状の改善と同様の行為の再発防止を図り，その社会復帰を促進することを目的としています。医療観察の基本法は，心神喪失等の状態で重大な他害行為を行った者の医療及び観察等に関する法律（心神喪失者等医療観察法）です。医療観察制度は，法務省と厚生労働省が共管している制度であり，対象者の処遇の開始や終了等については，適切な鑑定等の結果を踏まえて裁判所において決定するほか，入院医療については，国公立の指定入院医療機関で適切な治療を行うことになっています（**図5.9**)。この医療費は全額国によって賄われます。

---

[14] 精神障害のために，善悪を区別し，又は，その区別に従って行動する能力が全く欠けており，刑事責任が問えない状態。

[15] 精神障害のために，善悪を区別し，又は，その区別に従って行動する能力が著しく低い状態で，刑事責任が限定的にしか問えない状態。

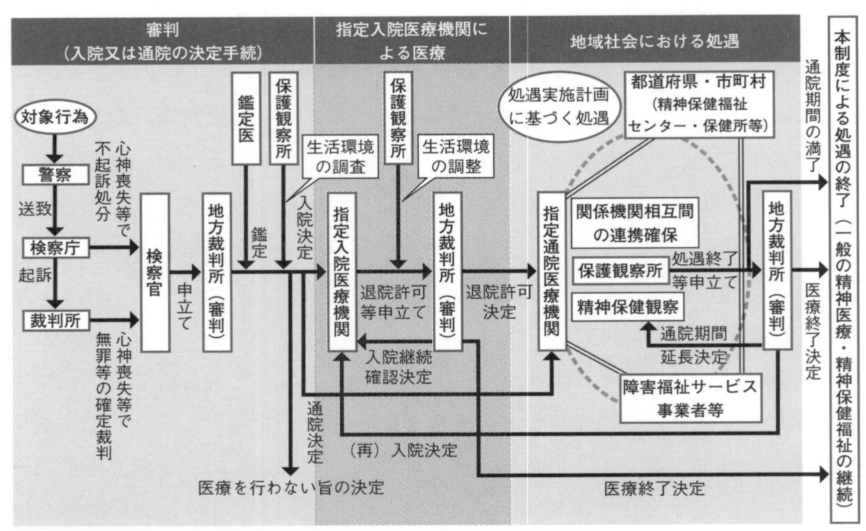

図 5.9　**医療観察制度における処遇の流れ**（『令和元年版犯罪白書』から）

対象者の社会復帰に対しても保護観察所が地域社会における処遇のコーディネーターとしての役割を果たしています。同所に所属する社会復帰調整官が，その業務として，①生活環境の調査（裁判所に医療観察の申立てがなされている者の生活を取り巻く環境の調査），②生活環境の調整（入院中の医療観察対象者の退院地の選定や確保，退院地での処遇体制の整備），③精神保健観察（地域社会において継続的な医療を確保するための医療観察対象者の生活状況の見守り，必要な指導等）などを行います。社会復帰調整官の業務の詳細は，次項，医療観察制度の概要の中で説明します。

1．医療観察制度の対象者

医療観察制度の対象者は，重大な他害行為[16]を行い，以下のいずれかに該当する者です。

[16] 殺人，放火，強盗，強制性交等，強制わいせつ（以上は未遂を含む），傷害（軽微なものは除く）に当たる行為をいいます。

①心神喪失者又は心身耗弱者と認められて不起訴処分となった者

②心神喪失を理由として無罪の裁判が確定した者

③心身耗弱を理由として刑を軽減する旨の裁判が確定した者（実際に刑に服させることとなる者は除く。）

2. 処遇決定のための審判と生活環境の調査

医療観察制度対象者の処遇については，検察官が地方裁判所に申立てを行うことによって審判が開始されます。裁判所では，それぞれ1人の裁判官と精神保健審判員[17]とで構成される合議体により，適切な処遇が決定されます。審判の過程では，精神保健審判員とは別の精神科医である鑑定医が詳しい鑑定[18]を行うほか，保護観察所に生活環境の調査が嘱託されます。合議体は，鑑定結果を基礎とし，生活環境を考慮して決定を行いますが，精神保健参与員[19]を指定し，その意見を聞いた上で処遇の要否や内容を判断します。審判の結果，合議体が医療観察制度における医療を必要と判断する場合には，①医療を受けさせるために入院させる決定（入院決定），又は②入院によらない医療を受けさせる決定（通院決定）がなされ，医療が必要ないと判断される場合には，③不処遇の決定（不処遇決定）がなされます。

なお，この審判では，弁護士が対象者の付添人となることになっています。

3. 入院処遇の概要と生活環境調整

入院決定を受けた者は，**指定入院医療機関**[20]に入院し，専門的な医療を受

[17] 精神保健審判員の職務を行うのに必要な学識経験を有する医師で，地方裁判所が毎年あらかじめ選任したものの中から，処遇事件ごとに地方裁判所が任命します。

[18] 申立てがなされると，裁判官による鑑定入院命令により，対象者は，原則として裁判所の指定する鑑定入院医療機関に入院し，そこで鑑定医による「鑑定」を受けることになります。鑑定入院の期間は，2カ月（延長された場合は3カ月）以内とされています。

[19] 精神保健福祉士その他の精神障害者の保健及び福祉に関する専門的知識や術を有する者で，地方裁判所が毎年あらかじめ選任したものの中から，処遇事件ごとに裁判所が指定します。

[20] 国，都道府県又は特定（地方）独立行政法人が開設する病院であって，医療観察制度による入院医療を担当するために必要とされる基準に適合するものの中から厚生労働大臣が指定します。人的・物的資源を集中的に投入し，専門的で手厚い医療を提供しています。

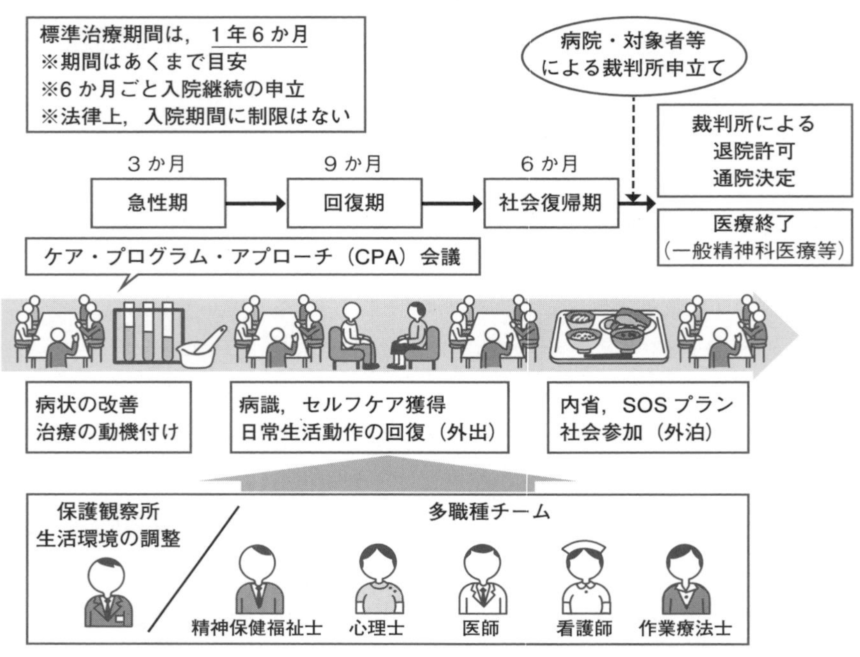

図 5.10　**入院処遇の流れ**（谷 美祐紀氏提供）

けますが，これと並行して退院後の社会復帰を促進するため，保護観察所による生活環境の調整が行われます。**図 5.10** は入院処遇の流れを示したものです。

「入院処遇ガイドライン」（厚生労働省，2020）によれば，入院処遇の理念・目的は，①ノーマライゼーションの観点も踏まえた社会復帰の早期実現（継続的かつ適切な医療を提供等），②標準化された臨床データの蓄積に基づく多職種のチームによる医療提供（継続的・計画的な医療を提供，適切な危機介入等），③プライバシー等の人権に配慮しつつ透明性の高い医療を提供（対象者及び家族に対する十分な説明，適切な治療法の選択，地元自治体等の要請に対する情報提供等）となっています。

また，「地域社会における処遇のガイドライン」（法務省・厚生労働省，2005）によれば，地域社会における処遇を実施する上での基本方針は以下のとおりとされています。

- 対象者自らが，必要な医療を継続し，その病状を管理し，本制度の対象行為と同様の行為を行うことなく社会生活を維持できるよう支援する。
- 地域社会における処遇に携わる関係機関等が，平素から相互に連携し，協力して処遇を実施し得る体制を整備する。
- 処遇の実施計画の作成やケア会議の開催を通じ，①継続的かつ適切な医療の提供，②継続的な医療を確保するための精神保健観察の実施，③必要な精神保健福祉サービス等の援助の提供の3つの要素が，対象者を中心としたネットワークとして機能することを確保する。

5.6 地方更生保護委員会

地方更生保護委員会は，法務省保護局が所管する機関で，高等裁判所の管轄区域ごとに全国8カ所に設置されています。保護観察所と同様に更生保護に関する機関であることから，保護観察所と共に更生保護官署と呼ばれることがあります。地方更生保護委員会の主な権限や業務は，①仮釈放と仮出場の許可と仮釈放の取消し，②不定期刑の終了[23]，③少年院からの仮退院と退院の許可，④管轄区域にある保護観察所の事務の監督です。地方更生保護委員会には，3人以上の委員が配置され，その合議によって仮釈放・仮退院の審理や決定を行います。また，地方更生保護委員会の事務局には保護観察官が配置され，刑事施設や少年院に収容されている者と面接を行うなどして，改善の状況や出所後の生活の見通しなど，**仮釈放**や**仮退院**の審理のために必要な調査を行います。

仮釈放等は，刑又は保護処分の執行のために矯正施設に収容されている者について，刑期又は終了期間が満了する前に地方更生保護委員会の決定により釈放する処分であり，表5.3に示す4種類があります。

[23] 不定期刑の仮釈放者について，刑の短期が経過した後，刑の長期が経過する前に，刑の執行を終了とする処分。

表 5.3 仮釈放等の種類と対象

種類	対象
仮釈放	懲役又は禁錮の刑の執行のために矯正施設に収容されている者
少年院からの仮退院	保護処分の執行のために少年院に収容されている者
婦人補導院からの仮退院	補導処分の執行のために婦人補導院[24]に収容されている者
仮出場	拘留の刑の執行のために刑事施設に収容されている者 罰金又は科料を完納できないため労役場に留置されている者

5.7 児童相談所

福祉領域の機関で**児童相談所**は司法・犯罪領域と密接な関わりがあり，厚生労働省が所管しています。児童相談所は昨今，虐待児への対応で注目されていますが，同時に非行児童への対応という役割を担っています。

児童相談所は，相談援助活動を主たる目的として，児童福祉法（第12条）に基づいて都道府県，指定都市及び児童相談所設置市（平成18（2006）年4月からは，中核市程度の人口規模（30万人以上）を有する市を念頭に，政令で指定する市）に設置される行政機関です。そのため，業務のすべての段階において，常に子どもの権利を中心にした相談援助活動[25]を行っています（図5.12)。それは非行相談においても同様であり，犯罪・司法分野にも福祉的視点からアプローチしているという点で他の機関や施設とは異なる立場を持っているといえるでしょう。

従来は，あらゆる児童家庭相談について児童相談所が対応することとされて

[24] 売春防止法に基づく補導処分に付された満20歳以上の女子を収容し，その更生のための補導を行う施設。

[25] 児童相談所運営指針では，相談援助活動について以下の記載があります。
「市町村と適切な協働・連携・役割分担を図りつつ，子どもに関する家庭その他からの相談に応じ，子どもが有する問題又は子どもの真のニーズ，子どもの置かれた環境の状況等を的確に捉え，個々の子どもや家庭に適切な援助を行い，もって子どもの福祉を図るとともに，その権利を擁護すること」

図 5.12　**児童相談所の相談室の一例**
左上は家族面接室，右上は心理検査室，左下はプレイルーム，右下は箱庭療法室。

きましたが，近年，児童虐待相談等の急増により，緊急かつより高度な専門的対応が求められる一方で，育児不安等を背景に，身近な子育て相談ニーズも増大しており，こうした幅広い相談すべてを児童相談所のみが受け止めることは必ずしも効率的ではなく，市町村をはじめ多様な機関によるきめ細やかな対応が求められています（児童相談所運営指針から）。そのため，平成 16（2004）年児童福祉法改正により，児童相談所の役割は，専門的な知識及び技術を必要とする事例への対応や市町村の後方支援に重点化されてきています。相談の対象とするのは，一部の例外を除き原則 18 歳未満の子どもです。

児童相談所には，児童福祉司，児童心理司，医師，弁護士，保健師，保育士等様々な職種が配置されています。業務の遂行に当たっては，原則として総務部門，相談・判定・指導・措置部門，一時保護部門の 3 部門制をとっています。

通常，相談を受けつけた後，調査，診断，判定（アセスメント），見立てを行い，それらに基づいて援助方針を作成して援助活動を展開します。これらの相談援助活動の体系を示すと**図 5.13** のようになります。

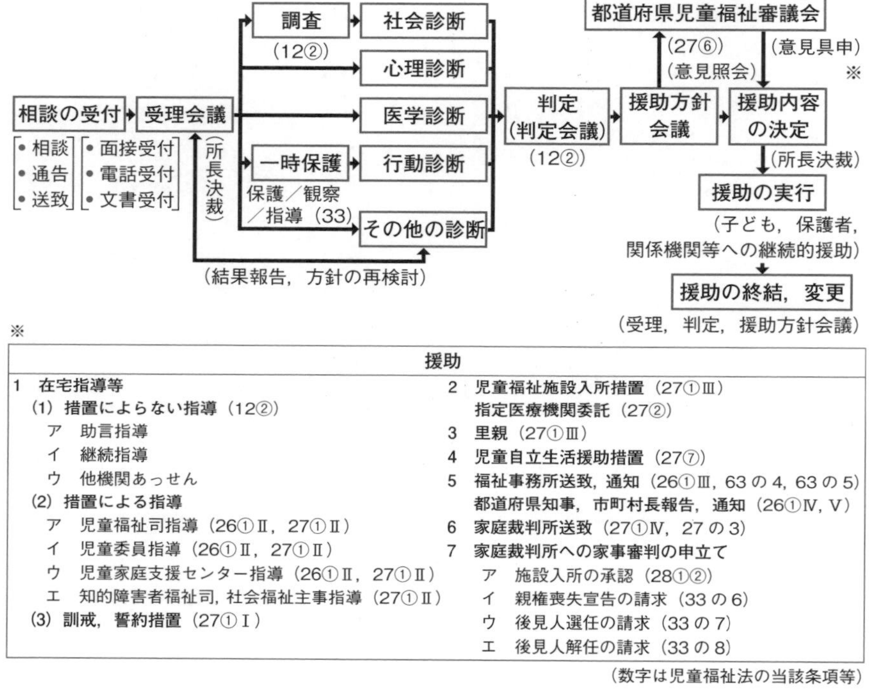

援助	
1　在宅指導等	2　児童福祉施設入所措置（27①Ⅲ）
(1) 措置によらない指導（12②）	指定医療機関委託（27②）
ア　助言指導	3　里親（27①Ⅲ）
イ　継続指導	4　児童自立生活援助措置（27⑦）
ウ　他機関あっせん	5　福祉事務所送致，通知（26①Ⅲ，63 の 4，63 の 5）
(2) 措置による指導	都道府県知事，市町村長報告，通知（26①Ⅳ，Ⅴ）
ア　児童福祉司指導（26①Ⅱ，27①Ⅱ）	6　家庭裁判所送致（27①Ⅳ，27 の 3）
イ　児童委員指導（26①Ⅱ，27①Ⅱ）	7　家庭裁判所への家事審判の申立て
ウ　児童家庭支援センター指導（26①Ⅱ，27①Ⅱ）	ア　施設入所の承認（28①②）
エ　知的障害者福祉司，社会福祉主事指導（27①Ⅱ）	イ　親権喪失宣告の請求（33 の 6）
(3) 訓戒，誓約措置（27①Ⅰ）	ウ　後見人選任の請求（33 の 7）
	エ　後見人解任の請求（33 の 8）

（数字は児童福祉法の当該条項等）

図 5.13　**児童相談所における相談援助活動の体系・展開**（厚生労働省ホームページから）

また，相談の種類は子どもの福祉に関するあらゆる問題にわたりますが，現在の行政統計上は養護相談，障害相談，非行相談，育成相談，保健相談，その他の相談，に分類されています。対応件数の割合は図 5.14 のとおりです。

5.8　裁判員制度

平成 16（2004）年 5 月 21 日に「裁判員の参加する刑事裁判に関する法律」が成立し，平成 21（2009）年 5 月 21 日から**裁判員制度**が始まりました。裁判

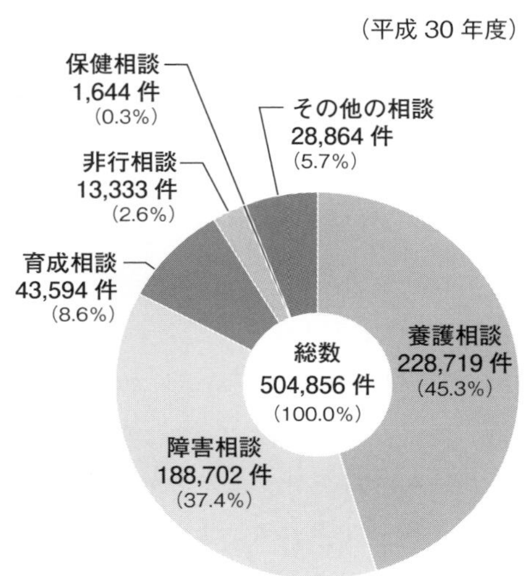

図 5.14　**児童相談所における相談の種類別対応件数**
（平成 30 年度厚生労働省福祉行政報告例から）

員制度とは，一定の事件（例えば，殺人，強盗致傷，傷害致死，危険運転致死など）について市民から選出された裁判員が裁判に参加し，裁判官と共に合議体を構成して裁判を行うものです。この制度は，国民が裁判に参加することで，国民の視点や感覚が裁判の内容に反映され，結果的に国民の司法に対する理解と信頼を深化することを目的に制定されたものです。

実際には，選挙人名簿を基に，裁判員候補者名簿が作成され，この名簿から事件ごとに裁判所における選任手続によって裁判員が選出されます。法廷では，証拠書類を取り調べるほか，証人や被告人への質問が行われます。そして，証拠を調べた上で事実を認定し，被告人の有罪・無罪，有罪の場合にどのような刑にすべきかを裁判官と共に議論し，決定します。最終的に，法廷で裁判長が判決を宣告することにより，裁判員としての役割が終了します。

5.8.1　量刑判断と心理学

裁判員制度に関して心理学が貢献しているのは，一つは**量刑判断**に関する研究でしょう。裁判員として裁判に参加するのは，あくまでも一般市民です。量刑判断の研究では，法律の専門家ではない一般市民が量刑を判断する場合に，どのような判断をしがちなのかが検討されています。例えば，古典的研究として，容姿に関するステレオタイプを取り上げた研究があります（Sigall & Ostrove, 1975）。この研究では，大学生を対象に，被告人の容姿の魅力度と罪種を操作した上で，量刑判断を求めました。その結果，魅力と関連のない犯罪（窃盗）の場合，魅力度の高い被告人には魅力度の低い被告人よりも寛容な量刑判断がなされ，魅力と関連がある犯罪（詐欺）の場合，魅力度の高い被告人に対しては魅力度の低い被告人よりも厳しい量刑判断がなされたのです。

この他にも，古くから陪審員制度が導入されてきた欧米では，陪審員の意思決定に関与する数多くの要因が示されています（Devine et al., 2001）。もちろん，日本における研究も見られます。例えば，前科情報（白井・黒沢，2009），被害者参加制度への態度（白岩・唐沢，2013）などが裁判員の量刑判断に影響を及ぼす可能性が指摘されています。裁判員制度が施行されて10年余りがたちますが，裁判をより妥当なものとするためにも，量刑判断に関する研究が必要なのです。

5.8.2　裁判員と心のケア

心理学が裁判員制度に貢献するもう一つのトピックは，裁判員の心のケアの問題です。凄惨な事件に関する様々な情報にさらされる裁判員は，時に**急性ストレス障害**（acute stress disorder）や**心的外傷後ストレス障害**（post traumatic stress disorder; PTSD）に苛まれることがあります。例えば，平成25（2013）年5月，死刑判決事件の裁判員であった女性が，裁判によって急性ストレス障害になったとして国に損害賠償を求める出来事が起こりました。これを受けて東京地方裁判所は，殺人事件などを審理する裁判員を対象に，遺体写真などを証拠として扱う場合は選任時に説明し，不安を訴える候補者の辞退を認める運用を平成25（2013）年8月から始めました。他にも，裁判所は心理専門職が在籍するメンタル・ヘルス・サポート窓口を設けて裁判員の心のケアに取り組み始めています。

しかし，裁判員の心のケアに関する取組みは始まったばかりで，十分とは言い難い状況です。欧米では，陪審員のストレスを緩和するために，例えば，**危機デブリーフィング**（crisis debriefing）のような介入がなされており，一定の効果が示されています（Feldmann & Bell, 1991, 1993）。ここでいうデブリーフィングとは，ストレスフルな出来事を経験した人々が集団で行う会合や報告会，討議を意味し，日本でも災害時の惨事ストレスへの介入の一環としてデブリーフィングが行われています（松井・畑中，2003）。

裁判員の場合，守秘義務による制限が多いことから，災害時の惨事ストレスでの取組みをそのまま用いることは難しいでしょう。しかし，欧米での取組みを踏まえて，裁判員においても，その効果を検証することには意味があると思われます。実際，法務省が主体となった「裁判員制度に関する検討会」の報告書では，同じ事件を担当した裁判官と裁判員等が集まる機会を設けることを検討する旨が記されています（裁判員制度に関する検討会，2013）。このような裁判員の心のケアの問題に取り組むのも心理学の大きな役割であり，今後一層心理学者に期待される領域と言えるでしょう。

復習問題

1. 家庭裁判所の役割にはどのようなものがあるでしょうか。
2. 少年院には4つの種別がありますが，収容されている少年の違い（性質，年齢など）について，説明してください。
3. 医療保護観察の対象となる人はどのような人でしょうか。

参考図書

藤本 哲也・生島 浩・辰野 文理（編著）（2016）．よくわかる更生保護　ミネルヴァ書房

更生保護について網羅的に解説されています。医療観察制度も含む関連する制度，更生保護における近年の動向や課題についても情報を得ることができます。

犯罪・非行の心理学的アセスメント

司法犯罪領域の臨床場面で行われるアセスメントは，一般的な臨床心理学と同じ手法を用いて行われます。すなわち，対象者と対面して話を聞く面接法，実際の行動場面を見る観察法，各種心理テストを実施する検査法によって成り立つものです。そこでは，受容と共感を中心とした対応や，知能検査，人格検査といった一般の心理臨床で使われる諸技法が用いられています。

一方で，司法犯罪領域では，犯罪・非行といった事象を扱うことから，一般的な臨床心理学的アセスメント手法に加えて，対象者が犯罪・非行を行うリスクを見積もり，それに対してどのような処遇・教育を行えば更生への道筋を立てることができるのかについて査定を行うことが必要となります。この章では，犯罪者に対するリスクのアセスメント及び処遇において，現在，標準的な理論とされている RNR モデル（Bonta & Andrews, 2016）について解説を行います。リスク要因を査定して再犯防止のための支援策を組み立てるという考え方は応用の範囲が広く，司法犯罪領域で稼働する専門家のみならず，一般的な心理相談業務に携わる臨床家においても有用です。

6.1 犯罪・非行におけるリスク・アセスメント

リスクという言葉は，医療におけるリスク，震災・災害時に発生するリスク，経済分野では企業の倒産リスクなど，社会の様々な分野で広く用いられています。ここで解説するのは，犯罪・非行に関するリスクのアセスメントで，その定義は以下のようになります。

「**リスク・アセスメント**とは，犯罪の性質や個別の状況，犯罪者の態度，信念を評価し，それによって犯罪者が将来的に法律に沿った生活ができるよう援

助するのに必要な介入のタイプを明確にすることである。」(Youth Justice Board, 2006)

少年鑑別所，少年院，拘置所，刑務所，保護観察所，児童相談所，裁判所といった，犯罪，非行に及んだ対象者を取り扱う機関では，その臨床場面で，心理専門職が犯罪者，非行少年，非行児童と目の前で向き合うことになります。そのとき，目の前にいる対象者が，どういった性質を持っているのか，どういった環境に置かれているのかを注意深く丁寧に調べ，再び犯罪，非行に走ることがないように，その者に応じた適切な処遇と教育方針を立てることがリスクアセスメントです。単にリスクの査定を行うだけでなく，処遇，教育プランの策定までを含めてリスク・アセスメントと呼びます。

6.2　再犯について

犯罪・非行臨床の現場では，実際にどのようにリスク・アセスメントを行えばよいのかが課題となりますが，それについて説明する前に，再犯と再犯リスクについて解説します。これは，この後に続く説明を理解するために必要な知識であり，司法犯罪領域におけるアセスメントを理解する上で重要な概念となっています。

6.2.1　再犯と再犯リスク

再犯とは，犯罪に及んだ人が，再び犯罪に及ぶことです。また，犯罪に及んだ人が，再び犯罪に及んだか否かを含めてその後どのような状態になっていったのかを**予後**または**社会的予後**と呼びます。予後のことを「**成り行き**」と呼ぶ場合もあります。さて，再犯について，何をもって再犯とするかによって，再犯の定義は異なることになります。例えば，刑務所から釈放された元受刑者の再犯を，出所後に警察に逮捕されることと定義することもできますし，再び刑務所に入ることと定義することもできます。自己申告式の犯罪調査では，質問紙を用いて自分の犯した犯罪行為を報告してもらってデータを収集しますが，ある時間をおいて調査を行い，最初の調査で犯罪行為を報告し，次の調査でも犯罪行為が報告されていた場合を再犯，と定義することもできます。

また，釈放された者の中で，どれくらい多くの者が再犯をしたか，その割合のことを再犯率といいます。再犯の定義を警察による逮捕とするか刑務所への再入所とするかによって，再犯率が異なることになります。また，再犯率は，1 年以内の再犯率，2 年以内の再犯率，といったように期間を決めて求める必要があります。期間を長くとれば，再犯をするチャンスは増えるので再犯率は高まります。

ある犯罪者が再犯するかどうかを予測することを再犯予測，予後予測と呼びますが，再犯を 100％予測することはできません。1 週間後の天気を 100％正確に予測できないのと同じです。確実にわかるのは，結果としての再犯率です。一方，ある犯罪者がどの程度再犯しそうであるか，その見込みを立てることは可能です。この見込みのことを**再犯リスク**と呼び，その見込みは確率で表すことができます。

6.2.2 我が国の再犯状況

1. 刑務所を出所した成人受刑者の再犯率

具体的に再犯者がどの程度見込まれるのか，『令和元年版犯罪白書』（法務省法務総合研究所，2019）の資料を見てみましょう。まず，殺人を取り上げて再犯リスクを見てみます。平成 26（2014）年に全国の刑務所から釈放された殺人犯は 379 人でした。そのうち，平成 30（2018）年まで（釈放後 4 年以内）に再び刑務所に入った者は 25 人でした（なお，刑務所再受刑の罪名は殺人とは限りません）。つまり，刑務所を出所して再び刑務所に入る 4 年以内の再犯率は，25 ÷ 379 × 100 ≒ 6.6％となります。殺人事件を起こして刑務所に入った者が，釈放後再び犯罪に及んで刑務所に収容される再犯リスクは，確率による表記では 0.066 となります。もちろん，これは大変に大雑把な見積もりです。司法犯罪の実務で再犯リスクの見積もりを行う際には，もっと詳細に複数の要因を考慮して再犯リスクの推定を行います。

表 6.1 は，刑務所出所者の再犯率を罪種ごとに示したものです。覚醒剤事犯は半数近くが刑務所に戻ってきており，薬物依存の問題が深刻であることがわ

表 6.1　**刑務所出所者の罪種ごとの再犯率**（『令和元年版犯罪白書』から）

罪種	出所者数	再犯者数	再犯率
殺人	379	25	6.6%
強盗	915	189	20.7%
傷害・暴行	1,367	462	33.8%
窃盗	8,342	3,653	43.8%
詐欺	1,978	565	28.6%
強姦・強制わいせつ	687	145	21.1%
放火	186	26	14.0%
覚醒剤取締法	6,456	3,172	49.1%

再犯率は，平成 26（2014）年に刑務所を出所した受刑者が，罪種を問わず平成 30（2018）年までに再び刑務所に入った割合を示しています。

かります。窃盗も 4 割強が刑務所に戻ってきており，常習性が高いことがうかがわれます。それに比べれば，殺人犯が刑務所に戻ってくる割合は相対的には低いのです。性犯罪は繰り返すといわれることがしばしばありますが，この表を見る限りでは，窃盗や覚醒剤よりも再犯率は低くなっています。

2. 少年院を出院した非行少年の再犯率

次に少年の場合ですが，平成 26（2014）年に全国の少年院を出院した非行少年は 3,126 人でした。そのうち，平成 30（2018）年までに再び少年院に再入院するか，刑務所などの刑事施設に入所した者は 694 人だったので，約 22% が再び罪を犯して施設に再入所したことになっています。これらの統計を見るときに注意してほしいのは，再犯率はあくまで少年院や刑務所などに再び入所した割合になっている点です。スピード違反などの交通事件や自転車窃盗のような軽微な犯罪では，少年院や刑務所に入る可能性は低いでしょう。もしも，こうしたものまで含めて再犯のデータをとって，再犯率を計算した場合には，数値はこれらの表のものよりも上昇すると考えられます。

3. 再犯防止に向けた政策

現在，我が国では再犯を減らすための取組みが国家プロジェクトとして進められています。平成24（2012）年7月20日，政府の犯罪対策閣僚会議において「**再犯防止に向けた総合対策**」が決定されました。これは，政府による刑務所出所者等の再犯防止に向けた総合対策であり，策定後10年間の取組みの具体的数値目標が取り決められました。それは，刑務所出所後2年以内に再び刑務所に入所する者等の割合を今後10年間で20％以上削減するというものです[1]。

また，平成28（2016）年12月には，**再犯防止推進法**が成立，施行されました。この法律の第1条「目的」のところを見てみましょう。

「この法律は，国民の理解と協力を得つつ，犯罪をした者等の円滑な社会復帰を促進すること等による再犯の防止等が犯罪対策において重要であることに鑑み，再犯の防止等に関する施策に関し，基本理念を定め，国及び地方公共団体の責務を明らかにするとともに，再犯の防止等に関する施策の基本となる事項を定めることにより，再犯の防止等に関する施策を総合的かつ計画的に推進し，もって国民が犯罪による被害を受けることを防止し，安全で安心して暮らせる社会の実現に寄与することを目的とする。」

この法律を受けて，国と地方公共団体が協力し，矯正施設及び保護観察所の指導・支援と地域社会の資源をつなげる仕組みが整備され，就労支援の実施，福祉施設への入所，住宅の確保，保健・医療機関へとつなげる取組み等が行われるようになりました。このように現在，再犯防止は司法犯罪領域において，取り組むべき最も重要な課題となっています。**図6.1**は，刑務所を出所した受刑者が2年以内に再び刑務所に入る再入率の推移を示したものですが，この図からは，刑務所への再入率が近年低下してきていることが示されています。犯

[1] 第4　再犯防止対策の数値目標　刑務所出所者等の再犯防止における本対策の効果をできる限り的確に捉えるため，出所等年を含む2年間において刑務所等に再入所等（出所等した年の翌年の年末まで）する者の割合（以下2年以内再入率という）を数値目標における指標とする。なお，上記期間は，出所等後において最も再入所率が高い時期となっており，この期間における再犯を防止する効果は大きいと考えられる。そこで，過去5年における2年以内再入率の平均値（刑務所については20％，少年院については11％）を基準とし，これを平成33年までに20％以上減少させることを目標とする（法務省「再犯防止に向けた総合対策」から http://www.moj.go.jp/content/001324433.pdf）。

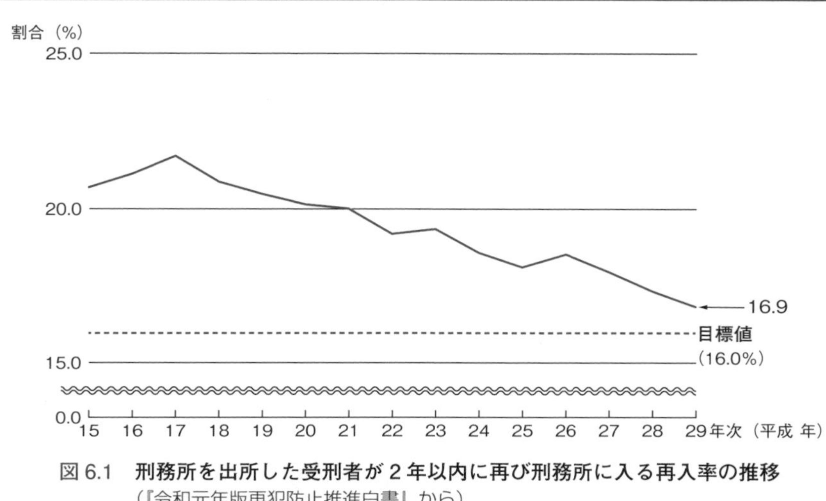

図 6.1　刑務所を出所した受刑者が 2 年以内に再び刑務所に入る再入率の推移
（『令和元年版再犯防止推進白書』から）

罪者に対してどのように処遇，教育プログラムを実施したとしても，再犯を全くなくすことは残念ながら不可能でしょう。ある特定の犯罪者について確実に再犯をさせなくするための手立てというものはありません。可能であるのは，全体としての再犯率を低減させることになります。

6.3 再犯防止のためのリスク・アセスメント

司法・犯罪領域において重要である再犯防止を実現するには，どのようにしたらよいのでしょうか。ここでは，本章の最重要事項である再犯防止のために必要なリスク・アセスメントの理論について見てみることにしましょう。それは，ボンタとアンドリュース（Bonta & Andrews, 2016）によって提唱された**リスク・ニード・反応性**（risk-need-responsivity; RNR）**モデル**と呼ばれる再犯防止のための理論的枠組みです。

このRNRモデルが提案される以前，アメリカの社会学者マーチソン（Martinson, R.）が，1974 年に発表した論文で，当時の犯罪者に対する矯正プログラムの研究を調べ，「何も効いていない（nothing works）」という結論を下しました（Martinson, 1974）。この論文の影響は大きかったようで，犯罪者に教育をしても犯罪は減らないという言説が広まる一因になりました。教育が無効であれば，世論は容易に厳しい刑罰を科すより他はないという方向に傾いてしまうものです。刑罰の厳罰化は大衆受けが良いこともあってか政策決定者も積極的になる傾向があります（我が国も例外ではありません）。4.8.1 項でも触れましたが，アメリカでは，1990 年代に三振法と呼ばれる法律が制定されました。これは重罪で 2 回の前科を持つ者が，有罪判決を受けると終身刑になるという法律です。この法律では，ゴルフクラブ 3 本を盗んで三振法が適用され，終身刑が言い渡されるといった事例が生じました。厳罰化政策の結果，アメリカでは刑務所人口が 100 万人を超えるという過剰収容に陥るようにもなりました。我が国の刑事施設（刑務所と拘置所）の収容人員は，令和元（2019）年末で 4 万 8,429 人ですから，アメリカの総人口が日本の約 2.5 倍であることを考えても，アメリカの刑務所人口が相当に多いことがわかります。

しかし，犯罪者に対する再犯防止教育は効果がない（nothing works）とする潮流の中でも，再犯防止のための実証研究は続けられ，何らかの処遇が犯罪者の再犯を減らすという知見が積み重ねられていきました。主としてカナダの研究者を中心として，再犯防止に効果的な矯正処遇に必要な条件が考案され，それに基づいて，介入プログラムや犯罪者の性質に関する研究が評価されるようになりました（Howell et al., 2019, p.81）。その基盤になる考え方が RNR モデルです。

6.3.1 RNR モデル

RNR モデルは，リスク原則（risk principle），ニード原則（need principle），反応性原則（responsivity principle）を中核として構成されています。これら 3 つの原則を **RNR 原則**と呼びます。RNR は，再犯防止に向けて処遇選択を行うための重要な 3 基準を示す単語の頭文字をとったものです。

1. リスク原則

リスク原則は，犯罪者の再犯リスクの程度と，提供される再犯防止のためのサービスの水準（密度）を一致させるというものです。つまり，犯罪者の処遇，教育において，再犯リスクの高い犯罪者には高密度の処遇を，再犯リスクの低い犯罪者には低密度の処遇を行うことが必要というものです。ここでいう処遇の密度とは，その実施頻度，処遇期間，提供内容によって決められます（Prendergust et al., 2013）。低リスク者には介入を行わない，あるいは，社会内資源を活用した軽度の介入，あるいは通所による心理教育的な再発防止措置等など，低密度の処遇を行う一方で，高リスク者には施設内の集中治療プログラムを施行し，その後も監督指導を継続的に実施するなど高密度の手厚い対処を行うことが効果的とされています（寺村，2007）。

このように，リスク原則は，再犯リスクのレベルと処遇及び教育のレベルを一致させなければならないという原則ですが，これを守らないで処遇，教育を行うと，その効果が無効になったり，さらには逆効果となることさえあります。アメリカの研究では，同じ処遇であっても，再犯リスクの高い犯罪者に行った場合には34％再犯率を引き下げた一方で，再犯リスクの低い犯罪者に実施した場合には7％再犯率を上昇させたという知見があります（Lowenkamp & Latessa, 2014）。犯罪者のために良かれと思って，密度の高い再犯防止教育を行った結果，かえって再犯を増やしてしまうという皮肉な結果に終わる可能性があるということです。我が国における研究でも，再犯リスクの高い犯罪者に対して少年院での矯正教育という密度の高い処遇を行えば再犯率を減らすことができる一方で，再犯リスクの低い非行少年に同様の処遇をしても，再犯率を減らすことができないという知見が得られています（森ら，2016）。低リスクの非行少年に対しては，少年院に収容して集中的な処遇を行うのではなく，保護観察のような社会内処遇のほうが適切と考えられます。

しかし，現実には，犯罪者に対する処遇選択をこのリスク原則に完全に則って行うのは困難なことがあります（森，2017，p.38）。例えば，自宅に火をつけて全焼させ家族全員を死に至らしめた非行少年がいたとして，その少年に他に犯罪歴がなく，資質面に著しい犯罪的性向が見られず，再犯リスクが低いと評価されるとしても，家庭裁判所が，社会内に戻して処遇・教育を行う保護観察のような審判決定を下すことはあり得ないでしょう。このような場合，最低でも少年院送致のような施設収容を伴う処分が選択されると思われます。司法・行政機関の判断では，科学的な観点からの再犯防止と，犯した罪の重大性を考慮する量刑的観点の両方を考慮に入れなければなりませんが，それらが一致しない場合も少なくありません。

2. ニード原則

ニード原則は，将来の犯罪と関連性が強く，介入によって変化可能な犯罪誘発性要因（criminogenic needs）を処遇のターゲットにするというものです。犯罪誘発性要因は再犯リスク要因とも呼ばれます。これについては，現在，科学的根拠（エビデンス）に基づく8つの中核的リスク要因があることが知られており，これらはセントラルエイトと呼ばれています（Bonta & Andrews, 2016 原田訳 2018, p.56）。セントラルエイトは，①犯罪歴，②犯罪志向的態度，③犯罪志向的交友，④反社会的パーソナリティ・パターン，⑤家族・夫婦，⑥学校・仕事，⑦物質乱用，⑧レジャー・レクリエーション，から構成されています。

これらのうち，①犯罪歴は，過去に犯罪を行った経歴のことで，後から働きかけを行って変化させることができません。これは，静的リスク（static risk）と呼ばれ，処遇や教育による改善の対象にはなり得ません。一方，それ以外は介入によって変化可能な要因で，動的リスク（dynamic risk），または，ニーズと呼ばれ，これは再犯防止処遇において対象となるものです。

以下，ニーズの中身を説明していきます。②犯罪志向的態度は，犯罪に肯定的な態度や価値観，信念，合理化の程度，自身を犯罪者であるとする構え等です。犯罪性の高い者は，「誰もがやっていることだから」「被害者も自業自得だった」といった考え方をしやすいものですが，これは典型的な犯罪志向的態度の例です。③犯罪志向的交友は，犯罪をしている知り合いや友達がいることです。犯罪をしている人たちと常日頃から交際していると，犯罪のやり方や，犯罪的な行動様式に身近に接して学習する機会も増えるでしょう。非行少年は，よく集団で非行をします。お腹が空いたら仲間とスーパーで食べ物を万引きしたり，不良仲間の先輩とバイクを盗んで無免許運転したり，そうした中で，極めて自然に犯罪行動に従事するようになっていきます。非行少年は「犯罪をしている友達と付き合っても，自分は犯罪をしないから大丈夫だ」としばしば述べることがありますが，科学的にはそういったことはなく，不良者との交友は犯罪に走るリスクを高めるのです。少年院での矯正教育では，不良交友の絶縁という教育目標が標準的なものとなっています。

④反社会的パーソナリティ・パターンは，衝動性が強い，危険なことを好んで追い求める（リスク・シーキング），対人トラブルをどこでも誰とでも繰り返す，始終攻撃的な言動をしているといった，犯罪に結びつくことが確認された人格傾向です。⑤家族・夫婦とは，青少年であれば家庭での監護，しつけ，家庭の有する規範，保護者との関係性が良好でないことが，また成人後は，自身の婚姻関係が安定していない，パートナーに犯罪歴があることなどが，犯罪のリスクに結びつくというものです。家庭環境に問題があって非行化する少年は臨床場面では頻繁に見かけますし，成人女性で暴力団関係者と生活を共にして犯罪行為に及ぶ例がしばしば見られるなど，実務的な経験則にも合致するリスク要因といえます。

⑥学校・仕事とは，そこでの対人関係に不調がある，十分な成績，業績を上げられない，そもそもあまり学校や職場に行っていないことなどが再犯のリスクを高めるというものです。臨床場面では，学校に通わず，定職を持たないという無職徒遊の生活にあって犯罪に走るという図式は典型的といえます。⑦物質乱用は，アルコール，覚醒剤，大麻，コカイン等，薬物の問題に関する要因です。違法な薬物はもちろん使用しているだけで犯罪ですが，さらに依存症に陥ることから再犯に至る可能性が高くなります。また，アルコールなどの薬物の影響下で粗暴行為，殺人等が引き起こされることもあります。⑧レジャー・レクリエーションとは，仕事や職場以外の時間に，反社会的ではない趣味や娯楽を持って生活していないことが犯罪に結びつきやすくなるというものです。

変化させることが可能な以上のリスク要因を，処遇の対象となる犯罪者がどの領域にどの程度有しているのかを調べ，適切な処遇プランを策定していくことが，再犯の防止に結びつくというのが，ニード原則の示すところです。実証研究による検証も多数行われており，一例を挙げると，成人の保護観察対象者らのセントラルエイトをLSI-Rと呼ばれるリスク・アセスメント・ツールで2

回にわたって測定したところ，リスク得点が下がると再犯率の低下に結びつくことが明らかにされています（Vose et al., 2013）。

近年の研究において，犯罪者に対して特定されたそれぞれの再犯リスク要因に対して，必要な処遇が割り当てられていない可能性が指摘されています。ネルソンとヴィンセントの研究では，保護観察中の非行少年385人のうち，薬物依存の問題に関しては，適正な処遇選択（必要がなければ処遇を受けない，必要があれば処遇を受ける）を74.2%が受けていたのに対し，学校教育の必要性，不良交友，反社会的な行動傾向の問題に関しては，適切な処遇選択が行われていたのは50%以下であったことが示されました（Nelson & Vincent, 2018）。犯罪者の抱えているリスク要因のすべてに効果的な処遇を用意し，適切にアセスメントし，各処遇に振り分けるという手続を行うのは，関係諸機関にとって相当の労力が必要になると考えられますが，エビデンスに基づく再犯防止という考え方が根づきつつある我が国において，こうした方面での実証研究を行い，再犯防止教育を充実させていくことが今後は必要とされています。

3.　反応性原則

反応性原則とは，処遇を実施する際には，犯罪者の能力や学習スタイルに合ったやり方で行わなければならないという原則です。これは具体的にはどんな意味なのか，以下に説明していきます。

まず，反応性原則は，**一般反応性原則**と**特殊反応性原則**に分かれます。一般反応性原則は人間に共通の心理メカニズムを念頭に置いたもので，犯罪であれ，喫煙であれ，過食であれ，個人の問題行動を変化させるには，その人の認知と動機づけのパターンを変化させるように働きかけることが効果的であるというものです。そのため，犯罪者への教育，すなわち，反社会的行動の変容には，ロールプレイ，スキルの習得，歪んだ認知の修正といった技法を用いる認知行動的アプローチが有効と考えられています。例えば，第11章では，刑務所における薬物依存離脱指導，性犯罪再犯防止指導を紹介していますが，ここでも認知行動療法が積極的に取り入れられています。認知行動療法が犯罪者の再犯を効果的に防止するという知見は多くの実証研究で得られています。例えば，リプシー（Lipsey, 2009）は，非行少年に対する処遇の再犯防止効果に関する研究を548件集め，メタ分析[2]と呼ばれる統計手法を用いて，どういった処遇・教育が一番効果的に再犯を防止できるかを分析したところ，認知行動療法が最も優れていたという知見を提出しています。

次に，特殊反応性原則ですが，これは犯罪者にはそれぞれ異なる人格傾向，長所，能力があり，処遇に対する反応は人によって異なるので，その違いを考慮しながら介入の方法を考えるという原則です。例えば，知的能力が低い対象者に対して，通常行われている認知行動療法の処遇プログラムを実施しようとすれば，期待されるような処遇効果が得られないことは容易に想像がつきます。そうした対象者個別の要因を考慮しながら処遇プログラムを運営していく必要があります。

6.3.2 リスク・ニーズ・アセスメント・ツール

RNR原則に沿った処遇を展開するためには，対象者の再犯リスクがどの程度であるか，そして，再犯に結びつきやすいニーズがどういったものであるかを，個別にアセスメントしていく必要があります。その際に，用いられる用具が**リスク・ニーズ・アセスメント・ツール**です。知能を測定する場合には，WAIS，WISC等の知能検査が用いられますが，それと同様です。具体的には，先に説明した犯罪歴，犯罪志向的態度，犯罪志向的交友，家族・夫婦などで将来犯罪に結びつく問題性，をチェックリスト形式で評定し，得点を算出してアセスメントを行います。評定の際には，対象となる犯罪者に対して半構造化面接を行ったり，公的な事件記録を分析したりしてチェックをしていきます。

司法精神医学領域におけるメタアナリシスでは，再犯，保護観察といった予後予測において，専門家が臨床的な面接や心理検査等を使用して行うよりも，保険統計学的手法を用いて実証的に構成されたリスク・アセスメント・ツールを使用したほうが，正確に再犯を予測できるという結果が示されています（Grove et al., 2000）。犯罪者の再犯リスクを査定したり，処遇方針を策定した

[2] メタ分析は，同一のテーマで行われた複数の研究を集め，それぞれの研究で示された統計数値をさらに統計的手法を用いて統合，分析して知見を導き出す手法で，これによって生み出された知見はエビデンス（科学的根拠）として信用できます。

りする際には，一般的な臨床心理学的手法だけではなくて，犯罪者の査定に特化したリスク・アセスメント・ツールを使用することが望まれます。もちろん，科学的に再犯を防止するための条件であるRNR原則では，このようなツールを使用してアセスメントを行うことが前提となっています。

さて，実際のツールをここで詳細に紹介できればよいのですが，著作権の問題があるためできません。アンドリュースら（Andrews et al., 2004）が作成した**処遇レベル／ケースマネジメント質問紙**（**LS/CMI**）というツールの概要が，ボンタとアンドリュースの著作に掲載されていますので参照してください（Bonta & Andrews, 2016 原田訳 2018，p.254）。LS/CMIは，成人犯罪者のリスクとニーズを測定し，犯罪者のケースマネジメントまでを統合して行うことのできる新しい世代のツールです。再犯リスク要因については，先に述べたセントラルエイト，すなわち，①犯罪歴，②犯罪志向的態度，③犯罪志向的交友，④反社会的パーソナリティ・パターン，⑤家族・夫婦，⑥学校・仕事，⑦物質乱用，⑧レジャー・レクリエーション，を測定するよう構成されています。また，藤岡（2006，p.77）には，少年用の性暴力アセスメント・ツールであるJ-SOAP-Ⅱの日本語版が掲載されていますので，興味のある読者はそちらを参照してください。

我が国でも法務省矯正局が**法務省式ケースアセスメントツール**（**MJCA**; Ministry of Justice Case Assessment tool）と呼ばれる非行少年向けリスク・ニーズ・アセスメント・ツールを開発しており，全国の少年鑑別所及び少年院で使用されています（森ら，2014）。MJCAは，**表6.2**に示したように静的リスク要因の5領域である生育環境（S1），学校適応（S2），問題行動歴（S3），非行・保護歴（S4），本件態様（S5）と，動的リスク要因の4領域，保護者との関係性（D1），社会適応力（D2），自己統制力（D3），逸脱親和性（D4）などの査定から構成されています。

こうしたチェックリストを用いた評定は，客観的なアセスメントに必要不可欠であり，現在では少年鑑別所，少年院，刑務所，保護観察所，児童相談所など，家庭裁判所を除く[3]多くの司法・犯罪領域の関係諸機関で採用されています。

表 6.2　**MJCA の項目の抜粋**（森ら，2014）

静的領域 24 項目から抜粋

（S1　生育環境）

家族に少年を虐待する者がいた。
家族に家庭内暴力をする者がいた。
本件時に家出や浮浪の状態にあった。

他 2 項目

（S2　学校適応）

学業不振があった。
学校内で問題行動を頻発していた。

他 1 項目

（S3　問題行動歴）

小学生時に喫煙又は飲酒があった。
小学生時に家出又は無断外泊があった。

他 4 項目

（S4　非行・保護歴）

初回の警察補導等の措置を受けた年齢が 13 歳以下である。
財産非行がある。

他 4 項目

（S5　本件態様）

本件は指導・監督を受けている期間中の再非行である。
本件は同種事案の再非行である。

他 4 項目

動的領域 28 項目から抜粋

（D1　保護者との関係性）

保護者は少年に対して高圧的である。
保護者に反発している。

他 5 項目

（D2　社会適応力）

学校又は職場内で必要とされる決まりを軽視している。
学校生活又は就労生活に対する意欲が乏しい。

他 7 項目

（D3　自己統制力）

欲求不満耐性が低い。
感情統制が悪い。

他 3 項目

（D4　逸脱親和性）

犯罪性のある者に親和的である。
反社会的な価値観や態度に親和的である。
法律を軽視している。

6.3.3　犯罪・非行アセスメントのこれから

科学的根拠に基づいた犯罪者処遇を行わなければならないという認識が今日では定着したように思われますが，リスク・アセスメントは今後どのような方向に発展していくのでしょうか。

先のRNR原則のうちリスク原則，ニード原則に関する研究は数多く蓄積されていますが，特殊反応性原則に関しては研究が少ない状態です。良質の処遇プログラムが適切に運用されていても，必ずしもすべての対象者に等しく効果を発揮するわけではありません。近年，その個人差について非犯因論性ニーズを用いて説明しようという試みが行われており，処遇への動機づけが低いことが処遇プログラムの効果を減衰させる可能性があることが指摘されています（Higley et al., 2019）。

また，一つの方向性として，対象者の有している肯定的な面に目を向けるアプローチが近年，注目されてきています。**保護的因子**と呼ばれる要因を想定して積極的に査定し，再犯予測と処遇に活用していこうとする研究が行われています。保護的因子は，その機能や作用機序の解明等が未だ研究の途上にありますが，「リスク要因の否定的な影響を引き下げたり，または暴力的なアウトカムが起こる可能性を減らしたりする働きを持つ要因」（Borum et al., 2006），「将来の暴力行為のリスクを軽減する，個人の特性，環境及び状況」（de Vogel et al., 2014）といった定義が提案されています。

これらは，リスクではなく，再犯を防ぐ働きを持つ要因を探っていこうとする試みであり，SAPROFと呼ばれる保護的因子を測定するためのツールも開発されています（de Vogel et al., 2014）。このツールでは，対象者について幼年期の安全な愛着形成や治療への動機づけ等の要因が査定されます。保護的因子の理論では，対象者のポジティブな面に着目して支えることで，対象者と処遇に携わるスタッフに前向きの動機づけ効果を与え，対象者の強みを生かすことが再犯の防止に結びつくとされます。

さらに，類似の観点から，**良き人生モデル**（Good Lives Model; GLM）も処

[3] 家庭裁判所に係属した非行少年の再犯リスクを定量的に測定するツールは令和3（2021）年4月現在で存在しませんが，今後，開発される可能性はあります。

遇理論として注目されています。良き人生モデルは，人としての財[4]を向社会的に手に入れるため犯罪者の能力を強化すれば，その結果として，一般的に目標とされている動的なリスク要因を消滅あるいは減少させることになると主張しています（Laws & Ward, 2011 津富・山本訳 2014, p.13）。現状では，RNR モデルと比べて，これらの枠組みが再犯を効果的に防止するという実証的知見は少ないのですが，有力な潮流の一つとして今後の実証研究が待たれるものです。

別の方向性としては，リスク要因の働きをさらに精密に分析していくというアプローチがあります。一例として，女性には**女性特有のリスク要因**（gender responsive needs）が存在するという研究があります。これまで，リスク要因は原則として男性と女性とで共通しているという考えの下に査定が行われることが多かったのですが，例えば，成人の女性犯罪者は犯罪行動を誘発するような人間関係に巻き込まれやすい，抑うつ，不安などのメンタルヘルスの問題が女性犯罪者に多く見られる，母親としての養育に関するストレスが犯罪に関係がある，などの可能性があります（Van Voorhis et al., 2010）。女性特有のリスク要因については，未だ研究知見は十分とはいえない状態であり，今後の研究が待たれるところです。

性別や罪種の違い，アセスメントに用いられる各項目の重みづけを再検討し，最新の統計手法を用いてリスク・アセスメント・ツールを改変し，予測性能の向上を図る試みも行われています（Hamilton et al., 2019）。非行・犯罪のリスク・アセスメントは，今後も科学的な知見を積み重ね，進歩していくものと思われます。

---

[4] 人間はある種の精神状態，人間特性，経験を積極的に確保しようとするという前提に立ちます。それらを「基本財（primary goods）」と呼び，基本財として①生活（健康な生活と機能など），②知識，③遊びにおける卓越性，④仕事における卓越性（達成経験など），⑤行為主体性（自律性と自己決定），⑥心の平穏（情緒不安やストレスがないこと），⑦他者との関係性や友情（親密な関係，恋愛関係・家族関係など），⑧共同体意識，⑨精神性（広い意味での人生の意義や目的を見出すこと），⑩幸福，⑪創造性の 11 種類があるとされます（山本，2020）

BOX 6.1 公認心理師試験で出題されたRNRモデル

2018年12月16日に行われた公認心理師試験問題を見てみましょう。

D. A. Andrews と J. Bonta が主張する RNR モデル〈Risk-Need-Responsivity model〉の内容について，正しいものを1つ選べ。
①予後評定の際には犯罪歴や処分歴は考慮しない。
②予後評定の精度は伝統的な非構造的臨床判断より低い。
③犯罪を支える態度が変容すれば，再犯リスクは低減する。
④ニーズ原則は対象者の能力や学習スタイルに適した処遇課題を与えることである。
⑤再犯リスクを低減させることに限定せず，良い人生を送ることを目標に掲げている。

正解 ③

解説

①× 予後とは，具体的には犯罪者が再犯をしたか否かを指します。予後評定は再犯リスクの査定と同じ意味です。よって，セントラルエイトにあるような再犯のリスク要因には，過去の犯罪歴や処分歴が含まれており（静的リスク要因と呼ばれます），予後評定の際には当然，評価されます。

②× 伝統的な非構造的臨床判断とは，専門家が臨床的な面接や心理検査等を経て自身の経験等を元に将来の再犯の有無を予測するやり方です。一方，RNR原則では，保険統計学的手法を用いて実証的に作られたリスク・アセスメント・ツールによって，再犯リスクを査定します。この場合，伝統的な非構造的判断よりも，統計学的に再犯を予測することが確認されたツールを用いたほうが，精度が高くなりますから，「予後評定の精度は伝統的な非構造的臨床判断より高い」が正しい記述になり，この選択肢は誤りとなります。

③○ ニード原則にあるように，犯罪を支える態度という動的リスク要因をターゲットにして処遇，教育を行い，それが向社会的な方向に改善，変容されれば，再犯リスクは低減することになりますから，これが正解になります。

④× この選択肢は反応性原則を示す内容ですので誤りです。

⑤× この選択肢は，良き人生モデル（Good Lives Model; GLM）を示す内容になり，誤りとなります。

復習問題

1. ボンタとアンドリュースによるRNRモデルにおける，リスク原則，ニード原則，反応性原則とはそれぞれどのようなものか説明してください。
2. 再犯防止推進法の目的とはどのようなものか説明してください。
3. 平成28（2016）年に施行された，再犯の防止等の推進に関する法律（再犯防止推進法）の説明として正しいものを選んでください。

①近年，児童虐待の相談件数の増加に伴い，繰り返される児童虐待を防止するために策定された。

②策定後10年間の取組みにおける再犯率の低下について具体的な数値目標が取り決められた。

③再犯防止を推進するために厚生労働省は計画を策定し，必要な措置を定めることが義務づけられている。

参考図書

ボンタ，J.・アンドリュース，D. A. 原田 隆之（訳）（2018）．犯罪行動の心理学［原著第6版］ 北大路書房

RNR原則をはじめとした犯罪者処遇のための理論が示された歴史的な書籍です。最近改訂され，近年の実証的な知見も豊富です。本格的な専門書ですが，翻訳もしっかりとしており，この分野を腰を据えて学ぶ際には必読の書といえます。

森 丈弓（2017）．犯罪心理学――再犯防止とリスクアセスメントの科学―― ナカニシヤ出版

RNR原則やプログラム評価など，再犯防止のための実証的な手続について書かれています。この分野では我が国で唯一といってよい書籍で，本邦の犯罪・非行処遇についても理解を深められます。

児童相談所における非行への対応 7
——司法・犯罪分野における問題に対して必要な心理に関する支援（1）

児童相談所における非行相談は，第５章で見てきたように全体の相談対応件数に対する比率が2.6%と低くとどまっています。しかし，非行相談の背景には心理学的諸問題だけでなく，社会，教育，医学等様々な要素が複雑に存在していることがほとんどであり，丁寧なアセスメントとその後の支援が予後に大きく影響するといえます。児童相談所は福祉領域の行政機関であり，非行相談においても福祉的視点からの支援を展開します。あくまでも子どもを守るための援助を行う機関であり，処罰する機関ではない，という理解が大切です。非行相談の対象児が，司法領域にある他機関における支援や処遇の対象となるか，福祉的支援の対象としてとどまれるかの境目であるともいえます。

7.1 非行相談と措置

7.1.1 非行相談の分類について

非行相談は表7.1のように，ぐ犯行為等相談と触法行為等相談に大別されます。

近年，児童虐待相談等の急増により，行政統計上における非行相談は**図7.1**のとおり減少しています。しかし，実際には虐待事案（養護相談に分類されます）として対応されている件数の中に，これまでの非行相談が含まれている事例が少なくありません。主にぐ犯少年が問題行動を起こした際の対応として家族が暴力を用いた事例については，警察はぐ犯通告ではなく虐待事案としての通告を行う場合が多いからです。

一方で，非行相談の事例では，それまでの虐待状況が影響を与えている場合が多く，問題のアセスメントに当たってはそれらの視点を抜きには対応できま

表 7.1　**児童相談所における非行相談の分類**

ぐ犯行為等相談	• 虚言癖，浪費癖，家出，浮浪，乱暴，性的逸脱等のぐ犯行為，問題行動のある児童に関する相談 • 警察署からぐ犯少年として通告のあった児童に関する相談 • 触法行為があったと思われても警察署から通告のない児童に関する相談
触法行為等相談	• 窃盗，恐喝など触法行為があったとして，警察署から通告のあった児童に関する相談 • 14 歳以上の犯罪少年に関して，家庭裁判所から送致のあった児童に関する相談

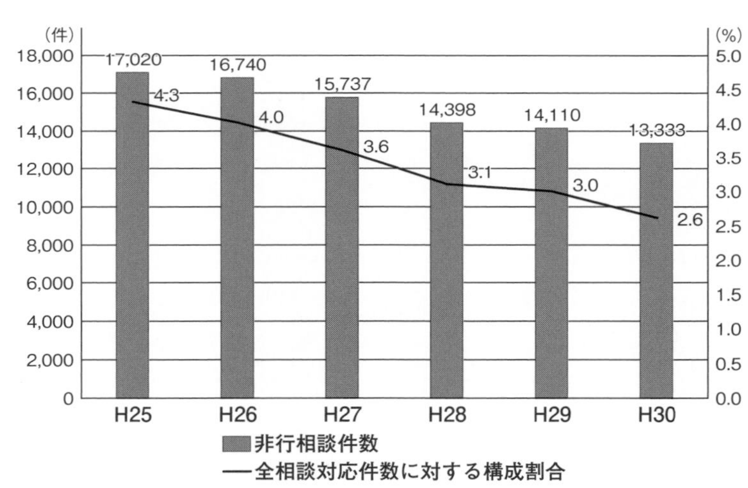

図 7.1　**児童相談所における非行相談対応件数の推移**（厚生労働省福祉行政報告例から作成）

せん。児童相談所運営指針における非行相談への対応の基本にも以下のような記載があります。「触法行為に係るものも含め非行少年に関する通告を受けた場合には，子どもの最善の利益の観点から必要な調査を十分に行うこと。また，こうした行為の背景には児童虐待の影響などがあり，その原因に対するアプローチが重要である。」

児童相談所における非行相談には，他の機関に比べて低年齢での相談が多く見られます。年齢が低く可塑性が高いだけに，適切な理解と支援を得られることで改善の度合いも大きく，予後が良好なケースももちろん多くあります。一方で，一部のケースは10歳未満に非行が始まる児童期発症型という意味で，予後不良となり得る，より重症度の高いケースが含まれている可能性もあります。

7.1.2　家庭裁判所送致について

平成19（2007）年の少年法改正により，触法少年が起こした重大事件について警察から送致があった場合には，児童相談所は，原則，事件を家庭裁判所に送致しなければならないこととされています（3.2.2項参照）。児童相談所における相談援助活動は，子どもの福祉を図りその権利を擁護することであるため，送致の決定も相談（通告）→調査・診断→判定（一時保護）→援助の決定といったプロセスを経て行います。個々のケースに即して適切な調査・診断を行った上で決定するものとされており，家庭裁判所送致の措置をとる必要がないと認められた場合には上記原則が適用されないこともあります。

また，児童自立支援施設に入所中，または一時保護中の子どもであって，無断外出等が著しいために行動自由の制限を行うにやむを得ない事情があると認められる場合には，「**強制的措置**を必要とする」児童福祉法第27条の3の規定に基づく送致を行う場合があります。この送致を受けた家庭裁判所は強制的措置をとることのできる期限，保護の内容等を指示して児童相談所に送致し，児童相談所はその指示に従って措置をとることとなります。

7.2　児童心理司とその支援

7.2.1　児童心理司の役割

児童相談所の業務において，**児童心理司**は主に援助方針を導き出す際に行われる心理診断に携わります。ここでいう心理診断とは，分類という意味の「診断（diagnosis）」ではなく，見立てという意味での「診断（formulation）」であり，対象児童とその周りを含んだ理解と援助に役立つ全体の複合的評価を示

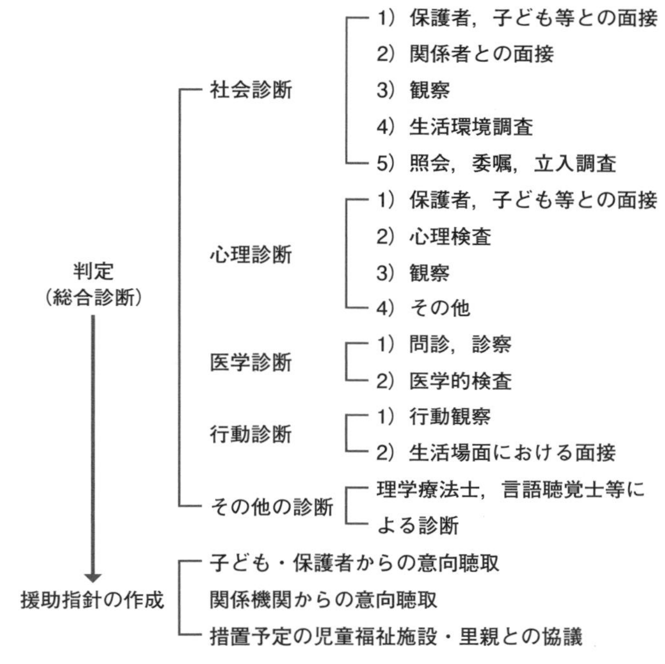

図 7.2　判定と援助指針の作成に係る流れ（厚生労働省ホームページから）

しているといえます。具体的には，**図 7.2** のように心理学的諸検査や面接，観察等を通じて子どもの人格全体の評価及び家族の心理学的評価を行うことを指します。その際，子どもの能力や適性の程度，問題の心理学的意味，心理的葛藤や適応機制の具体的内容，家族の人間関係等について解明する（児童相談所運営指針）こととされています。また，各診断等がなされた段階で会議を経て援助方針を策定した後，実際の具体的援助場面に携わることも多くあります。通所による継続面接や心理療法の実施，一時保護中児童への心理的危機介入や心理教育，心理ケア，連携が必要となる関係機関や他職種へのコンサルテーションを行うことも含まれます。分離した家族の再統合に当たり，保護者をはじめとした家族及び家族全体への支援に関わる場合もあります。

なお，児童心理司の業務においては，障害相談の中で療育手帳のための判定事務も大きなウエイトを占めています。

7.2.2 心理検査と観察，心理療法等の実際

心理診断における心理検査は，各ケースの問題や今後の処遇等によって判定（アセスメント）の目的が異なるため，個別に必要なテストバッテリーを検討します。その際，受検する子どもの負担や侵襲性も考慮します。

知能検査としてウェクスラー式知能検査（WISC）や田中ビネー知能検査，発達検査として新版K式発達検査や遠城寺式・乳幼児分析的発達検査，投影法では描画検査やロールシャッハテストがよく用いられています。SCT文章完成法，PFスタディを実施することで，周囲の環境や家族との関係性を検討することもあります。また，神経学的な側面を確認する必要があれば，フロスティッグ視知覚検査やベンダーゲシュタルト検査，軽微な神経機能障害の評価を用いることもあります。その他，様々な注意機能を確認するためのトレイルメーキングテスト，質問紙として子ども用トラウマ症状チェックリスト（TSCC），新版東大式エゴグラムを利用する場合もあります。また，保護者に調査面接を行う機会があればADHD-RSやPARS-TR，日本版感覚プロファイル，日本版AQを使用することで，発達障害のスクリーニングを実施する場合もあります。

これらの心理検査を実施することと併せて，子どもの発達の機序や定型発達の流れ等を念頭に，行動観察を行っています。姿勢や手足の使い方，目と手の協応，眼球運動等の身体面，発音，発語量，語彙といった言語面，描画の発達段階，記憶力や注意機能などが心理検査の結果とどのように関係しているかを実際の行動観察で確認していきます。また，対人的なやりとりとしては，初めての他者との出会い方や関係の作り方，関係性の変化も重要な観察ポイントと考えられています。

心理診断後にケースと継続的に関わる機会がある場合には，必要に応じて支援の一つとしての心理療法を実施することがあります。

低年齢の場合にはプレイセラピーが選択される場合が多いでしょう。学齢以

上の子どもの場合には，支援の目的によりカウンセリングや箱庭療法，時にはトラウマに対するアプローチとしてトラウマインフォームドケアを導入し，より専門的な支援が必要なケースではTF-CBT（トラウマ焦点化認知行動療法）や認知処理療法，EMDR（眼球運動による脱感作と再処理法）が検討される場合もあります。心理教育の機会としてDV被害の母子プログラム（コンカレントプログラム[1]）の一部を子どもと実施し，暴力の責任や安全についての教育を組み込むこともあります。

親子の動機づけにもよりますが，保護者への支援としてPCIT[2]（**母子相互交流療法**）やペアレントトレーニングを実施する場合もありますが，非行相談においては，そのほとんどが前思春期以降の年齢であるために，これらの保護者支援が導入されるには適用年齢を超えており難しいといえます。

7.3 非行相談における心理診断（判定）の実際

ここでは，児童心理司による心理診断の実際について，仮想の事例を用いて説明します。

7.3.1 仮想事例1（警察による児童通告から相談支援へ）

継父（37歳），母（34歳），本児（10歳，男），異父弟（4歳）の4人家族。

コンビニエンスストアで漫画本の万引きをした触法行為について，警察からの児童通告書（児童福祉法第25条による）を受理した事例。

1. 通告受理後の流れ

警察からの通告受理後に受理会議にて「要調査」方針となり，担当児童福祉司から文書で継父と母子を児童相談所に呼び出す日時を連絡しました。

継父と母子が児童相談所に来所し，児童福祉司が面接調査したところ，継父

1　コンカレントプログラムは1980年代にカナダで開発されたプログラム。DVに曝された母親と子どもに，同時並行的にグループ活動を行います。

2　PCIT（母子相互交流療法）は，親子交流のパターンにフォーカスし，セラピストによるライブコーチングを用いながら親子一緒に行う治療。

と母から，小学３年生頃から本児の持ち出し，ゲーム課金等で困っている旨相談がありました。学校での落ち着きのなさや他児とのトラブル等もあり，今回の万引き事案についても，友人間のトラブルに巻き込まれ，やむなく実行した結果との話でした。本人は，表面的には反省の弁を述べるものの，友人のせいであることを強調し，自らには問題はないことを多弁に語りました。継父は今回の出来事以前から持ち出しが何度もあったことを話し，その都度厳しく叱責してきたものの，全く改善しなかったと主張しました。実母は継父の主張に反論はせず，表情は硬いものの相づちを打っていました。また，日頃学校からの呼び出しが多く，疲れている様子がうかがえました。

2. 心理判定依頼

初回面接にて調査を実施した児童福祉司は，子ども自身の課題や支援の必要性，家族間の関係性等について，より詳細な調査が必要であると判断しました。子ども自身の特徴については児童心理司による心理診断を含めた判定が必要であると考え，担当児童福祉司は保護者に説明を行って同意を得た後，児童心理司に心理判定依頼を行いました。児童心理司のスーパーバイザーは，事例の内容を確認した後，担当の児童心理司を決定しました。担当児童心理司は担当児童福祉司と日程を調整し，再度継父，母，本児と来所日程の調整を行いました。

3. 心理判定の実際

２回目の来所は母子での来所となりました。待合室で担当児童福祉司から紹介されて児童心理司が挨拶をすると，やや緊張した面持ちで挨拶を返しました。母子と別室で面接及び心理判定を実施しました。担当児童福祉司は母と面接し，判定の趣旨を確認し，継父と母が最も困っていることや相談したいこと，現在の家族の生活状況について調査を行いました。併せて，本人の心理検査のため３回ほどの来所が必要であること，学校に学校生活状況の調査を照会することについて了解を得ました。

児童心理司は子どもと一緒に検査室に移動し，雑談をしながらジョイニングを試みました。しばらく本人の好きなゲームの話をするうちに当初の緊張がほぐれて多弁になってきました。児童心理司が本人の注意を引いてから，今回の来所の理由を尋ねると，しばらく考えた後に「わかんない」と答えました。母にどのように説明されたかを再度確認すると「脳みその検査だって。僕悪い子だから」と述べました。児童心理司からは，本人が悪い子だから来ているわけではないこと，得意なところや苦手なところを一緒に探したいこと，その結果家や学校でみんなと仲良くなる方法や楽しく過ごす方法を考えたいことを説明し，本児は検査を受けることについて了解しました。

検査は，知能検査，人格検査，比喩皮肉検査，読み書きスクリーニング，注意機能検査等を実施しました。母からはPARS-TR及びADHD-RSの聞き取り検査を実施しました。

心理検査を受けるために数回来所する間に，児童福祉司は母親面接において，生育歴及び家族状況，家族歴，学校情報等を調査しました。複数回通ううちに，待合室で母子が座る位置が近くなっていく様子が観察されています。

心理検査結果及び継父と母からの聞き取り調査，学校情報等を総合して心理所見を作成した結果，本児の発達障害傾向とこれまでの叱責・失敗が累積する中での自尊感情の著しい低下状態が示唆されました。発達障害傾向としては衝動性の高さと過集中，暗黙の社会的ルールの理解の弱さがあり，また読み障害が疑われました。このままではより一層行動上の問題が増悪する可能性があるため，本児の特性とそれに併せた環境調整及び教育上の合理的配慮が必要であることを含めて継父と母及び本児にそれぞれ検査結果をフィードバックしました。

母はこれまで，本児の問題行動について自分のしつけのせいではないか，と継父に対して負い目を感じていたことを語り，検査結果の説明を聞く中で涙ぐむ場面も見られました。継父はフィードバックの内容に理解を示し，その場でいかにして要求水準を下げるかについて話し合うことを了解しました。金銭管理の他に，家庭内における生活上の対応についてもフィードバックの中で相談があり，スケジュールボードやタイムタイマーといった視覚的な工夫を試行錯誤することとなりました。また，継父と母からは精査のための医療機関受診希望が出されたため，児童相談所での心理検査結果を記載した紹介状を作成し，保護者から受診予定の医療機関に持参してもらうこととしました。その結果，医療機関にて精査及び服薬開始となり，継続診療となりました。

併せて，父母からの希望があったため，学校にも本児の検査結果を説明するために児童福祉司と児童心理司が出向いて担任，学年主任，校長と面談を行い，今回の検査結果と本児に必要と思われる合理的配慮について提案を行いました。その後，学校では合理的配慮の下，連絡事項をプリントにして渡す，ノートを枠付きのものに変更する，座席を窓際や廊下側から離すなどの対応がなされました。

また，医療受診の経過等を確認するうちに，母自身からも子どもへの接し方について学びたいとの希望が示されたため，市町村で実施しているペアレントトレーニンググループを紹介しました。

父母からは，これらの対応の後，しばらく家庭で様子を見たいとの申し出があり，今回の通告相談については終了となりました。

7.3.2 仮想事例2（家庭裁判所への送致に関わる事例）

生活保護受給中の母子家庭。母（45歳），本児（13歳，男），実姉（19歳），実姉（17歳），異父弟（10歳），異父弟（8歳），異父妹（6歳），異父妹（1歳）の多子世帯。

わいせつ事件により警察からの触法少年事件送致書を受理し，一時保護の上，家庭裁判所送致となった事例。

事前の警察からの連絡を受け，緊急受理会議にて要調査及び要判定，要一時保護の方針となりました。事件内容の重大さから判断して，家庭裁判所の審判に付することが本児の福祉を図る上で適当と判断し，早急な家庭裁判所送致を措置するために，通常よりも特に短い期間での調査，判定を実施する方針が立てられました。

10月20日　一時保護開始

10月21日　心理判定実施（WISC-Ⅳ知能検査，注意機能検査，MSST比喩皮肉検査，PFスタディ，SCT文章完成法，描画検査，評価面接）

10月24日　家庭裁判所送致

警察からの送致を受けて一時保護した後，速やかに心理判定及び社会調査を実施しました。

心理判定初回にて，一時保護の意味や心理判定についてアナウンスする中で，子どもが「お母さんに会いたい」と泣いて訴える場面もありました。判定回数を重ねると関係をとることができ，家庭での様子を話すことが増えてきました。最終回においては，今回の事件について振り返り，今後について話題にすることも可能となりました。

児童心理司は心理判定後速やかに心理所見を作成し，児童福祉司による調査結果と合わせて家庭裁判所送致を決定しました。

7.3.3　仮想事例 3（自立までの支援に関わる事例）

本児（17 歳，女），異父兄（19 歳），実母（47 歳）の離婚母子家庭。

1.　これまでの経過

10 歳時に近隣住民から性被害について相談があり，一度取扱いがありました。

その後 12 歳時に警察署からの身柄付き通告（不純異性交遊）にて非行（ぐ犯）で取扱い開始となりました。SNS を使用して援助交際をしていたところを警察に見つかり，通告となったのです。親権者の同意により児童自立支援施設入所（13～16 歳）となり，退所後は児童養護施設（16 歳～）へ入所措置となっていました。しかし，児童養護施設内でも性的問題が繰り返され，その都度児童相談所と児童養護施設で面接を実施してきました。場合によっては一時保護を重ねながら処遇をしてきた経過がありました。

今回は児童養護施設からの無断外泊があり，5 日後に警察に補導され，再度一時保護となりました。無断外泊中に複数名の見知らぬ男性と性的関係を持ったことが判明しており，本児自身は「私，男好きだから仕方ないんだよ」とあっけらかんとした様子で説明していました。一時保護中は個室での個別対応となっていましたが，生活の中で解離性健忘と思われる症状が顕著となり，児童相談所の児童精神科医の受診を数回実施しました。将来について児童福祉司と話し合うことと並行して児童心理司による面接も重ねていきました。今後は高校を中退し，就労自立を目指すこととなりました。

2. 児童心理司の関わり

(1) 10歳時に近隣男性からの性被害のため来所相談として関わり，本児の心理的ダメージを精査するために心理判定及び児童精神科診察を実施しました。心理判定としては，知能検査，描画検査，SCT文章完成法，PFスタディ，TSCC（子ども用トラウマチェックリスト）を行い，心理所見としてはすでに解離様の症状や性化行動が見られており，医療的精査が必要であると報告されています。状態からは，以前から何らかの性被害の可能性があると推測されました。児童精神科診察において，診断名は複雑性PTSD及び解離性障害でした。フィードバックは行ったものの，母子に継続的な通所相談希望がなく，いったんは関わりが終了となりました。

(2) 非行で一時保護になった際には，定期的な心理面接を実施しました。面接の内容は主に性に関わる心理教育や性被害に関わるメンタルヘルス面での心理教育でした。途中で全8回のコンカレントプログラムも実施しています。その中で，性的な接触も暴力であること，暴力の責任は暴力を振るった側にのみあることについて職員と共にワークを実施しました。児童自立支援施設に入所となった時点で関わりは終了となりました。

(3) 今回の一時保護（17歳時）中には，度重なる無断外泊等不安定さが続いたため，児童福祉司からの依頼を受け，継続的な心理面接を実施することになりました。おおよそ週1回全9回の心理面接では，自尊感情の低さや生き方に対するコントロール感のなさ等が語られました。また，イライラする感情や周囲の大人への怒りも表出されることがあり，その対処についても話合いを進めました。性被害を受けた場合に生じやすい認知の特性や行動変容についての教育も含まれました。来るべき自立に向けて，継続的な医療的支援につなげられるように支援する方向を検討していましたが，他者への不信感は非常に強く，本児自身の動機づけが弱い中では，寄り添いながらの心理面接を何とか継続することで精一杯でした。並行して進むケースワークにおいて，住み込み就労が決まり，一時保護終了に伴い心理面接も終了となったため，最終回では，今後の支援機関等についての情報提供と安全教育を行いました。

7.4 おわりに

ここで挙げた事例はいずれも児童相談所の統計上の扱いとしては非行相談ですが，背景や処遇方針は個々に大きく異なります。児童相談所は福祉的な視点で相談援助活動を展開しますが，仮想事例 1 のように効果的に支援が活きることもあれば，仮想事例 3 のように制約のある中で限られた支援にとどまる場合もあります。また，仮想事例 2 のように福祉的な支援だけでは本当の意味で子どもの最善の利益とならず，司法との連携が強く求められることもあるため，近接領域についても学び，連携する必要があります。

復 習 問 題

1. 以下のうち，児童相談所における触法少年相談の対象として当てはまるものを 1 つ選んでください。

①万引き事件を起こした 13 歳の相談
②家出を繰り返す 14 歳の相談
③ゲーム課金を繰り返す 16 歳の相談
④傷害事件を起こした 18 歳の相談

2. 児童相談所が援助方針を立てるために行う判定（総合診断）に含まれないものを 1 つ選んでください。

①社会診断
②医学診断
③行動診断
④教育診断

3. 児童心理司が行う心理診断において，児童心理司が行わないものを 1 つ選んでください。

①保護者との面接
②子どもとの面接
③医学診察
④観察

参考図書

富田 拓 (2017). 非行と反抗がおさえられない子どもたち――生物・心理・社会モデルから見る素行症・反抗挑発症の子へのアプローチ―― 合同出版

非行・反抗のある子どもたちを精神医学的視点からわかりやすく解説しています。診断，見立てから働きかけ，予防まで，事例を交えて学ぶことができます。

滝川 一廣 (2017). 子どものための精神医学 医学書院

子どもの発達をどうとらえるか，発達障害をどう理解するか，そしてどう支援していくのかについて，わかりやすく解説された児童精神医学の基本書といえます。

家庭裁判所の在宅事件における非行への対応

——司法・犯罪分野における問題に対して必要な心理に関する支援（2）

8

第３章で詳述したとおり，家庭裁判所（以下「家裁」といいます）は，捜査機関から送致されてきた事件について，調査と審判を行い，執行機関に引き継いで健全育成に向けた教育を受けさせるべきか（保護処分），少年審判手続から解放して通常の生活に戻すべきか（審判不開始又は不処分）を判断しています。

捜査機関から家裁に送致される事件には，在宅事件と身柄事件の２種類があります。このうち，在宅事件とは，少年が自宅にいながら警察の取調べを受け，捜査記録だけが家裁に送られてくるものをいいます。これに対して，裁判官の判断で少年を一定期間（最大４週間）少年鑑別所に収容し，心身鑑別を行った上で審判を行う場合を身柄事件と呼んでいます。

在宅事件は非行全体の約90%を占め，身柄事件は全体の約10%にすぎません。本章では，非行の大半を占める在宅事件における心理的支援として，２つの仮想事例を取り上げ，家庭裁判所調査官（以下「調査官」といいます）による調査の実際を紹介します（身柄事件については，第９章で取り上げます）。

8.1 調査官による調査の実際

ここでは，調査官による調査の実際について，事例を用いて説明します。本章で取り上げる事例はすべて仮想事例です。

なお，実際の事例では，ここで紹介する仮想事例以上に様々な要因が複雑に絡み合って非行に至っています。ここでは調査官の調査の本質を理解しやすいように，簡便な形で仮想事例を作成しています。

8.1.1　仮想事例 1

少年は，中学2年の男子生徒（14歳）で，父（41歳，会社員），母（40歳，パート勤務）及び兄（16歳，高校1年生）の4人家族です（図8.1）。父は，平日は仕事で，土日・祝日が休みです。母は，午前中にパートに出かけ，夕方にはパートを終えて夕食を準備し，子どもの帰宅を待っています。夕食は，兄と父が帰宅する午後8時頃に家族4人でそろって食べています。表面上は，どこにでもいる普通の家族に見えます。

ある日，母がいつものように夕食を準備していたところ，少年がコンビニエンスストアでジュースを万引きしたため，警察まで迎えに来るようにという電話がかかってきました。まさかうちの子がと半信半疑の思いで警察に駆けつけると，少年がうなだれているのが目に入りました。警察で身柄請書を書いた上で，少年を連れて帰宅しましたが，車内では，どちらも一言も言葉を発しませんでした。

少年は，その後，何度か警察に呼ばれて事情聴取を受けたり，実況検分に立ち会ったりしました。警察の捜査が終わると，いずれ家裁から呼び出しがあるから対応するようにと言われました。

非行といえば，もっと派手でセンセーショナルな事件を思い浮かべるかもしれませんが，ここまで読んで意外に地味だという印象を持った方がいるかもしれません。しかし，被害が発生しているのは事実であり，再非行防止のためには早期に適切な対応をする必要があります。また，飲料水の万引きという非行を一つとっても，少年が事件に至る背景や事情は様々で，それによって調査の

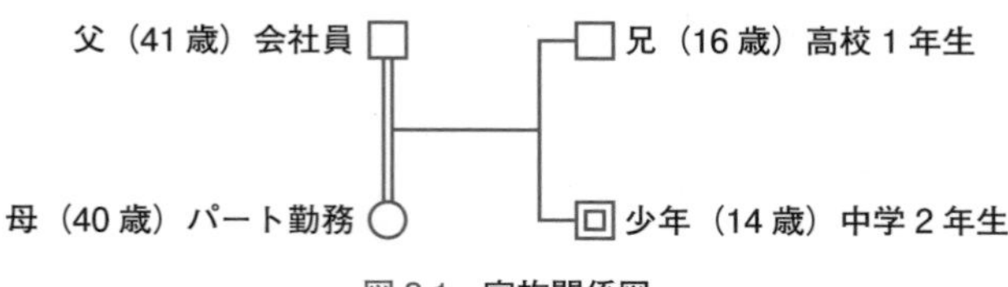

図8.1　家族関係図

進め方も審判の結果も変わってきます。この点が保護主義に基づいて手続が進められる少年事件の特徴で，応報主義に基づく成人の刑事裁判とは異なります。

8.1.2　仮想事例 1 における調査官の調査

では，家裁では在宅事件にどのように対応しているのか，調査官による調査について具体的に見ていきましょう。

1.　法律記録の確認

調査は，捜査機関から家裁に送致される事件記録を読むことから始まります。しかも，単に書かれていることを読むだけではなく，この少年がなぜこのタイミングでこの事件を起こしたのか，どのような調査が必要か，誰を調査対象とし，どのような順番で会い，何回くらいの面接を設けるかなどを考えながら読み進めます。

例えば，仮想事例 1 では，記録を読み進めても，被害弁償や謝罪がされているかどうかがわからず，少年や保護者に確認する必要がありました。また，父親の存在感が薄く，家庭の中でどのような役割を果たしているかが気になりました。さらに，2 歳上の兄との関係が事件に何か影響を与えている可能性がないかを確認する必要があるだろうとも考えました。

2.　呼 び 出 し

調査は，家裁に少年と保護者を呼び出して面接するのが基本です。呼び出しの通知は，電話ではなく，書面で行われています。その際，調査の参考にするため，照会書を同封し，あらかじめ記入した上で，調査当日に持参するよう指示しておきます。これに対して保護者は，よほどの事情がない限り，指定された日時に少年と一緒に出頭します。指定された日時に出頭できなくても，あらかじめ日程変更を希望する電話をかけてきます。これらは，保護者として当然の対応であるはずですが，そうとは限らないこともあります。例えば，連絡なく指定された日時に出頭しなかったり，連絡がとれて別の日を設定しても，再び出頭しないこともあります。

仮想事例 1 では，指定された日時に少年と両親が出頭しました。照会書には，少年も保護者も，家族で話し合ったことを踏まえ，小さな文字でびっしりと記載されていました。

3. 面　接

家裁に望んでやって来る少年や保護者はいません。それでも，多くの少年や保護者は，内心はともかく，場をわきまえた言動をとることができます。しかし，中にはあからさまに反抗的な態度をとったり，質問に素直に答えなかったりする少年もいます。そのため，面接の導入に当たっては神経を使います。特に**傾聴**や**共感**は，どの面接場面でも用いられる中心的な技法として位置づけられます。とはいえ，単に少年や保護者の言うことを鵜呑みしているだけでは，健全育成という少年法の目的を達成することができないことがあります。そのため，非行少年や保護者との面接調査では，さらなる技法や態度を身につけることが要求されます。

仮想事例1では，少年も両親も，神妙な態度で面接に臨み，場をわきまえた言動をとっていました。少年や両親から事件に至った経緯を確認すると，次のようなことがわかりました。

少年は，学校には遅刻も欠席もなく通い，授業も普通に受けていますが，部活動は1年生の途中でやめてしまい，放課後を持て余すようになっていました。実際，家に帰っても，ゲームをやるか漫画を読むくらいしかなく，中学2年生に進級した頃から，放課後になると，同じように部活動をしていない同級生の友達と一緒に公園でサッカーや鬼ごっこをしてから帰宅するようになりました。母は，少年の帰宅時間が遅くなりつつあることに気づいていましたが，少年が夕食の時間には間に合うように帰ってきていたため，黙認していました。また，特に問題が起きているわけではないとして，父には報告や相談をしていませんでした。

そうした中，事件の1週間前，少年は，いつものように同級生と一緒にサッカーをして遊んだ後，帰宅途中にコンビニエンスストアに立ち寄りました。そのとき，同級生の一人がジュース1本を万引きし，何事もなかったかのように路上でジュースを飲んでいる姿を目撃したのです。少年は，万引きが悪いことだとわかっていましたが，友達がお金を支払わずに欲しい物を手に入れられて羨ましいと思いました。また，周りで見ていた友達も何も言わなかったので，注意しようとは思いませんでした。

少年にとって，その一件はショッキングな出来事ではありましたが，だからといって，すぐに自分でも万引きできるタイミングを計るようになったわけではありませんでした。実際，それからの 1 週間も，放課後には友達と一緒に公園で遊び，帰り際にコンビニエンスストアに立ち寄ることもありましたが，それ以降は誰も万引きをするようなことはなかったといいます。

ところが，事件当日，少年は，いつものように公園で鬼ごっこをして遊んだ後，一人でコンビニエンスストアに入店し，立読みをしていたとき，ふと 1 週間前の万引きのことを思い出して自分でもやれるかもしれないと思いました。このときは，鬼ごっこをしてのどが渇いていたし，友達が見つかっていなかったから，自分も見つからないだろうと考えました。しかし，ジュース 1 本を学生カバンに入れて店を出ようとしたとき，店員に呼び止められました。

面接に同席していた両親に，少年の説明に補足や修正がないか確認したところ，父は，自分たちが確認しているものと同じで，間違いないと答えました。そして，警察から帰宅した日の夜に家族 3 人で話し合い，新たに門限を 6 時に設定したこと，事件の翌日には両親が少年を伴って被害店舗に出向き，謝罪と弁償をすませたことを説明しました。

これを受けて調査官は，警察から帰宅するときの車内で，どんなことを思っていたのか少年に確認しました。少年は，「本当は母に迷惑と心配をかけたことを謝罪したかったけど，母が悲しそうな表情で車を運転しているのを見て素直に謝ることができませんでした。それでも，その日のうちに父も含めて話し合ったとき，自分がいかに人様に迷惑をかけることをしたかがわかり，泣きながら両親に謝りました」と述べました。

4. 見立てと対応

仮想事例 1 では，少年が放課後に部活動や習い事などの建設的な活動をすることなく，友達と夜遅くまで遊んでいた中で，友達が万引きに成功をするのを目撃し，自分でもできるかもしれないと考えたことが非行の原因と考えられました。それでも，事件発覚後すぐに保護者が適切な対応をとったことで，生活態度に改善が認められ，被害も回復されていました。

そこで，本件時にあった要保護性はすでに解消していると考え，特に裁判官による厳重注意などがなくても，再非行はないだろうと判断し，審判不開始の意見が相当と考えました。しかしながら，その場合でも，家裁で定期的に実施されている「万引き被害を考える教室」に参加させ，被害者の生の声を聞くことは，さらなる再非行防止につながるはずだと考え，その旨を少年と両親に打診しました。これに対して少年も両親も，参加したいと前向きな姿勢を示しました。実際，少年と両親は，後日開かれた「万引き被害を考える教室」を熱心に聴講し，被害者の苦しみを一層理解することができたという感想文を提出しました。

BOX 8.1　教育的措置（保護的措置）

第3章でも確認したとおり，家裁の調査や審判において，再非行防止に役立つような教育的働きかけを行うことを**教育的措置**または**保護的措置**といいます。具体的には，調査面接・審判における指導・助言を基本にしながら，ケースに応じて，参加型・体験型の教育的措置も行っています。平成30（2018）年の家裁の終局決定のうち，教育的措置を実施したことなどを理由に，全体の約65％において保護処分が不要と判断されています（審判不開始が約43％で不処分が22％）。

このことは，再非行防止における教育的措置の重要性を示唆しています。家裁では，仮想事例1で紹介した「万引き被害を考える教室」以外にも，ケースに応じて次のような教育的措置を実施した上で，それに対する少年や保護者の反応も踏まえて最終的な判断が下されています。

- 交通講習（無免許運転者，有免許者による交通事故や交通違反に対する講習）
- 野外奉仕活動（公園清掃活動，落書き消し）
- 社会奉仕活動（老人施設や知的障害者施設でのボランティア，使用済み切手収集）
- 医務室技官（医師，看護師）による保健指導（薬物非行，性非行，飲酒・喫煙指導）
- 親子合宿

5. **調査官の意見と終局決定（裁判官の判断）**

以上を踏まえて調査官は，見立てどおり審判不開始（保護的措置）の意見の提出し，裁判官も，調査官の意見どおり，審判不開始の決定をしました。

8.1.3　仮想事例 2

非行少年の多く（約 80%）は，家裁で調査・審判を受けると，二度と家裁に送致されるような事件を起こさなくなります。それは，仮想事例 1 のように，一時の過ちから事件を起こしたものの，その後は，周囲からの的確な支えを受けて立ち直ることができるからです。しかし，残念ながら，家裁で調査・審判を受けながら非行を繰り返す少年が一定数いるのも事実です。

次の仮想事例 2 は，家族構成や事件の内容は仮想事例 1 と同じですが，調査の結果明らかになった事実関係を踏まえ，保護処分（この場合，特に保護観察）に付す必要があるかどうかを判断するために，継続調査を行った事例です。

1. **面接の結果，明らかになった事実関係**

指定された日時に出頭したのは，少年と母だけで，父は仕事を理由に出頭しませんでした。ただし，こうした保護者は多く，それだけで問題だといえるわけではありませんが，父親の存在感の薄さが垣間見えた気がしました。

少年は，1 週間前に友人がジュースを万引きしたことに気づくと，面白がってその場にいた友達と一緒に回し飲みしました。その上，そのときに万引きした友人が「すげえなあ，お前。俺なんか無理だよ」などと賞賛されているのを羨ましく思い，本件までに，帰宅途中に自ら何度か同じコンビニエンスストアで人数分のジュースを万引きしては，友達に提供するようになりました。その理由について少年は，両親や先生に出来の良い兄と比較されていたが，万引きを成功させるたびに友達に賞賛されるのが嬉しかったと述べました。実際，本件時も，少年は，それまでの成功体験に気を良くして，周囲への警戒を怠ったまま万引きに及んだところ，店員に呼び止められたのです。

調査官は，同席していた母に，少年の説明に補足や修正がないかを確認しました。これに対して母は，少年が事件を起こす前に何度も万引きを繰り返していたことや兄と比較されて劣等感を抱いていたことは，初めて知ったと述べました。また，その他の内容は，本人が話したとおりで間違いないと思うと自信なさそうに答えました。調査官は，さらに，本件を受けて，保護者としてどのような対応をとったかを確認したところ，母は，少年が警察に捕まってさすがに懲りただろうと思ったので，少年と話し合うことなく，これまでどおりの生活を続けさせていたと答えました。そのため，家庭には本件後も明確なルールがないまま，少年は，これまでと同様，放課後になると，友達と集まって公園などで遊んだ後，夕食が始まる午後8時までに帰宅する生活を送っていました。さらに，被害弁償の状況を確認すると，母は，警察から何も指示されず，自分でも思い至らなかったため，今日まで何もしていなかったと申し訳なさそうに述べるとともに，すぐにでも謝罪や弁償に行きたいと希望しました。

2. 見立てと対応

調査官は，少年が兄に対する劣等感を抱いていることに気づいてもらえない中で，万引きを成功させて周囲の賞賛を得ることが快体験となり，短期間のうちに繰り返していたと理解しました。しかも，本件後の保護者の対応を見ても，生活態度や友達付き合い，兄との比較の問題など本件の原因と考えられるものがほとんど変わっていなかったことから，少年は，発覚していないだけで，本件後も万引きを続けている可能性があるのではないかと考えました。

その点について少年に確認すると，少年は，自分が警察に捕まったことを友達も知っていて，二度と事件を起こさないと約束し合ったので，友達と遊んでいても何も問題はないし，本件後に万引きもしていないと述べました。

調査官は，少年の言い分を受け止めた上で，今の生活で100％満足しているということかと問いかけました。すると少年は，さすがに高校ぐらいは卒業しないと仕事に就けないだろうから，そろそろ高校受験に向けて勉強しないといけないと思うと述べました。同席していた母に意見を求めると，少年がそんなことを考えているのを初めて知ったが，親としても同じ思いなので，できることは協力すると答えました。

そこで，調査官は，これまでの友達付き合いを今すぐに変える必要はないが，塾に通ったり自宅で学習したりする時間を確保するため，門限を定め，それまでに帰宅するよう助言しました。これに対して少年は，早めに帰宅すること自体は受け入れましたが，友達に何と言えばいいかわからないと心配していました。そこで，高校受験に向けて勉強したいと素直に言えばいいと助言しました。

以上を踏まえて，少年及び母と話し合った結果，少年と母は，次の4点を実行することを約束しました。

①被害者に謝罪と弁償をする。

②午後6時までに帰宅する。

③高校受験に向けた勉強方法を家族で話し合って決め，実行する。

④生活記録を毎日つける。

調査官は，これらの4点を「生活の心得」という書面にまとめ，裁判所に原本を保管して，少年と母に1部ずつコピーを渡しました。その上で，1カ月後に状況を確認するため，2度目の面接日を設定しました。

3. 継続調査

仮想事例1では，他の多くの在宅事件がそうであるように，調査官は1回限りの面接で判断し，意見を報告書にまとめましたが，仮想事例2では，調査の中で取り決めた家庭のルールや約束を少年が実際に守ることができるかどうかを確認するため，2回目の面接を設定しました。このような形の調査は，「**継続調査**」と呼ばれ，必要に応じて活用されています。

仮想事例2では，2回目の面接には少年と母だけでなく，父も出頭しました。父は，「これまで，少年の生活態度に問題意識を持っていましたが，子育てを母に任せきりにしてきた負い目や，夫婦げんかを避けたいという思いから，見て見ぬ振りをしてきました。しかし，母から「生活の心得」を見せられ，自分も少年に向き合わなければならないと思いました」と述べました。実際，両親は，まず夫婦で話し合った上で，少年と話合いの機会を持ち，1回目の調査から間もなく，謝罪と弁償を終えていました。

家族関係は，最初のうちはぎこちなかったといいます。それでも，父が毎日とはいかないものの，少年の門限に合わせて仕事を早めに切り上げて帰宅し，夕食の準備をしている母も交えて家族で何気ない会話を交わすようになると，少年のほうから自然と塾に行きたいと話すようになりました。そこで，父がインターネットなどで調べたいくつかの塾を週末に少年と一緒に巡り，少年の気に入った塾に通うことにしました。生活点検表を見ると，少年は，両親が自分のために時間を作り，関わろうとしてくれていることを実感している様子が見受けられました。

4. 調査官の意見

継続面接の結果，家庭内の雰囲気が変わり，少年が家庭で過ごす時間が増えていました。また，それに伴い，放課後の過ごし方にも肯定的な変化が認められました。ただし，こうした変化は，わずか1カ月の間に起こったことであり，それまでの14年間の慣れ親しんだ生活に逆戻りする可能性も否定できませんでした。そこで，調査官は，裁判官に対して，審判を開いて，その時点でも継続調査段階のような生活が維持されているのであれば，保護処分の必要はないものの，本件時のような生活に戻っている場合には，保護観察に付すことが相当との意見を提出しました。

BOX 8.2　継続調査

仮想事例2のような経過観察以外にも，例えば，訪問調査や心理テストを実施するために**継続調査**が行われています。

• 訪問調査

少年の自宅や学校，あるいは職場等を訪問し，少年の生活環境を調査することは大切な作業です。特に中学生の場合，一日の大半を過ごす中学校での生活状況や学校の先生の考えを確認しておくことは，社会内で生活させることが適当かどうかを判断するために重要です。

• 心理テストの活用

調査官は，調査の中で心理テストを活用することがあります。ケースに応じてロールシャッハテストやTAT等の投影法を使ったり，WISCやWAISなどの個別式知能検査を使用したりします。また，攻撃性を測定する質問紙を用いたり，面接の補助的な意味合いで家族画や樹木画を描いてもらったりすることもあります。

BOX 8.3　試験観察

第3章でも確認したとおり，裁判官が審判を開いた上で，最終処分を保留し，一定期間，調査官が少年に対する指導や援助を行いながら，経過を観察することを**試験観察**といいます。仮想事例2の中で紹介した「継続調査」も，調査官が経過を観察する点は同じですが，継続調査は調査官の判断で調査の一環として実施するのに対して，試験観察は裁判官の決定に基づいて実施する点が異なります。

試験観察でも，仮想事例2と同じように，ケースに応じて必要なルールや約束を定めた上で，1週間から1カ月に1回程度，裁判所に少年と保護者を呼んで調査官が生活状況を確認します。そして，その面接の中で継続的に必要な指導を行いながら，最終的な意見を決めることになります。試験観察が順調に経過して無事に終局する場合もありますが，中には再び事件を起こして保護観察に付されたり，少年院に送致されたりする少年もいます。

試験観察は，調査官の行う調査の一環として行われるものですが，数カ月間にわたって少年や保護者に様々な働きかけを行うという意味では，介入や処遇としての側面も併せ持っています。

BOX 8.4　被害者配慮

少年法は，少年の健全育成を最大の目的に掲げています。しかし，事件を起こす加害者（少年のことです）がいるということは，当然，被害者がいるということです。特に，女性や老人が狙われやすいひったくり，全治1カ月以上を必要とするような傷害事件，強制わいせつや強姦など，被害が重大な事件では，調査官が被害者と面接をしたり，照会書を送って手紙で回答をもらったりして，調査や審判の参考にしています。その場合，調査官が被害者に直接会って話を聞くのは，特に重大な被害を受けて相当な身体的，精神的被害を受けている方が中心になります。そのため調査官は，被害者との面接に当たっては，少なくとも調査官との面接が二次被害にならないように，日頃から文献学習をしたり，各種講習や研修を受けたりしているほか，複数の調査官で対応したりするなど最大限の配慮をしながら面接を行うように心がけています。

8.2 在宅事件における面接のポイント ——「家庭の機能」の視点から

ここまで，2つの仮想事例を読まれて，非行少年との面接がこんなに順調に進むはずがないと思われる方がいるかもしれません。確かに，実際の調査場面では，少年の口が重く，思ったように話を聞けなかったり，調査官に向かって悪態をついてくる少年がいたり，表面上は従順な態度を示していても，これまでの生活態度を変える気がないのが明らかだったり，なかなか一筋縄ではいかないこともあります。それでも，調査官は，少年が非行を犯したという事実に向き合い，二度と事件を起こさないと認められるように対応する必要があります。そのための具体的な技術や心構えについては，橋本（2011）に詳細にまとめられていますので，詳しくは同書を参照してください。本節では，「家庭の機能」という視点から調査における面接のポイントを2点に絞って解説します。

家庭の機能とは，少年が社会に巣立っていくために家族が果たすべき役割のことで，「関係性」と「しつけ」という2次元によってとらえられるものです（Henggeler et al., 1998；東京家庭裁判所，2008）。関係性の次元は，親和的機能や母性的養育と呼ばれ，「温かい—拒絶的」という両極から成ります。これに対して，しつけの次元は，教育的機能や父性的養育と呼ばれ，コントロールの高低によって把握されます（**表 8.1**）。

多くの場合，親和的機能を母親が，教育的機能を父親が果たすことが多いですが（そのため，それぞれ「母性的養育」「父性的養育」と呼ばれています），母性的な父親もいれば，その逆もあるように，果たすべき機能と性別は必ずしも一致しません。それどころか，離別や死別によって両親がそろっていない家庭であっても，1人の親が2つの役割を果たすことはできます。

家庭の機能は，これらの2つの次元を基に4つのタイプ——①毅然とした親（機能型），②甘い親（迎合型），③威圧的な親（統制型），④ネグレクト的な親（機能不全型）——に分類されます（**図 8.2**）。

理想的なのは，「毅然とした親（機能型）」です。このタイプは，家庭に求められる温かさと高いコントロールの双方をバランス良く備えています。具体的には，子どもの要望が理に適ったものであればそれに応じるとともに，子ども

表 8.1　**家庭の機能**（Henggeler et al., 1998；東京家庭裁判所, 2008 を基に作成）

機能	次元	特徴
親和的 母性的	温かい	親子が互いに満足できる情緒的な絆を提供し，好ましい気分をもたらす。受容的かつ養育的で，子どもとの交流に頻回に正の強化を行う。
	拒絶的	子どもが中立的もしくは良好な行動をしている場合にも，一貫して批判的であったり，過小評価をしたり，敵意ある反応を示したりする。
教育的 父性的	高いコントロール	対人関係を構築する上で重要な欲求不満に耐える力を獲得させる。子どもが社会的に容認される行動規範（攻撃性を回避する，他者と協調する，権威を敬う等）を身につけさせる。
	低いコントロール	子どもが家族に攻撃的に振る舞うことを許容したり，子どもの不合理な要求に常に屈したりする。これによって，親は，子どもに対して，仲間への攻撃的な行動や非協力的な行動を促すような社会規範を教えている。また，権威ある者を敬うことを教えなければ，子どもは権威を敬う気持ちを持たず，自分が大人と同じような権利と特権があると信じることになる。そうなると，教師はもとより，子ども集団の指導者，近隣住民，司法制度との関係で問題を生じさせる可能性がある。

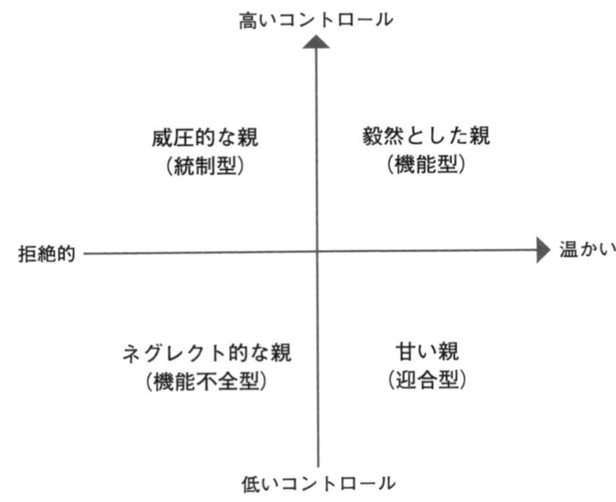

図 8.2　**家庭の機能の 4 つのタイプ**
（Henggeler et al., 1998；東京家庭裁判所, 2008 を基に作成）

の発達段階に見合った成熟した要求をします。また，子どもの学校での振る舞い，家事への参加，家族，仲間，家庭外の大人や権威ある人物（教師，親戚，近隣住民，コーチなど）との対人関係について明確な期待と規則を持っています。このようなタイプの家庭に育った子どもは，学業成績が良好で，年齢相応の責任感を持ち，仲間との関係も良好であるなど様々な好ましい結果を示すことが知られています。

ここまで，長々と家庭の果たすべき機能について説明してきたのは，これこそが在宅事件における2つの面接のポイントにつながるからです。1つ目のポイントは，家庭が非行の促進要因にも抑止要因にもなるため，自分が面接をしている家庭がどのタイプに当てはまるか（もっと正確に言えば，家庭の果たすべき機能のどこが強くて，どこが弱いか）を把握し，それに見合った働きかけをすることにあります。例えば，仮想事例1の家庭は，少年に対する温かさがあり，かつ，新たに門限を定めたり，自ら率先して謝罪や弁償をしたりするなど，教育的な機能も果たしていましたので，「毅然とした親（機能型）」と判断しました。

2つ目のポイントは，家裁の手続全体をとおして，家庭が果たすべき役割を強化したり，補ったりすることです。例えば，仮想事例2では，温かさはありながらも，父親の存在感が薄く，家庭の中に明確なルールがないなど，「甘い親」に近いと見立てました。そして，その視点から「生活の心得」を定めることで，家庭に不足している教育的機能を補いました（家族の機能と保護者への働きかけについての詳細は，嶋田（2016）を参照してください）。

今回取り上げた2つの仮想事例には見られませんでしたが，しつけが厳しく，温かさが乏しい家庭で養育されている少年の場合には，少年が心の中に溜め込んでいて吐き出すことのできないネガティブな感情を受容的，共感的に受け止めることを優先するかもしれません。

このように，調査官は，担当している事案の要請に応じて，母性的機能と父性的機能を使い分けているのです。ただし，先ほど「家庭裁判所の手続全体をとおして」と述べたとおり，それは，調査官だけでなく，審判において裁判官も果たしています。そして，それこそが受容や共感に加え，特に非行少年との面接に要求される態度や技法だと考えられます。

復 習 問 題

1. 家裁で行われている教育措置（保護的措置）について間違っているのはどれでしょうか。

①家裁の調査や審判において，再非行防止に役立つような教育的働きかけを行うことを教育的措置または保護的措置という。

②調査や審判における指導・助言を基本にしながら，ケースに応じて，参加型・体験型の教育的措置も行われている。

③家裁の終局決定のうち，半数以上が教育的措置を実施したことなどを理由に保護処分が不要と判断されている。

④非行少年は，教育的措置を受ければ，再非行をすることはない。

2. 試験観察について，間違っているのはどれでしょうか。

①裁判官が審判を開いた上で，最終処分を保留し，一定期間，調査官が少年に対する指導や援助を行いながら，経過を観察することを試験観察という。

②継続調査も試験観察も，調査官が経過を観察するので，調査官の判断で実施することができる。

③試験観察では，ケースに応じて必要なルールや約束を定めた上で，1週間から1カ月に1回程度，裁判所に少年と保護者を呼んで調査官が生活状況を確認しながら必要な指導や助言をしていく。

④試験観察が順調に経過して無事に終局する場合もあるが，中には再び事件を起こして保護観察に付されたり，少年院に送致されたりする少年もいる。

3. 非行と家族について間違っているのはどれでしょうか。

①家族は，非行を促進する要因にも抑止する要因にもなり得る。

②家庭の果たすべき機能には，教育的機能（子どもをしつけ，教育する働き）と親和的機能（親子の関係性を好ましいものに維持しておく働き）の2種類があるといわれている。

③調査官は，ケースに応じて親和的機能と教育的機能を使い分けている。

④子どもが非行を犯すのは，親が子どもを甘やかしているからだ。

参 考 図 書

廣井 亮一（2001）．非行少年——家裁調査官のケースファイル——　宝島社

本書は「家庭裁判所における少年事件の実際について，家裁調査官と非行少年たちとのかかわりを基にした事例やエピソードを中心に記述したもの」（p.220）です。著者は，元調査官で，「システム論」という視点からケースを理解し，関与しています。「そんなにうまくいくものか？」と思うような事例もありますが，非行少年に対する調査官の関わり方や仕事の内容を具体的に知ることができます。

橋本 和明（2011）．非行臨床の技術——実践としての面接・ケース理解・報告——　金剛出版

著者は，元調査官で，23年間の調査官人生で培われた「非行臨床ならではの技術」（p.006）を余すところなく説明しています。巻末には，「プロセスレコード」（担当したケースについての事件受理から終局までの調査官の関わりの経過をまとめたもの）が資料として掲載されており，調査官の調査活動をより詳しく具体的に理解できます。

大河原 美以（2004）．怒りをコントロールできない子の理解と援助——教師と親のかかわり——　金子書房

著者は，児童福祉施設や精神科思春期外来等の非常勤相談員，東京学芸大学教授を経て，現在は心理療法研究室を開設しています。本書は，怒りという否定的感情がいかに重要なもので，教師や保護者がどのような対処すればよいかを説明しています。本書で取り上げられている子どもは小学生ですが，非行少年に関わる際にも不可欠な視点が提供されています。

9 少年鑑別所・少年院での処遇

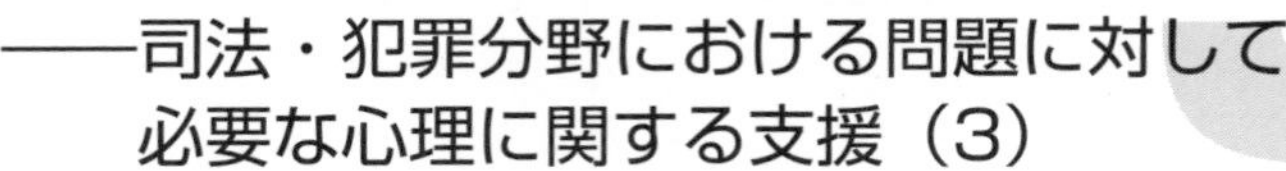
——司法・犯罪分野における問題に対して必要な心理に関する支援（3）

非行やぐ犯等の事由で逮捕・保護された少年は，第３章に書かれているような未成年者独自の司法手続で対応されます。その中でも，事案が重大な場合や資質面の問題が大きい少年の場合は，家庭裁判所によって観護措置がとられて審判まで少年鑑別所に収容されることや，家庭裁判所の審判において少年院送致決定に付されることがあります。少年鑑別所と少年院における非行少年に対する処遇・支援の概要は第５章に記されているとおりですが，本章では，なぜ少年は成人とは扱いが異なるのかという観点から，少年矯正の基本的な考え方を確認した上で，少年鑑別所と少年院の機能や処遇・支援について具体的に見ていきます。

9.1 少年司法制度の基本思想 ——なぜ成人とは扱いが異なるのか

テレビやインターネットを見ると，少年非行に関するニュースがたくさん流れています。こうしたニュースを見聞きして，皆さんは何を思うでしょうか。公共の安全という観点で見ると，少年非行は「社会の秩序を乱し他者の権利を害する行為」（吉村・森，2013）に他なりません。被害者から見れば，少年非行は加害行為であり，厳罰を望む意見が出るのも無理はありません。

一方，福祉という観点で見ると，少年非行は，「資質面や環境面で何らかの問題を抱えている少年たちが，うまく社会に適応できないゆえに起こしている不適応行動」（吉村・森，2013）ととらえることができます。実際，非行少年の中には，貧困や虐待，複雑な家族関係など環境面の問題に苦しんでいる者が少なくありません。十分な愛情や教育を受けられなかったり，生まれ持った特性に対するケアが十分になされなかったりして，困難な状況に置かれ続けた結果，問題行動に及ぶようになった少年もいます。このように，必要な保護や教育が受けられず，生きづらさを抱える少年が，非行という形でSOSを出しているのだとしたら，成長の可能性が残されている少年であるうちに，国が親代わりになって，本来受けるべき保護や教育の機会を与え，資質や環境の問題を解消し，うまく社会に適応できるように方向づけ，再非行の防止を目指そうというのが福祉的な観点であり，**国親思想**に由来する**保護主義**[1]という考え方です。この考え方に基づいて，少年の司法・矯正制度は作られています。

9.2 少年鑑別所とは

少年鑑別所は，家庭裁判所で観護措置などをとられた少年を収容して**観護処遇**を行い，審判の資料とするための**鑑別**と呼ばれるアセスメントを行う施設です。地域援助という非行及び犯罪の防止に関する援助を行うことも，少年鑑別所の役割として少年鑑別所法で定められています[2]。少年鑑別所は，各都道府県の県庁所在地など，全国52カ所（分所1カ所を含む）にあります。

9.2.1 少年鑑別所のユニークさ

犯罪に対する刑罰の決定を目的とする成人事件の裁判の手続の中には，情状鑑定や精神鑑定が個別的に実施される場合を除いて，犯罪の原因を探るという過程は含まれません。一方，少年の審判は，少年が立ち直り，健全に成長していくために必要な処分を決めることを目的としており，その目的を果たすため

[1] 少年法の基本理念の一つ。国が，保護に欠ける児童等に対して，本人の健全育成のために親の代わりに補充的・後見的に介入するという思想。

[2] 少年鑑別所法第3条 少年鑑別所は，次に掲げる事務を行う施設とする。
一 鑑別対象者の鑑別を行うこと。
二 観護の措置が執られて少年鑑別所に収容される者その他法令の規定により少年鑑別所に収容すべきこととされる者及び収容することができることとされる者を収容し，これらの者に対し必要な観護処遇を行うこと。
三 この法律の定めるところにより，非行及び犯罪の防止に関する援助を行うこと。

に，少年の能力や性格，心身の状態，非行性，生活環境に関する問題点を明らかにすることが求められます。少年鑑別所は，非行少年の中でも特に問題性が大きい少年を収容し，鑑別することに特化しており，少年司法ならではの施設といえます。

審判前の未決の少年に対して観護処遇を行っているという点も，少年鑑別所のユニークなところです。平成元（1989）年に国連で採択された**児童の権利に関する条約**にあるように，少年には基本的人権が尊重され，適切に保護され，教育を受ける権利があります。少年鑑別所は未決の少年を収容する施設であり，改善更生を目的とした各種指導を行う処遇施設ではありませんが，上述した少年の権利を守るために，少年鑑別所では，被収容少年に健全育成に資する観護処遇を行っています。具体的には，観護処遇として，健全な社会生活を営むために必要とされる基本的な生活習慣等を身につけられるよう助言・指導を行っているほか，情操を豊かにし，健全な社会生活で必要とされる知識を身につけられるよう，読書や講話，季節の行事等の機会を設け，学習を支援しています。

また，少年院や刑務所などの矯正施設は，塀の中の閉ざされた空間で裁判所の決定によって収容された限られた者を処遇する施設ですが，少年鑑別所は，地域援助という業務によって，地域社会の中で困っている方に広く心理的援助をしているという点でも，ユニークな施設です。

このように，少年鑑別所はいろいろな意味でユニークな存在なのですが，残念ながらこのことは世間一般にはあまり知られていません。次の項からは，少年鑑別所の主要業務である鑑別，観護処遇，地域援助について見ていくことにしましょう。

9.2.2　鑑別とは

鑑別とは，医学，心理学，教育学，社会学などの専門的知識や技術に基づいて，非行少年をはじめとする鑑別対象者の資質及び環境の問題を明らかにし，その問題を改善し，再非行の防止を図るための適切な指針を示すことを指します[3]。鑑別には，以下の種類があります。

[3] 少年鑑別所法第16条　鑑別対象者の鑑別においては，医学，心理学，教育学，社

1. 収容審判鑑別

少年鑑別所に収容された少年に対して審判のための鑑別を行うことを，**収容審判鑑別**といいます。たいていの場合，審判期日までの通常4週間程度の間に収容審判鑑別を行います。

少年鑑別所では，鑑別担当者に指名された心理職（**心理技官**）が，行動観察を担当する法務教官（**観護教官**），心身の状況を調べる医務課職員と連携しながら収容審判鑑別を行います。少年鑑別所に入所してから審判までの収容審判鑑別の流れは図9.1のとおりです。

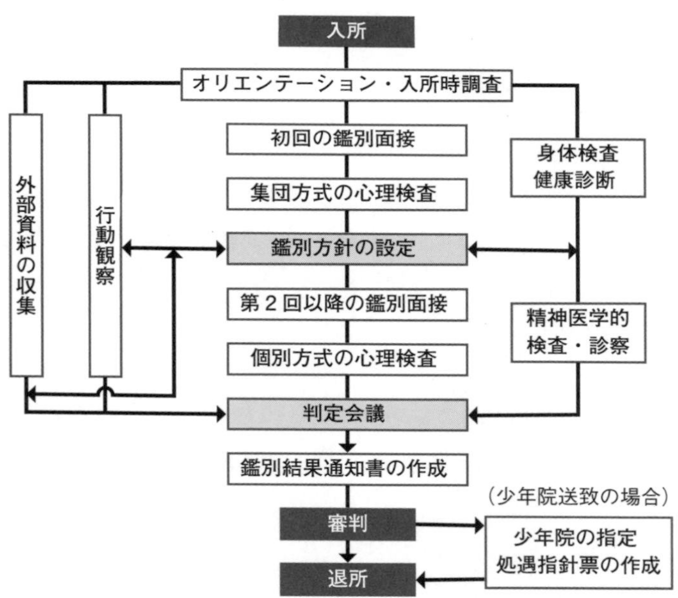

図9.1　収容審判鑑別の流れ（法務省ホームページの図を一部改変）

会学その他の専門的知識及び技術に基づき，鑑別対象者について，その非行又は犯罪に影響を及ぼした資質上及び環境上問題となる事情を明らかにした上，その事情の改善に寄与するため，その者の処遇に資する適切な指針を示すものとする。

少年鑑別所に入所後，数日以内に初回面接と集団方式の心理検査が行われます。そして，行動観察も参考にしながら，どのように鑑別を行うかという方針が決定され，この鑑別方針に基づいて，その後の鑑別面接や個別方式の心理検査が実施されます。発達障害や精神障害，身体的な問題が疑われる場合は，医師による診察も行われます。生活場面や保護者などとの面会場面の行動観察，日記や課題作文等における記述内容，家族画などの作品，家庭裁判所から提供される情報などは，少年を多面的に理解するための資料として鑑別や医師の診断に活用されます。

以上の重層的・多角的なアセスメントの結果は，少年鑑別所長が主催する**判定会議**において，少年の資質面・環境面の問題点や，非行の進み具合，保護の必要性など，少年の改善更生に必要な事項を検討する際に活用されます。そして，判定会議の内容は，立ち直りのための具体的な処遇指針を含む**鑑別結果通知書**としてまとめられ，家庭裁判所に提出されます。

2. 指定鑑別

審判で少年院送致決定に付された少年には，その能力や性格，非行の進み具合などに応じた少年院を決めるために，**指定鑑別**が実施されます。指定鑑別の結果に基づいて作成された処遇指針票は，送致先の少年院に引き継がれ，在院中の処遇に活用されます。

なお，保護観察に付された少年の場合は，鑑別結果通知書などの資料が保護観察所に送付され，処遇の参考にされます。

3. その他の鑑別

少年鑑別所に収容されずに審判を受ける少年に対しては，在宅審判鑑別と呼ばれる鑑別が実施されることがあります。また，少年院に送致された少年に対しては，処遇効果の検証や処遇指針の策定などを目的とした処遇鑑別が行われます。刑事施設，保護観察所，児童自立支援施設などの依頼に応じて，面接・調査，心理検査などが実施されることもあります。

9.2.3 鑑別を支える心理学的技法

鑑別では，少年の資質を適切にアセスメントするために心理学の知識やスキルが数多く用いられています。ここでは，面接，心理検査，ケースの見立てを例に挙げて，鑑別の着眼点や留意点を紹介します。

1. 面　　接

面接は，鑑別の中で最も頻繁に用いられる技法です。面接室の中，少年と机を挟んで向かい合って座り，カウンセリングと同様に，少年に寄り添う傾聴の姿勢を示しながら，生育歴においていつ，どこで，何があったかという事実や，それぞれの状況で少年が何を感じ，何を考えたかという主観的な体験など，鑑別に必要な情報を幅広く聴取します。そして，少年の臨床像を形作り，非行に関連する資質と環境の問題点を浮き彫りにするために，面接を通して何度も，少年の特性や非行に至った原因に関する見立てを検証・修正します。中には，強がってぶっきら棒な態度を示す少年や，多くを語らず塞ぎ込む少年もいますが，たいていの場合は，面接者と関係を築く中で本音を語り始めます。また，仮に，少年が本音を語らなくても，面接中の態度や表情，声の調子などの非言語的な情報から，少年の本音を察することや少年らしさを理解することはできることから，心理職は，無理に情報や語りを引き出そうとはせず，少年の主体性やありのままの姿を尊重することに努めます。

とはいえ，少年が面接で語る情報は主観的事実にすぎません。鑑別の目的は，鑑別対象者の資質及び環境の問題を明らかにし，その問題を改善し，再非行の防止を図るための適切な指針を示すことであり，そのためには，何が本人の主観的事実で，何が誰が見ても明らかな客観的事実なのかを区別し，両者間のズレを生じさせるものが何かをとらえることが欠かせません。このように心理職は，俯瞰的な視点を持ちながら面接することによって，少年の心情に寄り添いながらも，少年が発する言葉を額面どおりに受け止めることなく，その言葉を発したくなる心性や背景などにも目を向けようとします。それは，本人の本質的な問題やその解決に向けた糸口をつかむための核心的な質問等をすることに役立ちます。

2. 心理検査

少年鑑別所では，少年の能力や特性を客観的かつ多面的にとらえるために，集団方式の心理検査と個別方式の**心理検査**を行います。入所後すぐに実施される集団方式の心理検査は，鑑別対象者全員に実施されるもので，知能検査，性格検査，態度検査，発達障害のスクリーニング検査などで構成されています。

個別方式の心理検査は，集団方式の心理検査の結果や面接，行動観察などを踏まえて，必要に応じて実施されます。例えば，WISC-Ⅳ や WAIS-Ⅳ，KABC-Ⅱ などの知能検査では，パズルやクイズ形式の課題を通して，言葉や動作を操る力の得意・不得意を調べます。ロールシャッハテストや TAT などの投映法であれば，絵が描かれたカードを見せ，その絵について教示に沿って自由に説明してもらうことを通して，少年のもののとらえ方や心の状態などを探ります。他に，描画法（紙に絵を描く形式の心理検査）であればバウム・テストなど，質問紙検査（アンケート形式の心理検査）であれば東大式エゴグラムなどが，少年鑑別所でよく実施されています。画面に映し出される映像を見ながら自動車のハンドルを操作してもらうことによって，運転適性を調べる運転適性検査（CTR）が実施される場合もあります。

さらに，平成 25（2013）年からは，**法務省式ケースアセスメントツール（MJCA）**が鑑別対象者全員に対して実施されています。MJCA は，全国の少年鑑別所に入所した約 6,000 人の少年の追跡調査から得られたデータに基づいて開発された，少年の再非行の可能性や教育上の必要性を把握するためのツールで，心理職によって評定されます。MJCA は，面接や行動観察などから得られた臨床的な情報を実証的な根拠に基づいて整理し，少年の問題の的確な把握に役立つことから，精度の高い鑑別を行う上で欠かせません。

3. ケースの見立て

見立ては，カウンセリングなどで使われる用語ですが，鑑別においては，収集した情報から少年の臨床像を形作り，非行に関連する資質と環境の問題点についての仮説を立て，処遇の見通しを持つ作業を指します。

鑑別では，臨床心理学を中心に，発達や社会心理などの心理学的知識に基づいて情報を収集し，見立てを行っていきます。しかし，少年鑑別所には，精神障害，発達障害，自傷，ひきこもり，虐待や犯罪などの被害体験，生活保護，外国籍など，多岐にわたる特性を持つ少年が入所するため，適切な見立てを行うためには，心理学だけでなく，法律・医療・福祉・教育から，非行の手口，不良文化に至るまで多領域にわたる幅広い知識が必要になります。

また，面接の部分で述べたように，少年が語る主観的事実と誰が見ても明らかな客観的事実を区別し，両者のズレが生じる原因を探ることも適切な見立てを行う上で重要です。鑑別の中で収集した情報の中に見立てに反する情報があった場合には，情報が一致しない理由を検討して見立てを修正します。鑑別において適切な見立てを行うため，心理職自身，自己を客体化し，公平中立な立場であることを常に自覚し，多種多様な情報を第三者の視点からバランス良く俯瞰的にとらえることを心がける必要があります。

9.2.4　鑑別を支える収容機能と観護処遇

1.　少年鑑別所の収容機能と観護処遇

少年鑑別所と聞くと，ドラマや映画で見られるような，暗く，閉ざされた施設というイメージを持つ方が多いかもしれません。しかし，実際の少年鑑別所では，収容されている少年が安心して審判を迎えられるように，明るく静かな環境の中で，栄養バランスのとれた食事が提供され，十分な運動の機会が設けられるなど，少年が規則正しい健康的な生活を送ることができるよう配慮されています。また，健全な育成のために，学習教室が開かれたり，学習図書を含む様々な種類の図書が貸出されたりしており，少年鑑別所で初めて学ぶ喜びや活字に触れる楽しさを経験したという少年もいます。保護者や学校の先生などとの面会や通信（手紙のやりとり）を通して，親の大切さを実感したり，学校の先生などに感謝の気持ちを抱いたりすることもあれば，親と言い合いになるなど，うまくいかない経験をすることもありますが，いずれの場合も，観護教官や心理技官のフォローによって，自分を振り返る機会になるよう方向づけられます。こうした収容に伴う適切な観護処遇があり，少年が心穏やかに生活できるようにすることによってこそ，適切な鑑別が可能になります。

2.　少年鑑別所収容に伴う副次的な効果

少年鑑別所は審判を控えたいわゆる未決の少年を収容し，鑑別するための施設なので，改善更生のための働きかけは行いません。しかし，少年鑑別所において，規則正しい健康的な生活を送り，鑑別の過程で自分について振り返り，観護処遇を通して健全な価値観に触れることなどによって，行動や態度を変化させる少年は少なくありません。実際，少年鑑別所に入所した直後と退所する直前の少年の行動や態度を比較した研究によると，在所中，少年鑑別所の生活に適応するための行動だけでなく，「自分の悪いところを認めること」「家族に自分の本音を伝えること」「現在の自分について考えること」などの自発的・内省的な行動が顕著に増え，また，ありのままの自分を受容し，目標を実現しようとする態度や，家族に対する親和的な態度が強まっていました（大江，2011）。

9.2.5　地 域 援 助

少年鑑別所では，以前から収容審判鑑別に支障のない範囲で，一般人や他の機関などからの依頼により，非行やその周辺の問題行動に対する鑑別や心理相談を行ってきました。平成 27（2015）年 6 月に少年鑑別所法が施行され，一般人からの心理相談などが**地域援助業務**として本来業務に位置づけられてからは，法務少年支援センターとして，地域社会の中で非行や発達上の問題などを抱える者に対するアセスメントや助言を積極的に行っています。

地域援助業務の中では，児童福祉機関や教育機関などと連携しながら，地域社会における非行・犯罪の防止や，健全育成に資する活動なども行っています。これらの業務は，非行や犯罪などに関する知識や鑑別のノウハウを，地域社会における非行少年や犯罪者に対する指導や介入に生かす取組みです。

9.3　少年院とは

少年院は，家庭裁判所において少年院送致決定が下された少年に対し，その特性に応じた適切な矯正教育，その他の在院者の健全な育成に資する処遇を行うことにより，改善更生及び円滑な社会復帰を図ることを目的とする法務省管轄の施設です。

平成 27（2015）年に施行された新たな少年院法の下，少年は，年齢や心身の状況によって，第 1 種少年院（旧法の初等少年院・中等少年院に相当），第

2種少年院（旧法の特別少年院に相当），第3種少年院（旧法の医療少年院に相当），第4種少年院（受刑在院者を収容する少年院），第5種少年院（満18歳以上20歳未満の特定少年が対象）のいずれかに送致され，個々の特性に最も適した矯正教育課程に編入されます（詳細は**表9.1**を参照）。さらに，少年一人ひとりの矯正教育の目標，内容，実施方法，期間などを定めた個人別矯正教育計画が策定され，矯正教育や社会復帰に向けた支援等が行われます（5.3.1項，5.3.2項参照）。

9.3.1　少年院のユニークさ

少年院も刑務所も，裁判所の決定の下，収容者は身柄を拘束され，厳しい規則に従って生活するという点は変わりません。しかし，刑罰を執行することを目的に，看守とそれ以外の職員の役割が明確に分担されている刑務所と違って，改善更生と社会復帰を目的とする少年院は，学校のような雰囲気の下，教官という教育の専門家によって24時間体制で生活指導が行われているという点が特色です。教官が指導だけでなく，衣食住の世話までするからこそ，親身できめ細やかな指導が可能になります。

また，少年院では，個々の少年の問題性に応じたきめ細やかな矯正教育が行われていることもユニークな点です。少年院に送致される少年には，知的障害や精神障害，被虐待経験を含む多様な問題を抱えた者が多く，少年の立ち直りや健全な成長を目指すためには，こうした多様な問題に介入することが不可欠です。

ここからは，少年院における矯正教育を具体的に見てみましょう。

9.3.2　矯正教育の種類

少年院の矯正教育として，生活指導，職業指導，教科指導，体育指導，特別活動指導の5分野の指導が行われています。

1. 生活指導

生活指導は，善良な社会人として自立した生活を営むための知識・生活態度を習得できるような指導です。

表 9.1　少年院の矯正教育課程の種類（『平成 30 年版犯罪白書』を一部改変）

少年院の種類	矯正教育課程	符号	在院者の類型	矯正教育の重点的な内容	標準的な期間
第 1 種	短期義務教育課程	SE	原則として 14 歳以上で義務教育を終了しない者のうち，その者の持つ問題性が単純又は比較的軽く，早期改善の可能性が大きい者	中学校の学習指導要領に準拠した，短期間の集中した教科指導	6 月以内
	義務教育課程Ⅰ	E1	義務教育を終了しない者のうち，12 歳に達する日以後の最初の 3 月 31 日までの間にある者	小学校の学習指導要領に準拠した教科指導	2 年以内
	義務教育課程Ⅱ	E2	義務教育を終了しない者のうち，12 歳に達する日以後の最初の 3 月 31 日が終了した者	中学校の学習指導要領に準拠した教科指導	
	短期社会適応課程	SA	義務教育を終了した者のうち，その者の持つ問題性が単純又は比較的軽く，早期改善の可能性が大きい者	出院後の生活設計を明確化するための，短期間の集中した各種の指導	6 月以内
	社会適応課程Ⅰ	A1	義務教育を終了した者のうち，就労上，就学上，生活環境の調整等，社会適応上の問題がある者であって，他の課程の類型には該当しない者	社会適応を円滑に進めるための各種の指導	2 年以内
	社会適応課程Ⅱ	A2	義務教育を終了した者のうち，反社会的な価値観・行動傾向，自己統制力の低さ，認知の偏り等，資質上特に問題となる事情を改善する必要がある者	自己統制力を高め，健全な価値観を養い，堅実に生活する習慣を身に付けるための各種の指導	
	社会適応課程Ⅲ	A3	外国人等で，日本人と異なる処遇上の配慮を要する者	日本の文化，生活習慣等の理解を深めるとともに，健全な社会人として必要な意識，態度を養うための各種指導	
	支援教育課程Ⅰ	N1	知的障害又はその疑いのある者及びこれに準じた者で処遇上の配慮を要する者	社会生活に必要となる基本的な生活習慣・生活技術を身に付けるための各種の指導	
	支援教育課程Ⅱ	N2	情緒障害若しくは発達障害又はこれらの疑いのある者及びこれに準じた者で処遇上の配慮を要する者	障害等その特性に応じた，社会生活に適応する生活態度・対人関係を身に付けるための各種の指導	
	支援教育課程Ⅲ	N3	義務教育を終了した者のうち，知的能力の制約，対人関係の持ち方の稚拙さ，非社会的行動傾向等に応じた配慮を要する者	対人関係技能を養い，適応的に生活する習慣を身に付けるための各種の指導	
第 2 種	社会適応課程Ⅳ	A4	特に再非行防止に焦点をあてた指導及び心身の訓練を必要とする者	健全な価値観を養い，堅実に生活する習慣を身に付けるための各種指導	
	社会適応課程Ⅴ	A5	外国人等で，日本人と異なる処遇上の配慮を要する者	日本の文化，生活習慣等の理解を深めるとともに，健全な社会人として必要な意識，態度を養うための各種指導	
	支援教育課程Ⅳ	N4	知的障害又はその疑いのある者及びこれに準じた者で処遇上の配慮を要する者	社会生活に必要となる基本的な生活習慣・生活技術を身に付けるための各種の指導	
	支援教育課程Ⅴ	N5	情緒障害若しくは発達障害又はこれらの疑いのある者及びこれに準じた者で処遇上の配慮を要する者	障害等その特性に応じた，社会生活に適応する生活態度・対人関係を身に付けるための各種の指導	
第 3 種	医療措置課程	D	身体疾患，身体障害，精神疾患又は精神障害を有する者	心身の疾患，障害に応じた各種の指導	
第 4 種	受刑在院者	J	受刑在院者	個別的事情を特に考慮した各種の指導	—

※令和 3（2021）年の法改正によって，満 18 歳以上 20 歳未満の特定少年が対象となる第 5 種少年院が加えられました（p.95 参照）。

また，在院者の抱える特定の事情の改善に資するために，6種類の特定生活指導が実施されています（①被害者の視点を取り入れた教育，②薬物非行防止指導，③性非行防止指導，④暴力防止指導，⑤家族関係指導，⑥交友関係指導）。このうち，薬物非行防止指導及び性非行防止指導については，重点指導施設を指定し，指導の充実を図っています。これらの施設では，他の少年院からも対象者を受け入れるなどして，グループワークによる重点的かつ集中的な指導が実施されています。

2. 職業指導

在院者には，仕事を長く続けられず不安定な生活を送っていた者が多いことから，勤労意欲を高め，職業上有益な知識・技能を身につけさせることを目的とした**職業指導**を行っています。溶接や情報処理などの資格取得を目指したり，職業生活設計指導によって出院後の就労生活について具体的な計画を立てたりします。その実施種目として，電気工事科，自動車整備科，給排水設備科，情報処理科，介護福祉科，溶接科，土木・建築科，クリーニング科，農園芸科，伝統工芸科，手芸科，陶芸科，木工科等があります。

3. 教科指導

少年院では**教科指導**として，在院する小学生や中学生に対して義務教育に当たる学習指導を行っているほか，義務教育を修了した者には基礎学力の向上を図るための学習の機会を設けています。また，高等学校進学希望者には高等学校卒業程度認定試験に関する指導を行い，同試験を受験する機会を与えています。

4. 体育指導

自立した社会生活を営むための健全な心身を育て，遵法の精神や協調性を育むことを目的として**体育指導**を行っています。体育指導では，筋力トレーニングやマラソンなどの基礎体力を育む運動のほか，球技や水泳など様々な運動に取り組みます。年に数回，運動会やサッカー大会などの体育行事も行われています。

5. 特別活動指導

特別活動指導とは，社会貢献活動，野外活動，音楽などを通して，情操を豊かにし，自主性，自律性，協調性を育てるための指導です。社会貢献活動には，地域の公園等の清掃，老人ホームなどにおける介護体験などが含まれます。

9.3.3　社会復帰支援

少年院在院者の中には，出所後に自立した生活を行うことが難しい者が少なくありません。少年院では，在院者の円滑な社会復帰を図るため，様々な関係機関と連携しながら，在院者の帰住先や就労先，就学先を確保するなどの**社会復帰支援**を行っています。

1. 就 労 支 援

キャリアカウンセリング等を通して，就労意欲を喚起し，就労に関する具体的なイメージを持たせるほか，厚生労働省と連携し，刑務所出所者等総合的就労支援対策の一環として，ハローワークの職員による職業相談等を行って，出院後の就労先を確保できるよう支援しています。

2. 医療・福祉機関との連携

障害等により自立が困難な者については，医療・福祉機関との連携の上，帰住先を確保し，円滑に医療・福祉サービスにつなげられるよう支援する特別調整を行っています。特に，社会復帰や地域への定着に困難があって再犯することのないよう，平成 21（2009）年に厚生労働省と法務省の連携の下「矯正施設出所者の地域生活定着支援促進事業」が創設され，各都道府県に「地域生活支援センター」が設置されて，保護観察所やその他関連機関と連携しながら，精神障害者や知的障害者などの福祉的支援が必要な者が，出院後に地域社会の中で円滑に福祉サービスを受けられるよう支援体制が強化されています。

3. 出院者等からの相談

出院後の進路，交友関係などについて悩みがある出院者やその保護者等からの相談に応じています。

9.3.4　発達上の問題を抱えた在院者に対する教育と社会復帰支援

全在院者を対象とする個々の特性に応じた処遇体制に加えて，少年院では，発達上の問題を抱えた在院者に対する教育と支援の拡充が進められています。

知的障害や発達障害などを有していたり，情緒的に未成熟だったりする在院者に対して専門的な教育を行うことを目的として，昭和52（1977）年に特殊教育課程が設けられました。そして，特殊教育課程は，平成27（2015）年6月から，少年院法の改正に合わせて，知的能力の制約や情緒的な未熟さなどを背景に処遇上の配慮を要する者を対象とした複数の**支援教育課程**となり，在院者の多様なニーズに合わせた矯正教育を一層行いやすい体制になりました。さらに，発達障害のある者を含め，自立した生活を営む上で困難のある在院者に対して，適切な場所に帰住し，医療及び療養を受け，就学・就労ができるよう支援することを目的として，医療措置課程や支援教育課程を付設した少年院を中心に社会福祉士や精神保健福祉士が平成21（2009）年から配置されています。

以上のような少年院独自の取組みに加えて，平成27（2015）年4月13日付法務省矯正局少年矯正課，文部科学省初等中等教育局特別支援教育課，厚生労働省社会・擁護局生涯保健福祉部障害福祉課の連名事務連絡「少年院法の制定による在院する障害児等に対する連携の一層の推進について」を根拠に，障害を抱えた少年院在院者に対して矯正，教育，福祉が連携し，入院時から出院後まで継続的に情報を共有し，支援することが推進されるようになっています。

9.4 仮想事例

非行に及んで警察に逮捕された後，少年鑑別所に収容され，少年院に送致されて出院するまで，どのような経過をたどるのか，具体的なイメージをつかむために，以下に仮想事例を見ていきましょう。

16歳男子少年。幼少期に両親が離婚し，母親一人に育てられたが，仕事で忙しい母親と関わる時間が少なく，いつも姉と2人で，家で留守番をして寂しい思いをしていた。母親の苦労を知っているので，母親には迷惑をかけまいとしていじめの被害に遭っても相談等はしなかった。一方，母親の目が行き届かない時間が長かったことから，寂しさや不満などを紛らわせるために，小学生の頃から年長の友人と遊び，一緒になって様々ないたずらに及んでいた。学年が上がり，年長の友人が不良化するに伴って，同調的に万引きやバイクの無免許運転などの非行に及ぶようになった。それで健全な友人が離れていくにつれ，一層不良仲間との関係を深め，暴力的な非行に及ぶようにもなった。

15歳時に恐喝の非行事案で家庭裁判所に係属し，観護措置をとられて少年鑑別所に入所した。少年は，初めての少年鑑別所に最初は緊張したが，少年鑑別所の職員や家庭裁判所の調査官が熱心に関わってくれることに安心し，面接や心理検査を通してこれまでの自分を振り返り，自分の今後について少しずつ考えるようになった。面会に来た母親が悲しそうな顔をしているのを見て申し訳なく感じ，非行から足を洗う決意を固めた。審判の当日，少年鑑別所を退所し，審判に臨んで，保護観察処分を言い渡された。

保護観察期間の最初は，ちゃんとした生活を送ろうと思い，中学校に通い，年長の不良仲間と遊ばないようにしていた。しかし，中学校卒業が近づき，自分がどれほど頑張っても希望する高校に行ける学力が身につかず，さらに，受験勉強に励むクラスの他の生徒を見ると焦りや疎外感を感じて，頑張る意欲を失い，再び不良仲間と遊ぶようになった。また，自分が再び不良仲間と遊んでいることに母親が激高し，けんかが増えたことによって，家庭に一層居場所を感じられなくなった。次第に中学校に登校しなくなり，卒業後，とび職に就いたもののすぐに辞めて昼夜問わず遊び歩く生活に陥り，そうした中で，母親とのささいな言い争いを機に家出をし，年長の不良仲間の家に居候しながら無職徒遊を続け，現実逃避を求めて大麻を使用するようになった。そのうち，金に困るようになり，年長の不良者に誘われてひったくりを繰り返すようにもなった。ある日，ひったくりの被害者を引きずってけがを負わせた強盗致傷の非行事実で警察に逮捕され，16歳時に観護措置をとられて2度目の少年鑑別所に入所した。審判では第1種少年院送致処分になり，少年鑑別所で数日待機して指定鑑別を受けた上で，第1種少年院に送致された。審判で母親が泣く姿を初めて見て心が痛んだが，それ以上に少年院がどのようなところかわからない不安でいっぱいだった。

少年院に入院後，数週間の考査期間があり，その中で少年院の規則や所作を覚えたり，職員が作成した個人別矯正教育計画に記載された矯正教育の目標を覚えたりして，少年院の生活に徐々に慣れていった。自分の矯正教育の目標には，本件非行と薬物乱用につながる自分の問題性を認識し，改善することや，他者の言動やその場の感情に流されず，将来の目標を見つけて地道な努力を続けること，母親との関係を修復することなどが記載されていたが，腑に落ちない目標もあったので，この段階では矯正教育の目標をさほど重要だと思わなかった。少年院は学校のような雰囲気で，先生は一見厳しいけれど，その言動からは，自分たちのことを親身に考えてくれていることが感じられた。

集団寮に移動した後，様々な教育や訓練を受けた。最初のうちは体育指導の筋力トレーニングがつらくて仕方がなかったが，腕立て伏せの達成回数が増えるにつれ前向きに取り組めるようになった。教科指導を通して勉強した分だけ学力が身につくことを実感し，出院後に高校に進学するという選択肢について考えるようになった。また，職業指導ではガス溶接の訓練を受け，夏に溶接作業を行う過酷さを体験して初めて自分の仕事に対する考え方の甘さに気づいたほか，ガス溶接の試験に合格して資格を取得できたときは，これまでの努力が報われた気がして嬉しかった。集団寮の他の在院者との対人トラブルがあったり，資格試験に思うように受からなかったりして，いら立ったり落ち込んだりすることがたびたびあったが，教官に励まされ，月1回の面会で母親が自分の頑張りや変化を喜んでくれる姿に支えられて，何とか乗り越えることができた。これまで母親は自分に関心がないと思っていたが，面会に欠かさず来てくれる母親の愛情の深さを実感し，もう母親には迷惑をかけたくないと思うようになった。また，生活指導の一環として特定生活指導の薬物非行防止指導を受講し，テキストを使ったグループワークを通して，自分がどういうときに大麻などの薬物を使いたくなるのかを分析し，薬物の再使用を抑止する策を考えた。

いよいよ約1年間の少年院生活が終わりに近づき，出院後に不良仲間と遊ばず，就職して，仕事を続けられるのかといった不安が強くなってきたが，就労支援などを受け，就労に対する具体的なイメージを持てるようになったことや，仮退院後に，保護期間が満了して退院したとみなされるまで2号保護観察を受けて支援を得られると聞いて，不安は徐々に落ち着いた。仮退院当日は，教官や他の在院者が笑顔で見送ってくれ，寂しさと感謝の気持ちでいっぱいになった。

9.5　おわりに

本章では，少年鑑別所と少年院における処遇や心理的支援について紹介しました。少年鑑別所の処遇や支援による再非行の抑止効果については研究データがありませんが，少年院については，平成18（2006）年から平成27（2015）年に少年院を出院した者の2年以内の再入院・刑事施設入所率は11～12%で推移しているという研究結果が公表されています（法務総合研究所，2018）。すなわち，少年院在院者のおよそ8人に7人は出院後2年以内に再非行していないということであり，このデータから，多くの少年にとって，少年院での経験は再非行の抑止につながるものになっていることが推察されます。

また，短期的な再非行の有無だけでなく，非行少年が成人する前に改善更生することの長期的な効果について見据えることも大切です。14～17歳の非行少年1,345人を長期的に追いかけた海外の研究を見ると，心理社会的に未熟な少年ほど非行を反復する傾向があり，10代の頃に心理的な成熟がほとんど進まなかった場合は，将来的に非行・犯罪を繰り返しやすいという結果が示されています（Monahan et al., 2013）。一方，同研究では，非行を反復する少年であっても，10代のうちに心理社会的な成熟が十分に進めば非行が修まるとも報告されています。この研究結果からうかがえるように，身体的・心理的・社会的に未熟な10代のうちに適切な保護や教育を与えることは，長期的には，少年の犯罪の反復を防止し，将来的な被害や社会的損失を防ぐことにつながります。少年鑑別所及び少年院は，安心・安全な社会を長く維持していく上で欠かせない役割を担っているのです。

復習問題

1. 少年鑑別所にはどのような機能や役割があるでしょうか。
2. 鑑別において面接やケースの見立てを行う際に，何に気をつける必要があるでしょうか。
3. 少年院においてどのような指導や支援が行われているでしょうか。

参考図書

桐生 正幸（編）（2019）．司法・犯罪心理学　北大路書房

警察・司法・矯正領域について幅広く学べる良書。わかりやすく，警察・司法・矯正領域の概観をとらえるのに役立ちます。

伊藤 冨士江（編著）（2015）．司法福祉入門　第2版〈増補〉――非行・犯罪への対応と被害者支援――　上智大学出版

司法・矯正領域について，司法と福祉の視点から幅広く紹介した良書。事例が豊富に含まれ，入門者のテキストとして優れています。

村瀬 嘉代子・下山 晴彦・熊野 宏昭・伊藤 直文（編）（2015）．臨床心理学 88（第15巻4号）特集：シリーズ・今これからの心理職④　これだけは知っておきたい司法・矯正領域で働く心理職のスタンダード　金剛出版

司法・矯正領域の制度や組織などの説明に加えて，犯罪・非行臨床における面接やアセスメントのアプローチ等を紹介している良書。実務家が読んでも勉強になります。

10 保護観察所での犯罪・非行への対応
――司法・犯罪分野における問題に対して必要な心理に関する支援（4）

この章では，保護観察所の職員である保護観察官と社会復帰調整官の業務の実際を知るとともに，保護観察における心理的支援の特徴について理解します。

10.1 保護観察官による業務の実際

保護観察官は，医学，心理学，教育学，社会学など**更生保護**に関する専門的知識に基づいて業務を行うこと，とされており，その大部分は，国家公務員総合職試験（人間科学Ⅰ・Ⅱ）及び法務省専門職試験（保護観察試験区分）の合格者から採用されています。保護観察官は地方更生保護委員会でも勤務していますが，以下では，保護観察所における保護観察官の心理的支援に関する主な業務に絞って説明します。

10.1.1 矯正施設に収容中の者に対する生活環境の調整

保護観察所では，刑事施設や少年院などの矯正施設に収容されている人の釈放後の住居や就業先などの帰住環境を調査し，改善更生と社会復帰にふさわしい生活環境の調整を行っています。これは**生活環境の調整**と呼ばれ，保護観察所に勤務する保護観察官と地域の民間篤志家である保護司が協働して行っています。環境の調整は，対象者が矯正施設に収容された後，速やかに開始されます。対象者が希望する帰住予定地や引受人を保護観察官や保護司が訪問して引受意思の有無，帰住予定地の環境などを調査し，問題があれば，その解決のための調整を行います。これらの過程では，矯正施設にいる対象者と通信や面会をしたり，関係機関と協議したりすることもあります。調査や調整の状況は，保護観察所長の意見を付して仮釈放等を審理する地方更生保護委員会と本人が収容されている矯正施設に定期的に報告され，仮釈放等審理や矯正処遇のための資料としても活用されます。

なお，高齢や心身の障害により特に自立が困難な刑務所出所者等の円滑な社会復帰のために，保護観察所では特別な生活環境の調整（特別調整）を行っています。**特別調整**は，厚生労働省の地域生活定着促進事業として各都道府県が設置している地域生活定着支援センターや矯正施設等と連携して，矯正施設出所後速やかに福祉サービス等を受けることができるように必要な調整を行うものです。特別調整においては，知的障害が疑われる者に療育手帳を取得させたり，帰住先となる福祉施設を調整したりするなど，関係機関と連携する場面が多くなります。特別調整によっても，矯正施設出所後，直ちに福祉サービス等を受けることが困難な場合には，釈放後，更生緊急保護の一環として，国が指定した更生保護施設において，福祉サービス等の調整や，社会生活に適応するための指導が行われます。

10.1.2 保護観察

保護観察は，犯罪や非行をした人を通常の社会生活を営ませながら処遇し，その改善更生を図り，再犯や再非行を防止しようとするものです。保護観察も保護観察官と地域の民間篤志家である**保護司**が協働して行っています。

1. 保護観察の対象と期間

保護観察対象者の種類と保護観察の期間は，**表10.1**のとおりです。

1，2号観察は少年法の保護処分，3，4号観察は刑事処分に基づくものです。5号観察は売春防止法の補導処分に基づくものですが，近年はほとんど対象者がいない状況が続いています。

2. 保護観察の実施体制

保護観察所は，その管轄内に居住する対象者の保護観察の実施に責任を持っています。保護観察所長は，民間の篤志家である保護司に個々の対象者の担当

表 10.1 **保護観察の対象と期間**（法務省保護局，2019）

種　別	保護観察の対象となる者	保護観察の期間
保護観察処分少年（1 号観察）	家庭裁判所の決定により，保護観察に付された少年	処分の決定日から 20 歳に達するまでの期間又は 2 年間のいずれか長い期間。ただし，例外的に 23 歳まで。
少年院仮退院者（2 号観察）	地方更生保護委員会の決定により，少年院からの仮退院を許された少年	仮退院の日から 20 歳に達するまでの期間。ただし，例外的に 26 歳まで。
仮釈放者（3 号観察）	地方更生保護委員会の決定により，刑事施設からの仮釈放を許された者	仮釈放の日から残刑期が満了するまでの期間。なお，不定期刑については例外がある。無期刑仮釈放者は終身。ただし，判決時少年の無期刑仮釈放者については，特例がある。
保護観察付執行猶予者（4 号観察）	裁判所の判決により刑の施行を猶予され，保護観察に付された者	刑の全部の執行を猶予された者は，判決確定の日から執行猶予期間が満了するまでの期間。刑の一部の執行を猶予された者は，実刑部分の執行終了日の翌日から執行猶予期間が満了するまでの期間。
婦人補導院仮退院者（5 号観察）	地方更生保護委員会の決定により，婦人補導院からの仮退院を許された者	仮退院の日から補導処分の残期間満了までの期間。

を依頼し，保護観察官と協働して処遇に当たらせ，保護観察官は必要があると認める場合に対象者と面接するなどの措置を講じています。保護観察官は，原則として，担当する地域に住む対象者をすべて担当し，その地域の保護司と協働して処遇に当たっています。対象者が転居して他の地域に移った場合には，担当する保護観察官や保護司は変わることになります。保護観察所の管轄地域をまたぐ転居があった場合には，担当する保護観察所も変わります。

保護観察の開始に当たり，保護観察官は，対象者について，犯罪または非行の内容，悔悟の情，改善更生の意欲，性格，年齢，経歴，心身の状況，生活態度，家庭環境，交友関係，住居，就業または通学に関する生活環境などを調査します。調査の方法は，関係機関から得られる記録等を精査することによる書面調査と保護観察官が対象者等と面接をして情報を収集する面接調査があります。通常，保護観察官は，保護観察期間の開始直後に対象者や引受人（家族）

と面接し，保護観察（期間，遵守事項・指示事項の内容・意義・違反時の措置，不良措置・良好措置，保護観察官と保護司の職責など）について説示するとともに，対象者に対する調査を行います。そして，これらの調査の結果に基づいて，保護司の指名を行い，保護観察事件調査票と**保護観察の実施計画**を作成します。この保護観察の実施計画は，対象者の生活状況の変化に応じて変更されます。

保護司は，地域の風俗・習慣や人情の機微を熟知しているという特色（地域性・民間性）を生かしながら，保護観察官が作成した「保護観察の実施計画」に基づいて対象者を処遇し，その状況を保護観察所長に報告します。大部分の対象者は，特に問題がない限り主に保護司によって処遇されますが，保護司による保護観察が困難な対象者については，保護観察官が直接処遇を行います。また，保護司を指名している場合であっても，問題性が大きい対象者については，保護観察官は対象者と定期的に面接を行います。問題性が大きくない対象者についても，生活に問題が発生した際には，保護観察官は保護司と対応を協議し，必要に応じて自ら面接を行います。後述する専門的処遇プログラムも，保護観察官が行います。

3. 保護観察処遇の基本原則

保護観察は，対象者の性格，年齢，経歴，心身の状況，家庭環境，交友関係等を十分に考慮して，その者に最もふさわしい方法により（個別処遇の原則），その改善更生のために必要かつ相当な限度において行う（必要性・相当性）ものとされています。また，保護観察の実施に当たっては，更生保護の目的を踏まえ，公正を旨とし，対象者に厳格な姿勢と慈愛の精神をもって接し，関係者に対しては誠意をもって接し，その信頼を得るように努めなければならないとされています。

4. 保護観察の実施方法

保護観察は，指導監督と補導援護によって行うこととされています。また，保護観察処分少年と少年院仮退院少年に対する保護観察は，対象者の健全育成を期して実施しなければなりません。

(1) 指導監督の方法

指導監督は，犯罪や非行に結びつくおそれのある行動を対象者が行う可能性と改善更生の状態の変化を的確に把握し，次の3つの方法を用いて改善更生のために必要かつ相当な限度において行うものです。

①面接その他の適当な方法により，対象者と接触を保ち，その行状を把握すること。

保護観察における接触は面接が基本であり，対象者を保護司宅等へ訪問（来訪）させたり，対象者を保護観察所などに呼び出したり，保護司や保護観察官が対象者宅を訪問（往訪）したりすることによって行われます。面接の基本的な頻度や形態は，対象者の問題性や再犯・再非行の可能性等に応じて一定の基準に基づいて判断されますが，対象者の来訪を中心として月に2〜4回の間で設定されることが多く，その後の対象者の生活状況に応じて変更されることもあります。また，対象者の行状が不良となるなど緊急の介入が必要な場合には，通常の面接とは別に面接を実施することもあります。接触には，面接以外にも電話や郵便等による場合もありますが，あくまでも面接と併用した補充的な手段として用いられます。

②対象者が一般遵守事項及び特別遵守事項を遵守し，生活行動指針に即して生活・行動するよう必要な指示その他の措置をとること。

対象者には保護観察の期間中に守るべき遵守事項が定められ，遵守事項を守らなかった場合は，矯正施設への収容などの不利益な措置をとられることがあります。**遵守事項**には，すべての対象が守るべき**一般遵守事項**と，個々の対象者に応じて定められる**特別遵守事項**の2種類があります。一般遵守事項の内容は**表10.2**のとおりとなっています。

一方，特別遵守事項は，対象者の改善更生のために特に必要と認められる範囲内において6つの類型から具体的に定められるものであり，必要に応じて変更し，必要がなくなったときは取り消すこととされています。最初から特別遵守事項が設定されないこともあります。特別遵守事項の類型は，**表10.3**のとおりです。

また，保護観察所の長は，対象者について必要があると認めるときは，対象者の改善更生に資する**生活行動指針**を定めることができます。生活行動指針は，

表10.2　一般遵守事項の内容

1　再び犯罪をすることがないよう，又は非行をなくすよう健全な生活態度を保持すること。
2　次に掲げる事項を守り，保護観察官又は保護司による指導監督を誠実に受けること。
　イ　保護観察官又は保護司の呼出し又は訪問を受けたときは，これに応じ，面接を受けること。
　ロ　保護観察官又は保護司から，労働又は通学の状況，収入又は支出の状況，家庭環境，交友関係その他の生活の実態を示す事実であって指導監督を行うために把握すべきものを明らかにするよう求められたときは，これに応じ，その事実を申告し，又はこれに関する資料を提示すること。
3　保護観察に付されたときは，速やかに，住居を定め，その地を管轄する保護観察所の長にその届出をすること。（地方更生保護委員会から住居を指定されている場合と特別遵守事項で宿泊場所を特定されている場合は除く。）
4　届出に係る住居（地方更生保護委員会から指定された住居や転居許可された住居を含む。）に居住すること。
5　転居又は７日以上の旅行をするときは，あらかじめ，保護観察所の長の許可を受けること。

表10.3　特別遵守事項の類型

1　犯罪性のある者との交際，いかがわしい場所への出入り，遊興による浪費，過度の飲酒その他の犯罪又は非行に結び付くおそれのある特定の行動をしてはならないこと。（例：暴力団の構成員及び準構成員と付き合わないこと。）
2　労働に従事すること，通学することその他の再び犯罪をすることがなく又は非行のない健全な生活態度を保持するために必要と認められる特定の行動を実行し，又は継続すること。（例：正当な理由のない欠席，遅刻又は早退をすることなく，高等学校に通うこと。）
3　７日未満の旅行，離職，身分関係の異動その他の指導監督を行うため事前に把握しておくことが特に重要と認められる生活上又は身分上の特定の事項について，緊急の場合を除き，あらかじめ，保護観察官又は保護司に申告すること。（例：現在の雇用先を退職するときは，緊急の場合を除き，あらかじめ，保護観察官又は保護司に申告すること。）
4　医学，心理学，教育学，社会学その他の専門的知識に基づく特定の犯罪的傾向を改善するための体系化された手順による処遇として法務大臣が定めるものを受けること。（例：指定された日に薬物再乱用防止プログラムを受けること。）
5　法務大臣が指定する施設，保護観察対象者を監護すべき者の居宅その他の改善更生のために適当と認められる特定の場所であって，宿泊の用に供されるものに一定期間宿泊して指導監督を受けること。（例：○○保護観察所に付設された宿泊施設に宿泊して保護観察官の指導監督を受けること。）
6　善良な社会の一員としての意識の涵養及び規範意識の向上に資する地域社会の利益の増進に寄与する社会的活動を一定の期間行うこと。（例：保護観察所の長の定める計画に基づき社会貢献活動を行うこと。）
7　その他指導監督を行うために必要な事項。

特別遵守事項ではないため，これに違反することが直接に矯正施設収容などの不良措置に結びつくわけではありませんが，対象者は，生活行動指針に即して生活や行動をする義務を負い，指導監督を受けることとなります。生活行動指針も，必要に応じて変更し，必要がなくなったときは取り消すこととされています。対象者の行状に応じて，生活行動指針が特別遵守事項に格上げされることもあります。

必要な指示その他の措置とは，個別，具体的，実際的な形で与えられる注意，助言等はもとより，特別遵守事項や生活行動指針の設定，変更，取消や矯正施設収容の手続なども含まれます

③特定の犯罪傾向を改善するための専門的処遇を実施すること。

専門的処遇とは，主に特別遵守事項で受講を義務づけることができる専門的処遇プログラム[1]のことを指しますが，それ以外にも，薬物事犯者に対して定期的に保護観察官が行う対象者の自発的意思に基づいた任意の簡易薬物検出検査の実施などの処遇も含まれます。

専門的処遇プログラムには，成人（保護観察付執行猶予者，仮釈放者）を対象とした①性犯罪者処遇プログラム，②薬物再乱用防止プログラム，③暴力防止プログラム，④飲酒運転防止プログラム，があります。いずれも認知行動療法を理論的基盤として開発され，5回の構造化されたセッションから構成されています。セッションはおおむね月2回の頻度で行われ，各セッションを通じて，保護観察官が保護観察対象者と面接しながら，ワークブック（シート）に書き込ませるなどの方法で心理教育を行い，自己の問題性（犯罪行動に至る過程での自己統制不足や認知の歪み）について考えさせるとともに，ロールプレイング等の方法で，犯罪に至らないための行動方法を指導しています。また，東京，大阪等の大規模庁を中心として，セッションを個別面接ではなくグループ・ワークで実施することも行われています。セッションは，原則として，平日の開庁時間に保護観察所で行われ，セッションの日時及び場所は，あらかじ

1　更生保護法第51条2項4号に規定する，法務大臣が定めた「医学，心理学，教育学，社会学その他の専門的知識に基づく特定の犯罪的傾向を改善するための体系化された手順による処遇」のことを指します。

め保護観察官によって指定されます。なお，性犯罪者処遇プログラムは，特別遵守事項として受講の義務づけが可能なのは5つのセッションから構成されるコア・プログラムの部分のみであり，これに導入プログラム，指導強化プログラム，家族プログラムを組み合わせてプログラム処遇を実施しています。また，薬物再乱用防止プログラムには，同様のコア・プログラムに加え，ステップアップ・プログラム（コア・プログラム終了後に復習等のためのセッションを毎月行うもの）が含まれる場合があります。また，薬物再乱用防止プログラムでは，セッションのたびに簡易薬物検出検査（簡易試薬による尿検査または唾液検査）を受けることになっており，プログラムの受講が特別遵守事項として義務づけられている場合には，検査の拒否も遵守事項違反となります。

(2) 補導援護の方法

補導援護は，対象者が自立した生活を営むことができるよう，その自助の責任を踏まえつつ行うもので，援助的，福祉的な側面と見ることができます。補導援護の方法は次の7つの方法によって行うこととされています。

①適切な住居その他の宿泊場所を得ること及び当該宿泊場所に帰住することを助けること。

②医療及び療養を受けることを助けること。

③職業を補導し，及び就職を助けること。

④職業訓練の手段を得ることを助けること。

⑤生活環境を改善し，及び調整をすること。

⑥社会に適応させるために必要な生活指導を行うこと。

⑦その他対象者が健全な社会生活を営むために必要な助言その他の措置をとること。

なお，対象者が適切な医療，食事，住居など健全な社会生活を営む上で必要な手段を得ることができず，その改善更生が妨げられるおそれがある場合，保護観察所は，公共の衛生福祉に関する機関などから必要な応急の救護を受けられるよう対象者を援護しますが，それが得られない場合には，自ら応急の救護を行います。その意義は保護観察所が自らまたは更生保護施設や自立準備ホームなどに委託して行うことができるという点です。応急の救護の内容は，後述する更生緊急保護の内容と同じです。

5. 保護観察対象者に対する良好措置と不良措置

保護観察の効果が上がり，対象者の改善更生が進んだときには，接触頻度の緩和，特別遵守事項の取消しなどにより指導監督を緩和し，対象者の改善更生に向けた自発的な意欲を一層喚起することが行われます。さらに，改善更生が図られた結果，保護観察を継続する必要がなくなったと認められるときは，保護観察を早期に終了させるなどの措置がとられます。これを**良好措置**と呼んでいます。良好措置の内容は**表 10.4** のとおりです

一方，対象者の改善更生が進んでいないと認めるときは，接触頻度の強化，往訪の実施，特別遵守事項の設定・変更などにより指導監督を強化することが行われます。さらに，遵守事項違反が認められ，社会内処遇によっては改善更生を図ることが困難であり，施設内処遇に移行させることが必要と認めるとき

表 10.4 **保護観察対象者に対する良好措置**

種　別	名称	措置の要件	効果
保護観察処分少年	一時解除	保護観察を一時的に解除することが改善更生に資すると認めるとき。	3カ月を超えない範囲で，保護観察を解除し，指導監督や補導援護を行わない。
	解除	保護観察を継続する必要がないと認められるとき。	保護観察の終結。
少年院仮退院者	退院	保護観察を継続する必要がなくなったと認めるとき。	保護観察の終結。(決定は地方更生保護委員会)
仮釈放者	不定期刑の終了	刑の短期が経過し，刑の執行を終了するのを相当と認めるとき。	刑の終了，保護観察の終結。(決定は地方保護委員会)
保護観察付執行猶予者	仮解除	保護観察を仮に解除しても，健全な生活態度を保持し，善良な社会の一員として自立し，改善更生することができると認めるとき。	保護観察を仮に解除し，指導監督や補導援護は行わない。(決定は地方更生保護委員会)

表 10.5 **保護観察対象者に対する不良措置**

種別	名称	措置の要件	効果
保護観察処分少年	警告	遵守事項を遵守しなかったと認められ，警告を発しなければなお遵守事項を遵守しないおそれがあると認められるとき。	警告を発した日から３カ月を特別観察期間とし，指導監督を強化する。さらに遵守事項を遵守しなければ，施設送致申請ができる。
	施設送致申請	警告を受けても遵守事項を遵守せず，その程度が重いと認めるとき。	家庭裁判所に対し，児童自立支援施設，児童養護施設又は少年院送致への送致を求める。
	通告	新たに少年法第３条第１項第３号のぐ犯事由が認められるとき。	家庭裁判所に対し，新たなぐ犯事由により審判に付すことを求める。
少年院仮退院者	戻し収容の申請	遵守事項を遵守せず，少年院に戻して処遇を行うことが必要かつ相当と認めるとき。	家庭裁判所に対し，少年院に戻して収容することを求める。（申請は地方更生保護委員会が行う。）
仮釈放者	保護観察の停止	所在が判明しないため保護観察が実施できなくなったと認めるとき。	刑の進行が停止し，予定されていた刑期終了日が来ても刑が終了しなくなる。（決定は地方更生保護委員会が行う。）
	仮釈放の取消し	再犯し，罰金以上の刑に処せられたとき，仮釈放前の犯罪で罰金以上の刑に処せられたとき，仮釈放前の犯罪で罰金以上の刑に処せられた者に対し，その刑を執行すべきとき，遵守事項を遵守せず，改善更生のために保護観察を継続することが相当と認められる特別の事情がないとき。	仮釈放期間と同じ期間，刑事施設に収容され，保護観察は終結する。（決定は地方更生保護委員会が行う。）
保護観察付執行猶予者	執行猶予取申出	遵守事項を遵守せず，その情状が重いと認めるとき（全部猶予者）または改善更生のために保護観察を継続することが相当と認められる特別な事情がないとき（一部猶予者）。	検察官に対し，刑の執行猶予取消しを裁判所へ申請するよう求める。
婦人補導院仮退院者	仮退院の取消し	遵守事項を遵守せず，再び婦人補導院に収容して処遇することが必要かつ相当と認められるとき。	婦人補導院へ再収容する。（決定は地方更生保護委員会）

には，再犯や再非行を防止するためにも，施設内処遇へ転換するなどの措置がとられます。これを**不良措置**と呼んでいます。不良措置の内容は**表 10.5** のとおりです。

10.1.3　保護観察（少年）の仮想事例

17 歳無職の B 子は，家出中に所持金に窮し，知人の少女を恐喝してお金を巻き上げる事件を起こして保護観察処分（1 号観察）となりました。保護観察所は B 子に対して「家出をしないこと」「外泊をするときは，あらかじめ，保護者の許可を得ること」という特別遵守事項を定め，女性保護司を担当者に指名しました。また，家出の背景には過干渉な母親への反発と恋人である C 男の影響があったため，家族関係の調整，交友性関係の指導，そして，就学・就労の支援を重点的に行う「保護観察の実施計画」を立てました。

B 子はコンビニエンスストアでのアルバイトを始めましたが，1 カ月もたたないうちにアルバイトに行かなくなり，再び無断外泊を繰り返すようになりました。保護司や保護観察官は，B 子への指導を続けたほか，B 子の家族とも面接して母親と B 子の関係が改善するよう調整を試みましたが，B 子は無断外泊を繰り返し，たまにしか自宅に帰らなくなりました。そこで，保護観察所では，B 子が遵守事項への違反（無断外泊）を繰り返していることに対して警告を行い，これ以上，無断外泊を繰り返す場合には少年院への施設送致申請を行う可能性があることを伝えました。また，以後，3 カ月間を特別観察期間として重点的に B 子を指導することとしました。

しかし，B 子は，その後も C 男に誘われるままに無断外泊を繰り返しました。C 男は，保護観察は受けていませんでしたが，素行不良な少年であり，B 子は C 男と遊ぶ金を得るために，見知らぬ男性と援助交際をしていることも疑われました。保護観察官や保護司は，C 男との交際についても B 子と継続的に話し合おうとしましたが，B 子は C 男のことや家出中の生活については話そうとせず，保護観察官や保護司の面接にも応じなくなりました。そこで，保護観察所は家庭裁判所から引致状の発付を受けて B 子を保護観察所に引致し，家庭裁判所に施設送致申請を行いました。その結果，B 子は少年鑑別所に収容され，さらに家庭裁判所の施設送致決定により女子少年院に収容されました。

保護観察官と保護司は，B子が少年院に送致された後も，B子や両親と定期的に面会し，出院後の生活について話し合いました（生活環境の調整）。そして，約1年後にB子は少年院を仮退院して両親の元に帰住し，再び保護観察（2号観察）を受けることとなりました。B子は以前とは生活態度が全く変わり，無断外泊などはせず，遵守事項を守って仕事中心の生活を続けました。B子によれば，少年院で自分の将来や家族のことをじっくりと考えることができたほか，少年院の教官や他の少年との話合いの中で，自分がC男に利用されていたことに気づいたとのことでした。仮退院してから1年後，保護観察所は地方更生保護委員会にB子の退院を申請し，退院決定を受けたことにより，B子は成人になる前に保護観察を終了しました。

10.1.4 更生緊急保護

『令和元年版犯罪白書』(2019) によると刑務所を仮釈放で出所する者は58.6%（平成30（2018）年）であり，4割以上の者が刑期を満了してから刑務所を釈放されています。この満期釈放者のうち，親族の元や更生保護施設などの帰住先がある者は58%しかおらず，帰住先がないまま釈放される者が数多くいるのが現状です。また，起訴猶予や執行猶予で拘置所等を釈放された人の中にも，帰る先がないなど生活に困っている人が大勢います。このような人たちのために，保護観察所では，**更生緊急保護**という措置を行うことができます。更生緊急保護は，①刑事上の手続又は保護処分による身柄の拘束を解かれ，②親族の援助や公共の衛生福祉に関する機関等の保護が受けられないか，それらのみでは改善更生ができないと認められ，③保護観察所に更生緊急保護を申し出ている，という3つの要件をすべて満たした者が対象となります。ただし，保護観察中の人は対象になりません。

更生緊急保護の内容は，①金品の給貸与，②宿泊場所の供与，③宿泊場所への帰住の援助，④医療及び療養の援助，⑤職業補導（就労支援），⑥社会生活に適応させるために必要な生活指導，⑦生活環境の改善又は調整等，とされており，①～②は前述した保護観察対象者に対する応急の救護の内容と同じです。また，③～⑦は保護観察の補導援護の方法に準じて行われます。これらの保護措置は，保護観察所長が自ら行う自庁保護と，更生保護施設，自立準備ホーム，地方公共団体，その他適当な団体や個人に委託して行う委託保護に分けられます。宿泊を伴う保護の多くは，更生保護施設に委託して行われています。保護の期間は，身柄の拘束を解かれてから6カ月（一般法定期間）を超えない範囲で行うこととされていますが，特に必要があると認められる場合には，さらに6カ月（特別法定期間）を超えない範囲で保護を行うことができます。保護観察官は，保護の申し出時に対象者と面接して相談を受け，保護の方針を決めるほか，その後も，必要に応じて対象者と面接し，自立のための支援を行います。

10.2　社会復帰調整官による業務の実際

社会復帰調整官は，精神障害者の保健・福祉や医療観察法対象者の処遇に関する専門的知識に基づいて業務を行うこととなっており，精神保健福祉士のほか，精神障害者の保健及び福祉に関する高い専門的知識を有する保健師，看護師，作業療法士，社会福祉士，公認心理師又は臨床心理士がなることができます。ただし，精神保健福祉に関する業務で8年以上の実務経験があることが採用条件となっています。社会復帰調整官の心理支援に関する主な業務について，その処遇の枠組みと共に説明します。

10.2.1　社会復帰調整官による生活環境の調査

医療観察制度の当初審判においては，通常，裁判所は保護観察所に対象者の生活環境の調査とその報告を求め，保護観察所の社会復帰調整官が調査を実施します。調査は，裁判所から対象者の身上に関する資料を入手するほか，対象者やその家族等との面接による生活状況の聴取，受診歴のある病院や利用歴のある精神保健福祉サービス機関への照会などにより行います。対象者とは鑑定入院機関での面接になるため，病院職員や鑑定医からも対象者の状況を聴取することもあります。調査の結果は，生活環境調査結果報告書としてまとめられ，居住地において継続的な通院による医療を確保できるかどうかに関する保護観察所長の意見が付されて裁判所へ提出されます。通常，調査期間は1カ月程度に限られていますので，速やかに調査を行う必要があります。

10.2.2 生活環境の調整

入院決定がなされた医療観察の対象者は，**指定入院医療機関**に入院しますが，入院当初から保護観察所の社会復帰調整官による生活環境の調整が開始されます。これは，入院した対象者が地域社会に円滑に社会復帰できるように，退院地の選定や確保，退院地での処遇体制の整備を行うものです。社会復帰調整官は，対象者やその家族の希望も踏まえ，指定入院医療機関や退院予定地の都道府県・市町村等の関係機関と連携しながら退院地や通院先（指定通院医療機関）の調整を行います。対象者は生活支援を必要とする者がほとんどであるため，精神保健福祉センター，保健所，障害福祉サービス事業者などとも連携します。具体的には，本人やその家族との面接，指定入院医療機関の職員との協議，**CPA 会議**[2]への出席などを通じて，情報の収集や関係機関との協議を行います。これらの協議を踏まえ，社会復帰調整官は対象者の処遇実施計画案を作成します。

10.2.3 精神保健観察

当初審判において通院決定を受けた対象者と裁判所からの退院許可決定を受けて指定医療入院機関から退院した対象者は，指定通院医療機関による医療を受けるとともに，継続的な医療を確保することを目的として，保護観察所による**精神保健観察**を受けます。これは，保護観察所の社会復帰調整官による対象者との面会や関係機関からの報告などを通じて，対象者の指定通院医療機関への通院状況や生活状況を見守り，必要な指導を行っていくものです。精神保健

[2] 指定通院医療機関が開催するケース会議のことで，CPA は Care Program Approach の略です。主治医，担当の看護師，精神保健福祉士，心理士，作業療法士，社会復帰調整官に加え，その他地関係機関の職員が参加することもあります。対象者やその家族にも出席を求め，その意向等を聴取する場合もあります。

観察に付された対象者は，速やかに保護観察所長に居住地を届け出るほか，次の3つの事項を守らなければならないこととされています。

①一定の住居に居住すること。

②転居や長期（2週間以上）の旅行をするときは，あらかじめ保護観察所の長に届け出ること。

③保護観察所の長から面接を求められたときには，これに応ずること。

対象者が地域社会において安定した生活を営んでいくためには，継続的な医療に加えて必要な精神保健福祉サービス等の「援助」が行われることが重要であるため，都道府県・市町村（精神保健福祉センター，保健所等）による援助や障害福祉サービス等の利用も併せて行われます。保護観察所は，関係機関と協議して，処遇の実施計画を定め，処遇方針の統一と役割分担の明確化を図り，各関係機関は，この実施計画に基づいて処遇を実施します。さらに，保護観察所は，実施計画が有効に機能するように，これらの関係機関の協力体制を構築し，ケア会議[3]などを実施するなどして，相互の綿密な連携の確保に努めています。

処遇実施計画書には，対象となる一人ひとりについて必要な医療，精神保健観察及び援助の内容と方法が記載されるほか，病状の変化等により緊急に医療が必要となった場合の対応方法や，ケア会議の開催予定などが盛り込まれます。処遇実施計画書の内容については，対象者に十分な説明を行うこととされ，処遇の経過に応じ必要な見直しが行われます。また，この制度による処遇の終了に当たって，一般の精神医療や精神保健福祉サービス等に円滑に移行できるよう，処遇実施計画書においても配慮することとされています。

保護観察所は，地域処遇の期間中であっても，医療観察による医療を受けさせる必要があると認められなくなった場合には，地方裁判所に処遇終了の申立

---

[3] 保護観察所が開催する会議で，指定通院医療機関，市町村の主管課，保健所，精神保健福祉保健センター，障害福祉サービス事業者等が参加します。地域処遇に携わる関係機関が必要な情報を共有し，処遇方針の統一を図り，処遇実施計画書の見直しや各種の申立ての必要性等を検討します。指定通院医療機関を会場として開催されることが多く，対象者やその家族などの関係者も，ケア会議に出席して意見を述べることができます。

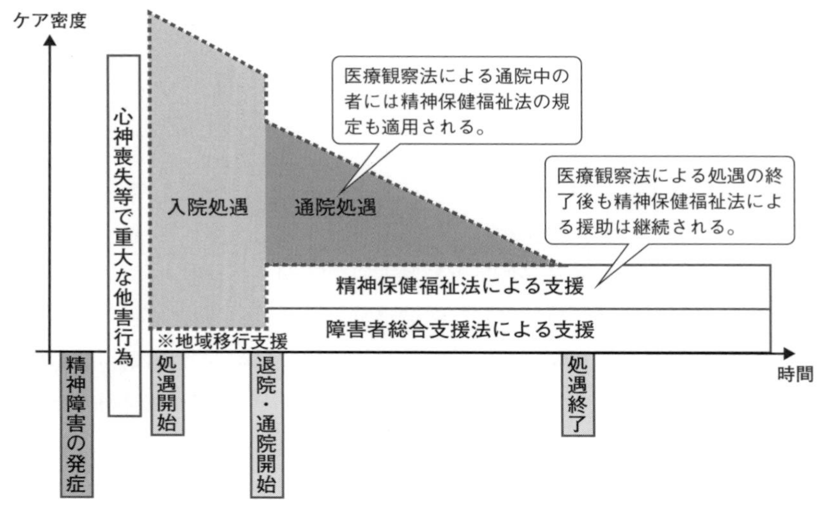

図 10.1　**医療観察法と関係法との関係**（谷 美祐紀氏提供）

てを行います。逆に，保護観察所は，原則 3 年間の処遇期間を超えて通院処遇を継続する必要があると認められる場合には，地方裁判所に対し，通じて 2 年を超えない範囲で，処遇期間の延長を申し立てることができます。また，対象者が病状悪化した場合には，地方裁判所に（再）入院の申立てを行うことができます。ただし，図 10.1 に示されているとおり，医療観察法による地域処遇を受けている期間中は，精神保健福祉法も適用されるため，任意入院，医療保護入院，措置入院などの精神保健福祉法に基づく入院も可能ですので，早期の快復のために適切と認められる場合には，これらの入院が利用されます。

10.2.4　精神保健観察（通院処遇）の仮想事例

30 代男性の A さんは，父親から電波攻撃を受けていると考えて包丁で父親に切りかかり，全治 2 週間のけがを負わせる事件を起こし，妄想型統合失調症の症状による心神喪失状態だったと判断され，医療観察法による入院決定を受けました。指定入院医療機関で1年6カ月の入院治療を受けた後，Aさんは自宅に退院しましたが，退院前のケア会議における関係機関の協議結果に基づいて社会復帰調整官が作成した処遇実施計画書案により，Aさんは，週1回の外来受診，週2回のデイケア，週1回の訪問看護，月1回の社会復帰調整官との面接を受けることとなりました。

通院処遇開始から3週間後，第1回のケア会議が開催され，指定医通院医療機関（医師，精神保健福祉士，看護師，作業療法士），保健所，市役所，相談支援事業所，精神保健福祉センター，社会復帰調整官，Aさんの母親が出席し，処遇実施計画書の内容が確認されました。また，Aさんも，途中からケア会議に参加して，関係機関による治療や支援の方針を聞くとともに，Aさん自身の気持ちや意見を述べました。Aさんは，疲労感を訴えることがありましたが，通院もきちんと行い，家庭内で規則正しい生活をしていることが確認されました。

開始約3カ月後，第2回のケア会議が開催されました。関係機関が協議した結果，外来の回数を2週間に1回に変更するとともに，入院中に作成したクライシス・プランをより地域生活に即した内容に見直すこととしました。

開始約6カ月後，第3回のケア会議が開催されました。関係機関は，通院，服薬，単身生活共に良好であり，ヘルパーを活用する必要はないと評価しました。また，Aさんからは「ゆくゆくは就労したい」との希望が表明されたため，デイケアを週5回に増やし，病状の変化を評価した後，就労継続支援B型事業所の利用を検討していくこととしました。その後，デイケアを週5回に増やしても，Aさんの病状は安定しており，仲間とも楽しく過ごせていました。単身生活も良好で，Aさんは，就労継続支援B型事業所を見学し，通所する意欲を示しました。

開始約10カ月後，第4回のケア会議が開催されました。通院，服薬，デイケアの利用状況も良好であるため，就労継続支援B型事業所を利用していく方針が確認されました。

開始約1年2カ月後，第5回のケア会議が開催されました。就労継続支援B型事業所への通所を開始してから2カ月が経過していましたが，Aさんは，慣れない環境で疲労やストレスが蓄積し，不眠傾向，落ち着きのなさが出現し，頓服薬を服薬している状況であることが確認されました。関係機関は，Aさんに対し，周囲が心配していることを伝え，つらい場合には早めの受診や入院を検討するよう助言するとともに，精神保健福祉法による入院の必要性が生じる可能性があることを前提に，情報共有を密にすることとしました。その後，援助機関がクライシス・プランに従ってAさんに入院を助言し，Aさんは任意入院することとなりました。

開始1年4カ月後，第6回のケア会議が開始されました。入院後の治療経過が共有され，退院を前提とした外泊訓練をすることが確認されました。また，就労継続支援B型事業所は，退院後のAさんの状況を見ながら，通所回数を検討することとなりました。

開始約1年9カ月後，第7回ケア会議が開催されました。退院後，Aさんが無理せずに生活できており，各関係機関の担当者との信頼関係も構築されていることが確認されました。関係機関は，処遇終了申立ての可否や処遇終了後の一般精神医療・精神保健福祉サービスの利用などについて検討し，今後は4カ月ごとにケア会議を実施すること，処遇終了後を見越して徐々に社会復帰調整官の関与を減らし，地域関係機関の関与を増やしていくことを確認しました。

開始約2年9カ月後，第10回ケア会議が開催されました。関係機関は，通院期間を延長する必要性について協議しましたが，継続的な通院がなされ，病状が安定している上，安定した地域生活が送れる環境にあることから，延長の必要性はないと判断しました。

開始3年後，処遇期間の満了に伴い，Aさんの医療観察は終了しました。

10.3 保護観察所における心理的支援の特徴

保護観察所が扱う人たちは，心理的なものを含め様々な支援を必要としていると同時に，状況によっては再び犯罪・非行や他害行為を行う可能性を持っています。このような人々を社会内で処遇する保護観察官や社会復帰調整官には，①対象者の再犯（再加害行為）の防止（社会防衛）と，②対象者の問題解決・

成長（治療）の支援（援助），という二重の役割があります。多くの場合，対象者の問題解決や成長（治療）を支援することが再犯の防止につながるのですが，再犯防止のための指導や措置を優先しなければならない場面もあります。例えば，保護観察処遇では，再犯が防げないと判断した対象者について適時に保護観察から矯正教育（少年院や刑務所における教育）へと処遇の転換を図る措置をとることも，保護観察官の重要な役割となります。以下では，このような二重の役割を持つ保護観察官にとっての心理的アセスメントや心理的支援の特徴を説明します。

1. 保護観察におけるアセスメントの特徴

保護観察の開始時における調査事項についてはすでに説明しましたが，保護観察官は，次のような観点からのアセスメントも行っています。

(1) 再犯のリスク・アセスメント

犯罪や非行の問題がある人たちを社会内で処遇する保護観察所では，再犯防止の観点からのアセスメントや支援が必要となります。再犯・再非行は，多様な**再犯リスク要因**[4]が積み重なった結果として生じていることが多いため，わかりやすく目につきやすい特定の問題（例えば，規範意識の乏しさ，親子関係の悪さ）のみに目を向けるのではなく，再犯リスク要因を漏れなく継続的に評価し，改善すべき要因を把握して多面的な働きかけを行う必要があります。そして，リスクが高いと判断された対象者ほど，面接の頻度を多くするなどして，手厚い対応をすることが求められます。

(2) 生物・心理・社会的なアセスメント

再犯への関連が少ないとされる問題であっても，本人の生物面・心理面・社会面において改善が望まれる点や処遇上配慮すべき事情は把握しておく必要があります。特に，一般的な性格傾向，知的障害を含む精神発達障害（の傾向），精神障害の有無，経済状況，生育歴における負因などは，支援や指導を行う上

[4] 犯罪心理学の実証研究からは，①犯罪・非行歴，②反社会的人格パターン，③反社会的態度（考え方，認知），④反社会的な仲間（交友関係），⑤就学・就労上の問題，⑥余暇の問題，⑦薬物・アルコールの乱用，⑧家族関係の問題，が再犯・再非行に関連が強い要因であることがわかっています。これらの領域について，対象者がどの程度の問題を抱えているのかを継続的に評価していくことが重要となります。

で留意すべき事項であるため，これらの状況についても，関係機関が実施したアセスメント結果も参照するなどして把握し，本人の犯罪・非行との関連性について評価します。

(3) 心理的欲求状態のアセスメント

人間には基本的な心理的欲求があり，犯罪や非行は，これらの心理的欲求を適切（向社会的）な方法で満たすことができないために，不適切（反社会的）な方法で満たそうとする目的を持った行動だと考える臨床家は少なくありません（例えば，Dreikurs, 1949；Glasser, 1965；Ward, 2012）。特に，所属感（人とつながっていたい）や重要感（価値ある重要な存在でありたい）といった心理的欲求は犯罪や非行に関係している可能性が高いため，これらの欲求が日常生活でどのように充足されているのか（いないのか）を把握し，適切な方法で充足されるような支援を考えます。

(4) 社会資源のアセスメント

社会内での処遇を行うという点からは，地域社会における資源のアセスメントも必要となります。再犯の可能性が高い犯罪性の強い対象者ほど多くの領域で問題を抱えていますので，保護観察と保護司による指導や支援に加え，地域の社会資源の活用を試みます。本人への支援が可能であり，かつ，その支援が機能するような家族のメンバー，学校の教員，雇用主（職場の上司），友人，近隣住民などを把握するほか，本人の支援に必要な医療機関や教育機関を把握し，不足している資源については対象者や家族と話し合いながら補っていきます。

なお，これらのアセスメントは重なる部分もありますが，いずれも足りない部分や問題点を把握するといった視点だけでなく，強み（ストレングス，保護要因）を見つけるという観点からも行われます。リスク要因となり得る領域であっても対象者の立ち直りに有利に働く強みとなっていることがわかる場合もあります。例えば，家族関係について調査したところ，両親の規範意識は健全で，対象者に対する愛情もあり，親子関係が良好であれば，家族関係を強みとして把握し，両親の協力が期待できるということになります。

2. 保護観察における心理的支援の特徴

保護観察においても，対象者の話をよく聞き，共感的理解に努めながら生活上の悩みについて相談に応じたり，問題解決に協力したりすることを通して，対象者の成長や福祉の向上を図る支援が行われています。また，対象者の性格，能力，障害，価値観などの特性に留意した配慮がなされます。一方で，保護観察対象者は裁判所の処分として保護観察を受けに来るため，自発的に相談に来るクライエントとは異なる配慮が求められます。トロッター（Trotter, 2006）は，実証研究の結果から，非自発的なクライエントに対しては，役割の明確化，向社会的モデリングと強化，協働的問題解決が有効であるとしています。また，保護観察においては，再犯を防止して，社会を保護するという観点も重視しなければなりません。これらのことを考慮した上で，保護観察における心理的支援は，以下のような点に留意して行われます。

(1) 信頼関係を構築し，保護観察を受ける意欲を高める。

保護観察対象者は，毎月 2 回程度，保護司や保護観察官と面接し，生活状況を報告して指導や助言を受けることが義務づけられていますが，自ら悩んで相談に来るクライエントとは異なり，義務として面接を受けに来るため，概して面接を受けようとする動機づけは乏しく，面接に応じても，表面的な応答に終始したり，本音を話したりはしないことが普通です。また，保護観察官や保護司を監視者としてとらえ，都合の悪いことを隠したり，嘘をついたりする場合もあります。まずは，対象者との信頼関係を確立し，対象者が進んで保護観察を受けるように動機づけることが保護観察官の大きな役割となります。この点で，保護観察への導入面接は極めて重要です。保護観察の開始に当たり，保護観察対象者は引受人や保護者と共に，不安を抱えながら保護観察所にやってきますので，まずは保護観察官から自己紹介を行い，保護観察の枠組み，処遇の目的（面接を受けることの意義），処遇者（保護観察官や保護司）の役割などを丁寧に説明し，よく理解してもらうように努めます。具体的には，以下のような対応を行います。

• 対象者を人として尊重し，向社会的な（丁寧な）態度で接する。

これは，処遇者に対する信頼を高めることにつながるほか，向社会的な人との接し方を処遇者がモデルとして示すことにもなります。

• 処遇者の役割を明確化する。

処遇者（保護観察官・保護司）には，対象者の再犯防止（社会防衛）と立ち直り支援（問題解決，成長）という二重の役割があることを理解してもらいます。対象者の多くは，保護観察について「また悪いことをしないように監視されるもの」だと思っていますので，処遇者との面接が，再犯の防止だけでなく，対象者の問題解決や成長にも役に立つことを理解してもらいます。

• 面接を受ける意義を理解させる。

処遇者（保護司や保護観察官）との面接で生活状況を報告することは，①自分の生活を振り返り，問題があれば自ら気づいて軌道修正する（良くなっている点があれば認識する）きっかけとなること，②自分が気づけなかった生活上の問題（あるいは改善状況）を処遇者に指摘してもらうことによって，生活を（さらに）改善するきっかけとなること，③抱えている悩みや問題を処遇者に相談するきっかけになること，④これらの報告を続けていくことにより，問題や悩みが解決し，再犯につながらない健全な生活態度が身についていくこと，などを説明します。

• 保護観察中の再犯の可能性について言及する。

初回面接では「本当に反省したので，もう絶対に再犯しません。大丈夫です」と述べる対象者も少なくありません。そのような気持ちは本心である場合が多いでしょうし，更生意欲があることは素晴らしいことですが，それでも再犯に陥ることは少なくありません。どのような対象者であっても日がたつにつれて気が緩んで生活が乱れていく可能性があることを指摘するとともに，保護観察中の大まかな再犯率を伝え，面接を受けようとしなくなったり，嘘をついたりしている人ほど再犯する可能性が高いという現実を説明します。そして，自分の落ち度からトラブルに巻き込まれたり，遵守事項や指示事項に違反したりしてしまった場合は，報告しづらくても正直に報告することが大切であり，それによって生活を立て直すことができることを理解してもらいます。

• 関係者と連携することを説明する。

対象者の生活状況については，本人からの報告だけでなく，保護観察中であることを承知している関係者からも聞くことを説明します。つまり，本人が処遇者に嘘をついても，いずれは発覚する可能性が高く，かえって本人にとって不利になることを認識してもらいます。

• 守秘義務とその限界について説明する。

保護観察官や保護司には守秘義務がありますので，対象者が保護観察を受けている事実やその状況を地域住民に漏らすことはありません。また，原則として，面接の内容を本人の同意なく第三者に伝えることもありません。ただし，保護観察は裁判所の刑の言渡しまたは保護処分の一環として実施しているため，処遇者との面接状況は保護観察所長に書面で報告され，記録として保管されます。そして，対象者に再犯・再非行があった場合には，保護観察の状況は裁判所や捜査機関に報告されます。これらのことを説明し，保護観察をまじめに受けていなかったり，嘘の報告をしていた場合には，その様子が裁判所や捜査機関に知られるということを認識してもらいます。

(2)　生活の実態を聞き取り，把握する。

保護観察は対象者のためだけに行われているのではなく，潜在的な被害者となり得る国民全体のためにも行われています。ですから，対象者の主観的な世界を理解して尊重しつつも，客観的な事実も把握していくことが求められます。対象者からは生活状況を具体的に聴取し，その実態を示す資料（給与明細書など）を定期的に確認するほか，家族などの第三者からも対象者の生活実態を確認するなどします。特に，生活が乱れていたり，反社会的な考え方が強かったりする対象者ほど，事実を隠して都合の良い報告をする傾向があるため，注意しなければなりません。生活実態の把握は，対象者に適切な指導や支援を行うために必要であり，接触頻度や措置の必要性を的確に判断するためにも不可欠です。この点，処遇者が対象者に生活状況を尋ねることは極めて重要であり，問題の早期発見や早期対応につながることになります。

(3)　再犯リスクの要因の改善を図る。

再犯の防止のためには，その犯罪者が抱えている再犯リスク要因の改善を図ることが有効だとされています（Bonta, 2012）。保護観察においても，再犯リスクのアセスメントで明らかとなった対象者のリスク要因をできるだけ改善するように働きかけ，再犯のリスクを減らすことが処遇の大きな目標の一つとなります。一般的に，再犯・再非行に大きく影響している要因は，反社会的な態度や仲間関係であることがわかっています。犯罪や違法行為をする人は，周囲から向社会的な考え方や生活スキルを学ぶ機会が乏しく，反社会的な考え方（例：規則は守らなくてもよい）やスキル（例：相手を脅迫して言うこと聞かせる）を取り入れてしまっている可能性が高いということです。したがって，処遇者は，対象者の反社会的な態度（考え方）に注意し，これを承認せず，向社会的な考え方を提示したり，向社会的な態度をモデルとして示したり，向社会的な問題解決を助言することにより，対象者が向社会的な考え方やスキルを学習し，これらを実践していくよう強化します（向社会的モデリングと強化）。ただし，対象者の態度（考え方）を承認しないことは対象者との信頼関係や更生意欲を損なう危険性もはらんでいますので，対象者の話は十分に傾聴して共感的に理解していくことはもとより，その長所や努力は敏感にとらえ，当たり前に見えるようなことであっても，向社会的な態度や努力を大いに認めていくことにより，対象者との信頼関係を保持し，更生意欲を喚起していくよう配慮を行います。

BOX 10.1　動機づけ面接

動機づけ面接（Motivational Interviewing; MI）は，アメリカの心理学者であるミラー（Miller, W. R.）とイギリスの心理学者であるロルニック（Rollnick, S.）が主になって開発したカウンセリングのアプローチです。原井（2014）によれば，MIでは，クライエントの中にある矛盾を拡大し，両価性を持った複雑な感情である“アンビバレンス”を探って明らかにし，クライエントが矛盾を解消する方向に向かうようにすることによって，クライエントの中から動機づけを呼び覚まして行動を自ら変えていく方向に持っていくことができるとされています。また，MIは，クライエント中心アプローチに最も影響を受けていますが，社会心理学（自己知覚理論，心理的リアクタンス理論，認知的不協和理論）の影響も受けており，クライエント中心的な面と準指示的な面の双方が含まれます。すなわち，カウンセラーとクライエントの関係は協働的，共感的であり，カウンセラーは，クライエントに現実や矛盾と直面化させたり，クライエントの理屈に反駁したりせず，クライエントの自律性を引き出して尊重します。一方で，クライエントが自らを探ろうとするとき，カウンセラーは，非指示的・中立的に流れる方向にそのまま任せることはせず，アンビバレンスがはっきりとわかるように，理想と現実の間の矛盾が広がり，それが行動の変化につながるよう，クライエントに積極的に働きかけます。

MIには，①関わる（作業同盟の確立等），②フォーカスする（変化についての会話が方向性を持って続くようにする），③引き出す（変化への動機を引き出す），④計画する（変化へのコミットメントを発展させ，具体的な行動計画を練る），という鍵となる4つのプロセスがありますが，これらは連続的かつ再帰的であり，後に続くプロセスは，その前のプロセスの土台の上に構築されていきます。また，MIのあらゆる場面で，鍵となるコミュニケーションスキルである，①開かれた質問をする，②是認する，③聞き返す，④要点をまとめる，⑤許可を得て情報提供と助言をする，ことが活用されます。

MIは，アルコールへの依存を抱える人たちの治療から広がったこともあり，特に司法・犯罪分野における心理的支援において注目されていますが，司法・犯罪分野に限らず，広く対人援助にとって有効な面接方法と思われます。

復習問題

1. 保護観察官は，犯罪者の更生のために，どのような活動をしているでしょうか。
2. 医療観察制度とはどのような制度でしょうか。
3. 動機づけ面接について説明してください。

参考図書

トロッター，C.　清水 隆則（監訳）（2007）．援助を求めないクライエントへの対応——虐待・DV・非行に走る人の心を開く——　明石書店

虐待している親，保護観察対象者，薬物依存者，DV加害者，他害行為をした精神障害者など，進んで福祉・司法・医療機関のサービスを受けようとする意欲に乏しい人たちへの効果的な対応について，実証研究の結果に基づいて解説しています。

ボンタ，J.・アンドリュース，D. A.　原田 隆之（訳）（2018）．犯罪行動の心理学［原著第6版］　北大路書房

本書は欧米の犯罪心理学の教科書として有名で，世界の犯罪者処遇の実務にも大きな影響を与えています。再犯の防止に有効なアセスメントや処遇の在り方について実証研究の結果を基に解説されています。

清水 義悳・若穂井 透（編著）（2014）．更生保護　第2版　ミネルヴァ書房

社会福祉士養成のための教科書として執筆されたものですが，更生保護制度や医療観察制度についてわかりやすく解説されていて，これらの制度を理解する上で役に立ちます。

ミラー，W. R.・ロルニック，S.　原井 宏明（監訳）（2019）．動機づけ面接　第3版（上・下）　星和書店

動機づけ面接について，その開発者が解説した本の邦訳の最新版で，我が国における動機づけ面接の第一人者が監訳しています。上下巻に分かれていて大部ですが，動機づけ面接の歴史，理論，方法，エビデンスなどを網羅的に学ぶことができます。

刑事施設における成人犯罪者への教育・処遇
――司法・犯罪分野における問題に対して必要な心理に関する支援（5）

成人の犯罪者は，第２章に書かれているような司法手続を経て，裁判で懲役刑あるいは禁錮刑が確定した場合に，刑務所などの刑事施設に収容されます。刑事施設の概要は第５章で説明されたとおりです。

刑務所などの刑事施設と聞いて，皆さんはどのようなところをイメージされるでしょうか。塀と鉄格子で囲まれて自由を制限される場所，犯罪者に反省させる場所，犯罪者に罪を償わせる場所，犯罪者を社会から隔離する場所……。ドラマや映画，小説などで描かれる刑事施設はどれも自由がなく，暗く，苦しい場所で，そんな場所に何年も収容されたくないと多くの人が思うことでしょう。

では，そのような刑事施設で心理的・教育的な支援や指導が行われていると聞いたらどうでしょうか。閉鎖的な場所で心理療法が行われることに違和感を抱いたり，イメージしにくいと感じる人は少なくないと思います。近年，刑事施設では心理的・教育的な支援や指導が積極的に行われていますが，残念ながら，その内容はまだ広く知られているとはいえません。本章では，刑事施設の社会的役割と，刑罰の執行から更生・再犯防止にまで役割が広がりつつある近年の刑事施設の動向を確認した上で，刑事施設における成人犯罪者に対する心理的・教育的な支援や指導について紹介します。

11.1 社会における刑事施設の役割

心理や教育，福祉に関心のある人は，刑務所などの刑事施設の改善更生や社会復帰に資する働きかけに目を向けがちですが，そもそも刑事施設が，刑罰を執行する施設だという事実を忘れてはいけません。日本の刑法が定める犯罪に対する刑罰には，**生命刑**（死刑）や**自由刑**（受刑者の身体を拘束することで自由を奪う刑罰。懲役，禁錮，拘留に区分され，懲役には作業義務が課される)，**財産刑**（罰金・科料）があり，刑事施設では，自由刑と生命刑を執行しています。

マクロな視点でとらえると，刑事施設が受刑者に刑罰を執行することは，様々な面で犯罪の予防・抑止につながります。犯罪者自身に対する介入によって再犯を予防する手法は犯罪の**特別予防**と呼ばれ，自由刑の執行には，犯罪者を社会から一定期間隔離して無力化する，再び罰を受けることを回避したいという犯罪者の意欲を喚起する，などの効果があるといわれています。他方，犯罪の**一般予防**は，応報（犯罪に及べば，それに応じた刑罰に処される）という考え方を基に，犯罪を計画する者を直接的に威嚇し，一般市民の法への信頼感を形成するなどして，まだ犯罪に及んでいない者が犯罪に及ばないよう広く犯罪抑止効果を与えるものです。このように，刑事施設に受刑者を収容することには，犯罪者本人と一般市民の両者に対して犯罪の予防・抑止効果があり，こうした観点から，刑事施設は設立以来，社会の治安・秩序を維持する上で重要な役割を担っていると考えられてきました。

一方，犯罪者を深く反省させれば二度と犯罪に及ばないだろうという考え方もあり，実際，多くの犯罪者は，逮捕された際に後悔し，二度と犯罪に及ばないと心に決めますが，そうした後悔や反省にもかかわらず，出所後に再犯に及ぶ者もいることは事実です（法務省，2019）。すなわち，特別予防の観点で見れば，犯罪者を刑事施設に収容すれば，収容期間中の全員の再犯は防止できますが，それだけでは，彼らの出所後の再犯を完全に防止することは困難なのです。こうした問題意識から，刑事施設では，監獄法の時代から，受刑者に必要な知識や力を身につけさせ，出所後の更生や再犯防止につなげることを目的とした心理的・教育的な支援・指導の必要性が指摘されていました。

11.2 近年の動向——刑罰重視から再犯防止重視へのパラダイムシフト

我が国の刑務所などの刑事施設では，長年にわたって，明治41（1908）年に制定された監獄法に基づいて処遇が行われてきました。監獄法は，自由刑や生命刑などの刑罰の執行に重点を置いた法律になっており，被収容者の権利に関する規定が十分ではなく，法的・倫理的な問題が多くありました。また，条文の中に受刑者の社会復帰や改善更生に関する記載がなく，例外的に規定されていた 18 歳未満の受刑者や必要と認められた受刑者に対する教育も，その目的は明示されず，法的根拠は曖昧でした。このため，施設ごとに更生や再犯防止に資する教育が細々と行われていたものの，懲役刑によって課せられる刑務作業が優先され，体系的・統一的な教育が導入されることはありませんでした。

そうした中で，平成 13（2001）年に，名古屋刑務所において刑務官の不適切処遇により受刑者が死傷するという痛ましい事件が起こり，刑事施設の在り方を見直すべきとの世論が高まりました。これを受けて，平成 15（2003）年に有識者による行刑改革会議が設置され，同会議の提言を受けて，平成 17（2005）年に「刑事施設及び受刑者の処遇に関する法律」が成立しました。その後，同法は**「刑事収容施設及び被収容者等の処遇に関する法律」**（**「刑事収容施設法」**）に改名され，平成 18（2006）年に施行されました。以降，刑事施設では，同法に基づいて，人権を尊重し，改善更生と社会復帰を図ることを目的に，矯正処遇の内容の拡充や出所後の再犯防止に資する教育・支援の充実化が進められてきました。

以上のように，法律の改正を機に，刑務所における受刑者への処遇が刑罰重視から再犯防止重視に移り変わったのは，まさにパラダイムシフト（今まで当たり前だとみなされてきた考え方や価値観が劇的に変わること）であったといえます。また，刑罰の執行の場という従来の刑事施設の役割に，更生・再犯防止に資する支援・指導を提供する場としての役割が加わって，社会の治安・秩序の維持の担い手として，刑事施設の重要度がますます高まってきています。

11.3　刑務所で行われている様々な支援・指導

刑事収容施設法第 103 条において，「刑事施設の長は，受刑者に対し，犯罪の責任を自覚させ，健康な心身を培わせ，並びに社会生活に適応するのに必要な知識及び生活態度を習得させるため必要な指導を行うものとする。」と規定されています。これを受けて，刑務所では社会復帰や改善更生に資する様々な支援や指導が行われています。本節では特に，心理・教育・福祉に関連する支援や指導を中心に紹介します。

11.3.1　分類審議室及び分類部の支援

刑務所，少年刑務所及び拘置所組織規則では，**分類審議室**及び**分類部**は，鑑別，分類，作業の指定並びに仮釈放及び仮出所の審査並びに保護に関する事務をつかさどることとされています。こうした被収容者の調査や出所に係る手続に関わる分類と呼ばれる部署では，前述した業務の中で受刑者に対して数々の心理的支援を行っています。

まずは，個々の受刑者に必要な処遇や支援・指導を見つけるための処遇調査について紹介します。刑が確定し，刑務所での受刑が決まった者には，刑執行開始時調査が行われ，精神障害，知的障害，発達障害の有無を含めた個別的な問題が特定されます。その上で，個々の特性に適した処遇や指導が行われるように**処遇指標**が指定され，処遇要領の策定がなされます（処遇指標は**表11.1**を参照）。この処遇指標を基に，犯罪傾向が進んだ者はB指標の施設に，高度な医療措置が必要な場合はM指標の医療刑務所に移送されるなど，受刑施設が選択されます。受刑施設では，処遇指標や処遇要領に基づいて改善指導や職業訓練など必要な処遇を受けられるよう調整され，精神障害，知的障害，発達障害，身体障害などがある者は作業の内容や生活面で配慮されます。また，処遇要領の策定時に各被収容者の矯正処遇の目標が設定され，その目標がどの程度達成されたかが定期的に評価されているほか，調査担当者によって定期的あるいは臨時に処遇調査が行われ，処遇指標や目標などの処遇要領の変更の要否が検討されています。こうしたきめ細やかな処遇調査によって，各受刑者に必要な処遇や支援・指導を提供できるよう下支えされているのです。加えて，処遇調査の機会に，心情不安定な受刑者に対する心理的支援も行われています。

次に，出所に向けた支援として，主に就労支援と福祉的支援が行われています。就労支援は，在所中から受刑者の就労や雇用を促進するための支援であり，無職の刑務所出所者の再犯率が有職者と比べて約3倍高いなどの問題意識の下

表 11.1 **処遇指標の区分と符号**（『平成 30 年度犯罪白書』を一部改変）

①矯正処遇の種類及び内容

種類	内容		符号
作業	一般作業		V0
	職業訓練		V1
改善指導	一般改善指導		R0
	特別改善指導	薬物依存離脱指導	R1
		暴力団離脱指導	R2
		性犯罪再犯防止指導	R3
		被害者の視点を取り入れた教育	R4
		交通安全指導	R5
		就労支援指導	R6
教科指導	補習教科指導		E1
	特別教科指導		E2

②受刑者の属性及び犯罪傾向の進度

属性及び犯罪傾向の進度	符号
拘留受刑者	D
少年院への収容を必要とする 16 歳未満の少年	Jt
精神上の疾病又は障害を有するため医療を主として行う刑事施設等に収容する必要があると認められる者	M
身体上の疾病又は障害を有するため医療を主として行う刑事施設等に収容する必要があると認められる者	P
女子	W
日本人と異なる処遇を必要とする外国人	F
禁錮受刑者	I
少年院への収容を必要としない少年	J
執行刑期が 10 年以上である者（平成 21 年 12 月 31 日以前は「執行刑期が 8 年以上である者」）	L
可塑性に期待した矯正処遇を重点的に行うことが相当と認められる 26 歳未満の成人	Y
犯罪傾向が進んでいない者	A
犯罪傾向が進んでいる者	B

に進められています（法務省，2016）。まず平成18（2006）年度から法務省と厚生労働省が連携して「刑務所出所者等総合的就労支援対策」が始まり，在所中にハローワーク職員による職業相談や職業紹介などを受けられるようになりました。「更生保護就労支援事業」として，刑務所在所中から出所後の職場定着に至るまで，一部の保護観察所による継続的な支援も行われています。また，なるべく多くの受刑者が出所後に就労できるよう，協力雇用主を積極的に募集・支援しています。

福祉的支援としては，出所後の円滑な社会復帰に向けて，平成21（2009）年から全国の刑務所に社会福祉士が配置され，在所中から福祉や医療との橋渡し作業が行われています。さらに，社会復帰や地域への定着に困難があって再犯することのないよう，平成21（2009）年に厚生労働省と法務省の連携の下「矯正施設出所者の地域生活定着支援促進事業」が創設され，各都道府県に「**地域生活支援センター**」が設置されて，保護観察所やその他関連機関と連携しながら，高齢者，精神障害者，知的障害者など福祉的支援が必要な受刑者が，出所後に地域社会の中で円滑に福祉サービスを受けられるよう支援体制が強化されてきました。

11.3.2 教育部の指導

刑務所，少年刑務所及び拘置所組織規則では，**教育部**は，**改善指導**，**教科指導**及び**余暇活動**に関する事務をつかさどることとされています。教育部では，教科指導として，義務教育を修了していない者あるいは修了していても学力が不十分であるなど，社会生活の基礎となる学力を欠くことにより改善更生や円滑な社会復帰に支障があると認められる受刑者に対して，小学校または中学校の教科の内容に準ずる教科指導（補習教科指導）を行っています。また，学力の向上を図ることが円滑な社会復帰に特に資すると認められる受刑者に対して，その学力に応じて高等学校または大学で行う教育の内容に準ずる教科指導（特別教科指導）を行っています。

次に，教育部では，刑事収容施設法第103条[1]に基づいて，受刑者に対して犯罪の責任を自覚させ，健康な心身を培わせ，並びに社会生活に適応するのに必要な知識及び生活態度を習得させるために改善指導も行っており，講話や体育，行事，相談助言などによって前述した目的を達成する指導は**一般改善指導**と呼ばれています。一方，同法同条第2項において，特定の問題性がある受刑者に対して特別改善指導を行うことが規定されており，**表11.1**及び以下に記載されているとおり，令和2（2020）年現在，R1からR6までの6類型の**特別改善指導**が実施されています。

- **薬物依存離脱指導（R1）**

薬物使用に係る自己の問題性を理解させ，再使用に至らないための具体的な方法を考えさせる。

- **暴力団離脱指導（R2）**

暴力団の反社会性を認識させ，離脱の意思を醸成する。

- **性犯罪再犯防止指導（R3）**

性犯罪につながる認知の偏り，自己統制力の不足等の自己の問題性を認識させ，その改善を図り，再犯に至らないための具体的な方法を習得させる。

- **被害者の視点を取り入れた教育（R4）**

罪の大きさや被害者等の心情を認識させるなどし，被害者に誠意をもって対応するための方法を考えさせる。

- **交通安全指導（R5）**

運転者の責任と義務を自覚させ，罪の重さを認識させる。

- **就労支援指導（R6）**

就労に必要な基本的スキルとマナーを習得させ，出所後の就労に向けての取

---

[1] 刑事収容施設法第103条　刑事施設の長は，受刑者に対し，犯罪の責任を自覚させ，健康な心身を培わせ，並びに社会生活に適応するのに必要な知識及び生活態度を習得させるため必要な指導を行うものとする。

2　次に掲げる事情を有することにより改善更生及び円滑な社会復帰に支障があると認められる受刑者に対し前項の指導を行うに当たっては，その事情の改善に資するよう特に配慮しなければならない。

一　麻薬，覚醒剤その他の薬物に対する依存があること。

二　暴力団員による不当な行為の防止等に関する法律（平成3年法律第77号）第2条第六号に規定する暴力団員であること。

三　その他法務省令で定める事情

組を具体化させる。

これら6類型の特別改善指導の中でも，R1とR3は，**認知行動療法**（問題行動の背景にある自らの認知（物事の考え方，とらえ方）の歪みに気づかせ，それを変化させることによって，問題行動を改善させる心理療法）とグループワークをベースにした心理学的アプローチを特徴としています。次にそれぞれの詳細を見ていきましょう。

1. 薬物依存離脱指導（R1）

薬物依存離脱指導（R1）は，平成18（2006）年の刑事収容施設法の施行を受けて開始された特別改善指導で，麻薬，覚醒剤，その他の薬物に対する依存がある受刑者を対象に，「薬物依存の認識及び薬物使用に係る自分の問題を理解させた上で，断薬への動機付けを図り，再使用に至らないための知識及びスキルを習得させるとともに，社会内においても継続的に薬物依存からの回復に向けた治療及び援助等を受けることの必要性を認識させること」を目的として実施されています（法務省ホームページa)。指導は，刑事施設の職員や処遇カウンセラー（薬物担当），民間協力者（民間自助団体等）によって，1単元60〜90分，プログラムの種類によって1〜6カ月の期間実施されます。認知行動療法とグループワークを中心に，ダルクやNA（ナルコティクス・アノニマス）など民間自助団体によるミーティング，講義，視聴覚教材，ワークブックなどの課題学習，討議，個別面接等が組み合わされた内容になっています。

平成28（2016）年度からは，標準プログラムが複線化され，必修プログラム（麻薬，覚醒剤その他の薬物に対する依存があると認められる者全員に対して実施するもの）を基本に，必要があれば専門プログラム（より専門的・体系的な指導を受講させる必要性が高いと認められる者に対して実施するもの）や選択プログラム（必修プログラムまたは専門プログラムに加えて補完的な指導を受講させる必要性が高いと認められる者に対して実施するもの）を組み合わせて，受刑者個々の問題性やリスク，刑期の長さ等に応じて柔軟にプログラムを実施できるようになりました。各プログラムの単元の内容は**表11.2**に記載されているとおりです。

薬物依存症の受刑者の多くは，「薬物をやめたいけれどやめられない。薬物

表 11.2　**薬物依存離脱指導（R1）の単元**（法務省ホームページの表を一部改変）

	項目	指導内容
必修プログラム	はじめに	プログラム概要を説明し，受講意欲を高めさせる。
	薬物使用の影響	薬物を使用することの利点と欠点について考えさせることで問題意識を持たせる。
	引き金に注意	薬物使用につながる「外的引き金」，「内的引き金」を具体化させ，自分の薬物使用のパターンの流れについての理解を深めさせる。
	再使用の予測と防止①	薬物を使用していた行動・生活パターンに戻ってしまう「リラプス」の兆候に気付き，対処する必要があることを理解させ，自分自身の「リラプス」の兆候及び対処方法を具体的に考えさせる。
	再使用の予測と防止②	回復途中に感じる「退屈さ」が「引き金」になることに気付かせ，スケジュールを立てることの大切さを理解させる。回復過程においては，ストレスの自覚と適切な対処が大切であることを理解させ，具体的な対処方法を考えさせるとともに実行を促す。
	活用できる社会資源	社会内で断薬を継続するための支援を行う専門機関についての情報を提供するとともに，民間自助団体の活動を紹介し，その内容について理解させる。
	おわりに	「再使用防止計画書」を作成させ，自分にとってのリラプスの兆候や引き金となる事象，それらへの対処方法について具体的にまとめさせる。
選択プログラム	項目及び指導内容については，専門プログラムから項目を選択し，各項目の指導内容に準じた内容とする。	

	項目	指導内容
専門プログラム	オリエンテーション	プログラムの概要を説明し，目的とルールについて理解させる。薬物を使用することの利点と欠点について考えさせることで問題意識を持たせ，受講意欲を高めさせる。依存症とは何かを理解させる。
	薬物使用の流れ	薬物依存がどのように形成されるのかを理解させ，入所前の自分の状態を振り返らせる。「引き金」とは何かを理解させ，薬物使用に至る流れに関する知識を身に付けさせる。
	外的引き金	薬物使用につながる「外的引き金」を具体化させ，自分の薬物使用のパターンの流れについての理解を深めさせる。
	内的引き金	自分の薬物使用につながる「内的引き金」を具体化させ，自分の薬物使用のパターンや流れについての理解を深めさせる。
	回復段階	薬物依存からの回復の段階における特徴的な心身の状況を理解させ，回復に対する見通しを持たせる。
	リプラスの予測と防止	「リラプス」とは，薬物を使用していた行動・生活パターンに戻ってしまうことであり，再使用防止のためには「リラプス」の兆候に気付き，対処する必要があることを理解させ，自分自身の「リラプス」の兆候及び対処方法を具体的に考えさせる。
	いかりの綱	再使用には前兆があることを気付かせ，再使用に至らないための方法を具体的に考えさせる。所内生活において，それらの対処方法を実践するよう促す。
	退屈	回復途中に感じる「退屈さ」が「引き金」になることに気付かせ，スケジュールを立てることの大切さを理解させる。
	社会内のサポート―自助グループとは	社会内で断薬を継続するための支援を行っている専門機関についての情報を提供するとともに，民間自助団体の活動を紹介し，その内容について理解させる。
	仕事と回復	仕事が回復にどのような影響を及ぼすかを理解させ，両者のバランスを取ることの大切さを認識させる。
	再使用防止計画書	「再使用防止計画書」の発表を通じて，これまで学習してきた内容を確認しながら，自分にとってのリラプスの兆候や引き金となる事象，それらへの対処方法について具体的にまとめさせる。また，他の受講者からのフィードバックや発表を聞くことで，それまでの自分になかった新たな気付きを得る機会を提供する。
	まとめ	回復過程に必要なことは，意志の強さではなく，賢い対処であることを理解させるとともに，これまでのセッションで学んできた効果的な対処方法が身に付いてきているかを受講者本人に確認させる。

をやめなくてはいけないけれどやめたくない」といった両価的な考えを持っています。その上，例えば「いら立った」「白い粉を見た」といった薬物使用に関連する状況，認知，感情を経験するだけで，薬物を使用したい欲求を抑えられなくなりがちです。薬物依存離脱指導は，こうした両価的な考えを扱いながら，受講者自身が薬物使用を誘発する状況，認知，感情を見つけ，それらに適切に対処する方法を考え，薬物を使いたいという欲求とうまく付き合っていく術と意欲を身につけられるよう導く指導なのです。

2. 性犯罪再犯防止指導（R3）

性犯罪再犯防止指導（R3）は，平成 18（2006）年の刑事収容施設法の施行を受けて開始された特別改善指導で，性犯罪の要因となる認知の偏り，自己統制力の不足等がある者を対象に，「強制わいせつ，強制性交等その他これに類する犯罪又は自己の性的好奇心を満たす目的をもって人の生命若しくは身体を害する犯罪につながる自己の問題性を認識させ，その改善を図るとともに，再犯しないための具体的な方法を習得させる」ことを目的として実施されています（法務省ホームページ b)。指導は，刑事施設の職員や処遇カウンセラー（性犯担当）によって 1 単元 100 分，週 1 回または 2 回行われており，認知行動療法とグループワークを基本とした指導になっています。R3 の対象となる受刑者は，刑執行開始時調査で，再犯リスク，問題性の程度，プログラムとの適合性等を調査され，その結果に応じて，「高密度」（9 カ月）・「中密度」（7 カ月）・「低密度」（4 カ月）のいずれかの本科プログラムを受講します。その他，本科プログラムには，知的制約のある者に対する「調整プログラム」や，刑期が短いなど受講期間を十分に確保できない者に対する「集中プログラム」も用意されており，受刑者のニーズに応じたプログラムを実施できる体制になっています。また，本科プログラムの前に，受講の心構えを養い，参加の動機付けを高めさせることを目的とした「オリエンテーション」や「準備プログラム」が，そして本科プログラムの後には，学んだ知識やスキルを復習させ，社会内処遇への円滑な導入を図ることを目的とした「メンテナンスプログラム」が整備されており，指導効果を高め，維持できるよう工夫されています。各プログラムの単元の内容は**表 11.3** に記載されているとおりです（『平成 27 年版犯罪

表 11.3 **性犯罪再犯防止指導（R3）の単元とカリキュラム**（法務省ホームページの表を一部改変）

項目	方法	指導内容	高密度	中密度	低密度
オリエンテーション	講義	• 指導の構造，実施目的について理解させる。 • 性犯罪につながる問題性を助長するおそれがある行動について説明し，自己規制するよう方向付ける。 • 対象者の不安の軽減を図る。			
準備プログラム	グループワーク	受講の心構えを養い，参加の動機付けを高めさせる。	必修	必修	—
本科プログラム					
第 1 科 自己統制	グループワーク 個別課題	• 事件につながった要因について幅広く検討し，特定させる。 • 事件につながった要因が再発することを防ぐための介入計画（自己統制計画）を作成させる。 • 効果的な介入に必要なスキルを身に付けさせる。	必修	必修	必修 （凝縮版）
第 2 科 認知の歪みと変容方法	グループワーク 個別課題	• 認知が行動に与える影響について理解させる。 • 偏った認知を修正し，適応的な思考スタイルを身に付けさせる。 • 認知の再構成の過程を自己統制計画に組み込ませる。	必修	選択	—
第 3 科 対人関係と親密性	グループワーク 個別課題	• 望ましい対人関係について理解させる。 • 対人関係に係る本人の問題性を改善させ，必要なスキルを身に付けさせる。	必修	選択	—
第 4 科 感情統制	グループワーク 個別課題	• 感情が行動に与える影響について理解させる。 • 感情統制の機制を理解させ，必要なスキルを身に付けさせる。	必修	選択	—
第 5 科 共感と被害者理解	グループワーク 個別課題	• 他者への共感性を高めさせる。 • 共感性の出現を促す。	必修	選択	—
メンテナンス	個別指導 グループワーク	• 知識やスキルを復習させ，再犯しない生活を続ける決意を再確認させる。 • 作成した自己統制計画の見直しをさせる。 • 社会内処遇への円滑な導入を図る。			

白書』(2016) の第6編第3章でもR3について詳細に説明されているので，読んでみてください)。

多くの人にとって，他者に性の話をすることは恥ずかしい行為です。それは性犯罪者にとっても同様で，性犯罪を犯した自分を認めたくない，人に知られたくないという心理機制が働きがちです (大江，2015)。その上，認知の歪み，感情統制，対人態度の問題を抱える者が多く，他者はおろか，自分自身が本当は何を感じ，考えているのかさえ十分に理解できない者も少なくありません。性犯罪再犯防止指導では，グループワークの集団力動を使って受講者同士が支え合い，刺激し合う安心安全な場を作りながら，認知行動療法の技法によって自分の感情や認知を適切に認識し，それを統制する力を身につけさせていきます。さらに，数カ月間にわたって他の受講者と関わることを通して，親密な対人関係を体験し，共感性を育て，適切な対人スキルを身につけることも期待されています。

11.4 仮想事例

ここまでは，裁判で刑が確定して刑務所に収容された受刑者に対して，どのような支援や指導が行われているかを紹介してきました。さらに刑務所における受刑者の生活の様子や，支援・指導の具体的なイメージをつかめるよう，以下に性犯罪者の仮想事例を見ていきましょう。

32歳初犯の男性。深夜の路上で見ず知らずの女性を襲った強制わいせつ事件で実刑判決を受けた。刑が確定した後，性犯罪に関する精密な調査が必要だとして矯正管区調査センターが設置されている某刑務所に移送され，そこで性犯罪に関する調査を含め様々な面接や検査を受けた。しかし，本人は，性犯罪のことを他者に話すことに抵抗感があり，また，もちろん悪いのは自分だが，夜中に危機感なく歩いていた被害者にも非があったのではないかという思いがあったため，調査では余計なことを話さないよう気をつけた。調査担当者に，今後性犯罪再犯防止指導を受講すると言われ，は「義務だから仕方がない」と答えたが，内心は受講することが嫌がなかったし，もう十分に反省して二度と犯罪をしない自信があっで，受講する必要はないと思っていた。

執行開始時調査が終わり，受刑する施設に移送され，工場に配役されそこからは，朝起床し，工場に出役して，運動や休憩を挟みながら日作業を続け，夕方に居室に戻って自由時間を過ごした後に夜就寝するという日々を続けた。受刑当初は，犯罪者は信用できないし，自分の罪名を知られたら馬鹿にされると思っていたので，他の受刑者とは世間話しかせず，時々出される菓子と母親の面会だけを楽しみに過ごしていた。そうした中で，ある日，職業訓練を受ける機会があることを知り，就職や年老いた親を世話する際の助けになるかもしれないとの思いから，介護の資格を取得できる職業訓練に応募した。職業訓練は大変だったが，資格を取得できた達成感はなかなか心地良いものだった。また，同じ居室にいる受刑者が高等学校卒業程度認定資格試験の勉強に励んでいる様子を見て，高校を中退後，学業や学歴に引け目を感じてふて腐れてきた自分の過去を思い出し，自分も同試験を受けてみようと思った。作業の後，共同室で他の受刑者がくつろいでいる中で勉強するには忍耐が必要だったが，いくつかの科目で合格すると，努力することは悪くないと思うようになっていった。

ある日，刑務所の職員から，近日中に性犯罪再犯防止指導の受講を開始すると告知された。周囲の受刑者に自分が性犯罪者だということを知られるのではないかとの不安や，他にどんな人が受講するのか，自分の悪いところを責められるのではないかといった不安が強まって，落ち着かなくなったが，事前に指導担当の職員に指導について丁寧に説明してもらえた上，準備プログラムを通して，指導は知らない受刑者同士であっても安心して話せる場だと実感できたため，当初の不安は徐々になくなっていった。

自分以外の性犯罪者と話したことがなかったので，性犯罪再犯防止指導の中で他の者も自分と同じ悩みを抱えていることを知って，他者に親しみを覚えたことは新鮮な体験だった。一方，指導の中で自分の問題や事件に向き合うことはとてもつらい作業で，指導の中盤までは本音を隠し，自分の非をはぐらかすことばかり考えていた。自分をさらけ出そうと頑いる他の受講者に後ろめたさを感じ，助言や指摘をされると批判されがしていら立つなど，精神的に不安定になったこともあった。しかし，んな自分を励まし，言いにくいことでも率直に伝えてくれる他の受講者指導者のおかげで，このグループであれば自分の問題や事件に向き合っていけると思い始めた。また，指導の中で学んだ認知行動療法の技法を繰返し実践していくことを通して，自分の認知や感情をうまくモニターし，適切に対処できるようになり，生活や指導の中で感情的になることが少なくなった。自分が性犯罪に近づいていくきっかけや特有の感情・認知にも気づき，傷つきたくない一心で努力を避け，男女を問わず他者と深い関係にならないようにしてきたことや，警戒心なく夜道を歩く女性は襲われても当然だという認知の歪みがあることが自分の再犯リスクだと自覚し，それらを踏まえた再犯防止計画を立てた。

指導の最終回には，このグループから離れることを寂しく感じ，他の受講者が再犯しないことを心から願った。この頃になると，被害者に対して取返しのつかないことをしたとの罪悪感が強まり，被害者に直接謝罪できないのであれば，せめて他のだれかの役に立つ人になりたいと思うようになった。

指導終了後しばらくして，時々メンテナンスプログラムとして指導担当職員と面接した。指導で学んだことを思い出し，出所後のことを考えることは，初心に戻り，自分が考えた再犯防止計画を見つめ直す良い機会になった。また，出所後の生活を安定させ，再犯のない状態を維持するためには仕事が重要だと思い，就労支援を受ける中で，自分の適性や就労の機会について具体的に考えるようになり，介護の仕事に就く決意を固めた。仮釈放に向けた地方更生保護委員の面接では，自分の問題点とそれに対する対策を説明し，再犯しない決意と被害者への謝罪の気持ちを伝えた。仮釈放の当日，出所後に仕事に就けるのか，再犯してしまうのではないかと様々な不安はあったが，以前に比べれば，他者を頼ってもよいという安心感と，逃げずに頑張れる自信が身についてきた実感があったため，前向きな気持ちであった。

11.5 おわりに

「犯罪者を深く反省させれば二度と犯罪に及ばないだろう」と多くの人は考えがちですが，現実を見れば，どれほど刑罰を受けてつらい思いをしても，どれほど後悔しても再犯する人はいます。こうした刑罰だけでは再犯を抑止できない受刑者に，問題性に応じた支援や指導を行い，犯罪に及ばずに生きる力を身につけさせることが近年の刑務所に求められており，刑罰の執行というもともとの役割に加え，更生・再犯防止に資する支援・指導を提供する役割に対して社会の期待は年々高まっています。

なお，本章で取り上げた仮想事例は，筆者が刑務所で勤務する中で見てきた事例を寄せ集めて作られたものであって，すべての受刑者がこの仮想事例のように良い方向に変化するとは限りません。繰返し再犯に及ぶ者は，自己の人生を不変的なものとして悲観的にとらえやすい（Maruna, 2001 津富・河野監訳 2013），変化のフック（きっかけ）を生かせない（Giordano, 2016）などの特徴があるといわれており，実際，仮想事例の受刑初期の頃のように自己を変えることに抵抗し，様々な支援や指導を変化のフックとして生かそうとしない受刑者は少なくありません。しかし，大切なのは，刑事施設には様々な支援や指導を受ける機会があり，仮想事例のように，ふとしたことから，それらの支援・指導が受刑者の態度や行動を変え，再犯のない生活につながるきっかけになり得るということです。刑事施設では，一人でも多くの受刑者が支援・指導を更生や再犯防止の機会として生かせるよう，心理や教育，福祉，医療，保安などを専門とする多職種の職員が連携し，協力し合っているのです。

復習問題

1. 刑事施設において心理的・教育的な支援・指導が積極的に行われるようになった背景ときっかけは何でしょうか。
2. 刑事施設においてどのような就労支援や福祉的支援が行われているでしょうか。
3. 刑事施設ではどのような特別改善指導が行われているでしょうか。

参考図書

桐生 正幸（編）(2019). 司法・犯罪心理学　北大路書房

警察・司法・矯正領域について幅広く学べる良書。わかりやすく，警察・司法・矯正領域の概観をとらえるのに役立ちます。

伊藤 冨士江（編）(2015). 司法福祉入門　第 2 版〈増補〉――非行・犯罪への対応と被害者支援――　上智大学出版

司法・矯正領域について，司法と福祉の視点から幅広く紹介した良書。事例が豊富に含まれ，入門者のテキストとして優れています。

門本 泉・嶋田 洋徳（編著）(2017). 性犯罪者への治療的・教育的アプローチ　金剛出版

刑事施設における性犯罪再犯防止指導に携わる実務家と研究者による「現場の知」。性犯罪に関する理論から臨床の実践アプローチまでを幅広く扱い，性犯罪再犯防止指導だけでなく，矯正領域における処遇について深く学ぶことができます。

12 犯罪被害についての基本的知識

本書では，これまでに，犯罪をした加害者について解説してきました。未成年による犯罪であれ成人による犯罪であれ，加害者がいれば，そこには被害者がいます[1]。被害者は，犯罪によって安全安心だった日常生活を奪われ，想像を絶するような生活を強いられるようになります。被害者の支援に携わる場合は当然のことですが，加害者の処遇や介入においても，被害者の置かれた現実とその支援体制を知っておく必要があります。

本章では，公認心理師として知っておくべき犯罪被害に関する基本的な知識について解説します。まず，犯罪被害者がどのような心理に陥ることになるのかを考察しますが，その前提として被害者支援の基本姿勢についても言及します。次に，我が国において被害者支援制度が整備されるまでの流れを見ながら，被害者支援制度を概観します。その上で，子どもが犯罪や児童虐待などの被害を受けた場合に活用される司法面接について解説します。最後に，被害者の視点を取り入れた教育について触れます。

12.1 犯罪被害者の心理

12.1.1 犯罪被害者支援の基本姿勢

犯罪被害と言われたとき，皆さんは何を思い浮かべるでしょうか。最も重い被害は，被害者が亡くなることでしょう。亡くならないまでも，重い後遺症が

[1] 薬物犯罪や事故を伴わない交通違反など「被害者なき犯罪」といわれるものもありますが，それらについても必ずしも被害者がいないとは限りません。薬物犯罪は，自分自身を被害者として傷つけていますし，薬物の影響で他害行為に出るおそれもあります。交通違反は，発覚したり検挙されたりしたときに被害者がいなかっただけで，違反を続けていればいずれ被害者を生み出す危険があります。

残って一生寝たきりの生活を余儀なくされる場合もあります。性犯罪は,「魂の殺人」と呼ばれるくらい,身体だけでなく精神面においても重大な被害を与えます。

それでは,自転車を1台盗まれた被害者や100円のガム1個を万引きされたお店の経営者は,どうでしょうか。被害者が死亡したり,重い後遺症が残ったり,性犯罪の被害を受けたりした方に比べて,「軽い被害」と感じるかもしれません。実際,刑法では,殺人[2]は「死刑又は無期懲役若しくは5年以上の懲役」,強制性交等[3]は「5年以上の有期懲役」と規定されているのに対して,窃盗[4]は「10年以下の懲役又は50万円以下の罰金」と相対的には軽い刑罰が規定されています。

しかし,ここで勘違いしてはならないのは,これらの規定は,あくまでも加害者に対する刑罰として国家が定めたもの(「罪刑法定主義」)であって,被害者が実際に受ける被害の程度を反映したものではないということです[5]。つまり,刑事裁判では,法律に定められた刑罰という観点から,加害者の犯罪行為が軽いものから重いものまで想定されていますが,被害者が実際に受ける被害は,それと完全に一致するわけではないということです。例えば,加害者にとっては「たかが自転車1台」であっても,被害者にとっては,大切な人に買ってもらった思い出の品であるかもしれませんし,勉強や部活動の合間を縫ってアルバイトをして貯めたお金で買った貴重な自転車であるかもしれないのです。

この点は,被害者支援にとって非常に重要なことですので,もう少し説明し

---

[2] 刑法第199条 人を殺した者は,死刑又は無期若しくは5年以上の懲役に処する。

[3] 平成29(2017)年6月に刑法の一部が改正され,「強姦」が「強制性交等」と改められました。それに伴い,これまで「女子を姦淫」として女性に限られていた被害者の性別規定は除外され,処罰対象となる行為も「姦淫」に限られなくなりました。

刑法第177条 13歳以上の者に対し,暴行又は脅迫を用いて性交,肛門性交又は口腔性交(以下「性交等」という)をした者は,強制性交等の罪とし,5年以上の有期懲役に処する。13歳未満の者に対し,性交等をした者も,同様とする。

[4] 刑法第235条 他人の財物を窃取した者は,窃盗の罪とし,10年以下の懲役又は50万円以下の罰金に処する。

[5] 例えば,平成29(2017)年6月に刑法が改正されるまで,強姦の刑罰(3年以上の有期懲役)は,強盗のそれ(5年以上の有期懲役)に比べて軽いものでした。

ます。被害者の受ける被害は千差万別で，しかも，時間の経過に伴って気持ちや考えが変化する複雑なものです。例えば，殺人事件の遺族は，事件を初めて知ったときには何も考えることができず，被害者が亡くなった事実を受け入れられないかもしれませんが，捜査や裁判が進んでいくにつれて加害者に対する怒りや報復心が芽生えていきながら，加害者が死刑判決を受けても被害者が生きて帰ってくるわけではないという無力感も抱くことがあります。さらに，こうした被害者の気持ちや考えは，加害者が受ける刑罰の軽重とは無関係です。だからこそ，被害者は，たとえ善意からのものであったとしても，周囲の人の「生きているだけマシ」「私なんかもっとひどいことをされたことがある」「いつまでもくよくよせずに，早く忘れてしまったほうがいい」などという言葉や態度に傷つきます。このように，犯罪被害者が犯罪による被害に加えて，事件後に様々な被害を受けることを**二次被害**[6]といいます。

支援者は，犯罪被害者に共通する心理を知っておく必要がありますが，その前提として，被害者の被った被害は，その人に固有のものであり，他の事件や被害と比べられるものではないということを肝に銘じておく必要があります。

12.1.2　犯罪被害者の心理

前述のとおり，犯罪被害者の心理は千差万別で，時間経過とともに変化する複雑なものですが，共通する部分もあります。被害者の多くは強い恐怖心を抱き，もう二度と同じような目に遭いたくないと思いますが，報復を恐れて警察への被害申告をためらうこともあります[7]。当然のことですが，加害者が憎い，許せない，同じ思いを味わわせてやりたいと思います。その一方で，加害者が二度と同じことをしないようにとその更生を望む被害者もいます。

被害者の中には，恐怖，怒り，無力感，現実感の喪失，離人感，抑うつ，過

[6] 犯罪被害者は，周囲の人（家族や友人や近隣住民など）だけでなく，マスコミや司法関係者などから無責任で配慮のない言動を受けることがあります。また，各種手続や裁判などのために繰返し事件について話さなければならないことも，犯罪被害者にとっては苦痛な体験になります。

[7] そのため，捜査機関に通報されず，公式統計には表れない被害（暗数）もあります。

呼吸，睡眠障害，食欲や注意力の低下，思考の混乱などの症状が見られることがあります（小西，2006）。これらは，犯罪というストレスに対する正常な反応ですが，犯罪被害がトラウマとなって**ASD**（Acute Stress Disorder；**急性ストレス障害**）や**PTSD**（Post Traumatic Stress Disorder；**心的外傷後ストレス障害**）を発症することもあります。ASDは，トラウマ体験後の1カ月間のストレス反応で，この間に自然に回復する場合もありますが，症状が長引き，PTSDに発展することがあります。アメリカ精神医学会による精神疾患の診断基準と診断分類（DSM-5; American Psychiatric Association, 2013）によれば，PTSDは，**侵入症状**（本人の意思とは関係なく，トラウマ体験が想起され，そのときの苦痛がありありとよみがえること），持続的な回避（犯罪被害に関連する物や場所を避け続けること），認知と気分の陰性の変化（犯罪被害の重要な場面を思い出せなかったり，自分や他者や世界に対して否定的な信念や予想を持ったりすること），過覚醒と反応性の著しい変化（気持ちが張り詰めていて，あらゆる刺激に敏感になり，不安で落ち着かず，イライラしやすくなること）という症状が1カ月以上にわたって続き，日常生活に支障が生じるもので，専門的な治療を必要とします。

犯罪被害を受けると，被害者本人はもちろん，その家族にも深刻な影響が及びます。例えば，被害者を守れなかったことに家族は罪悪感や自責感を抱きます。また，同じ家族であっても，その表現方法が違うために家族内に葛藤が生じたり，家族関係が悪化したりすることもあります。例えば，悲嘆に暮れて何も手につかず，やつれてしまう家族がいれば，つらい胸の内を明かさず，気丈に振る舞う家族もいます。そうすると，被害を受けた際の表現方法が違うだけであるにもかかわらず，互いに相手が被害者のことを思っていないと非難して傷つけ合ったり，わかり合えないと絶望したりすることがあります。

家族を殺害された遺族は，さらなる苦しみを受けます。被害者を守れないまま，生き残ったことに罪悪感を抱き[8]，事件などなかったことにしたいと思いますが，かといって被害者を忘れたくないという思いも強く抱きます。加害者

---

[8] これを「サバイバーズ・ギルト」（survivor's guilt）といいます。犯罪被害に限らず，自然災害などで家族を失った被災者にも認められます。

を許せず，被害者と同じ苦痛を味わわせてやりたいと望む一方で，加害者が死刑判決を受けて実際に死刑が執行されたとしても，被害者が生き返るわけではないという無力感を抱きます。とはいえ，遺族が四六時中，被害者のことを考えているかといえば，それも違います。特に被害者が亡くなって長期間が経過すれば，むしろ，被害者のいない生活が日常になりますので，それが自然なことといえますが，遺族は，常に嘆き悲しむ存在としての「遺族」を周囲に期待され，苦しむこともあります（鮎川，2010）。

12.2　犯罪被害者の位置づけと犯罪被害者支援制度

12.2.1　犯罪被害者の位置づけ

このように，犯罪被害者は，程度の差こそあれ，それまでの平穏な日常生活を奪われ，深刻な打撃を受けるにもかかわらず，我が国において被害者の権利が法律上認められたのは，後述するとおり，21 世紀に入ってからのことです。つまり，犯罪被害者の位置づけは，時代と共に変わってきているということです。その歴史的変遷を主に平山（2019）に基づいて確認しておきます。

司法制度が未発達であった古代や中世では，被害者が加害者に直接復讐できました。我が国でも，江戸時代には目上の者が殺された場合には敵討ちや仇討ちが認められていました。このように被害者等が加害者に報復したり，弁償を求めたりすることができた時代は，被害者の黄金期と呼ばれています。ところが，近代に入って司法制度が整備され，国家刑罰権が完成すると，被害者の存在は希薄化していきました。犯罪は，国家に対する侵害とみなされ，加害者に対する刑罰権は，国家や統治者が握るようになりました。それまで加害者から被害者に支払われていた賠償金は，罰金として国家に支払われるようになりました。この時期は，被害者の衰退期といわれています。

それでも，欧米では 1960 年代以降，被害者を支援する制度の必要性が唱えられ，整備されていきました。我が国でも，昭和 49（1974）年 8 月 30 日に発生した三菱重工ビル爆破事件をきっかけに，昭和 56（1981）年 1 月 1 日に「犯罪被害者等給付金支給法」が施行されました。これは，①犯罪によって死亡した遺族に支給される遺族給付金，②犯罪行為によって重傷病を負った人に支給される重傷病給付金，③犯罪行為によって障害が残った人に支給される障害給付金から成ります。

しかしながら，この給付金は，見舞金的な性格のもので，支給額が十分ではない等の批判がありました。しかも，我が国では1990年代に入っても，被害者を保護するための法律や制度は十分ではありませんでした。この頃の事情を「全国犯罪被害者の会（あすの会）」の代表幹事を務めた岡村勲弁護士[9]は，次のように述べています[10]。少し長いですが，当時の犯罪被害者の置かれた状況が理解できますので，引用します。

> 「犯罪にあえば，誰でも無念の思いにかられ，裁判所が加害者を処罰して無念を晴らしてくれるものと期待しますが，裁判所は加害者の権利を守りこそすれ，被害者の味方ではありませんでした。最高裁判所は，刑事裁判は社会秩序維持を護るためにあるので，被害者のためにあるのではないというのです（1990年判決[11]）。被害者のためにするのではないのですから，被害者は捜査や裁判から一切関与させてもらえず，すべて蚊帳の外に置かれます。起訴するかどうか，裁判の期日をいつにするかは，被害者と関係なく行われ，訴状も，冒頭陳述書も，論告要旨も，判決も被害者には送ってきません。被害者は，捜査や裁判に必要があるときだけ呼び出され，

[9] 岡村勲弁護士は，平成9（1997）年10月，山一證券の代理人弁護士を務めていた際，逆恨みした男性に妻を殺害され，犯罪被害者遺族となったことを機に，犯罪被害者の権利向上のための活動に携わるようになりました。

[10] http://www.navs.jp/introduction/introduction.html（2020年2月25日閲覧）

[11]「犯罪の捜査及び検察官による公訴権の行使は，国家及び社会の秩序維持という公益を図るために行われるものであって，犯罪の被害者の被侵害利益ないし損害の回復を目的とするものではなく，また，告訴は，捜査機関に犯罪捜査の端緒を与え，検察官の職権発動を促すものにすぎないから，被害者又は告訴人が捜査又は公訴提起によって受ける利益は，公益上の見地に立って行われる捜査又は公訴の提起によって反射的にもたらされる事実上の利益にすぎず，法律上保護された利益ではないというべきである。」（平成2（1990）年2月20日最高裁判所第三小法廷，判決，棄却）

ご用が終わればそれまで，という存在です。（中略）

我が国では，被害者よりも加害者が大切にされています。加害者少年を保護する法律はあっても，痛手を負って立ち上がれず身体的・精神的に苦しんでいる被害者を保護する法律や制度はありません。我が子の最後を知りたいと思っても，加害者の更生やプライバシー保護を理由に詳細を教えてくれません。不起訴事件の捜査記録も見せてもらえません。」

それでも，平成 7（1995）年 3 月 20 日に発生した地下鉄サリン事件をきっかけに被害者の権利保護を求める動きが活発になり，平成 17（2005）年 4 月 1 日に「**犯罪被害者等基本法**」が施行され，同年 12 月 27 日には「**犯罪被害者等基本計画**」が策定されました[12]。これによって，被害者等の権利が法律によっ

BOX 12.1　犯罪被害者等基本法による用語の定義

犯罪被害者「等」とあるように，犯罪被害者等基本法は，犯罪の被害に遭った人だけを対象としているわけではありません。具体的には，犯罪被害者等基本法第 2 条では，犯罪被害者等を「犯罪等により害を被った者及びその家族又は遺族」と定義されています（表 12.1）。

表 12.1　**犯罪被害者等基本法で用いられる用語の定義**（犯罪被害者等基本法第 2 条）

用語	定義
犯罪等	犯罪及びこれに準ずる心身に有害な影響を及ぼす行為（交通事故の被害者も含まれる）
犯罪被害者等	犯罪等により害を被った者及びその家族又は遺族（日本国籍を有するか否かは規定されていない）
犯罪被害者等のための施策	犯罪被害者等が，その受けた被害を回復し，又は軽減し，再び平穏な生活を営むことができるよう支援し，及び犯罪被害者等がその被害に係る刑事に関する手続に適切に関与することができるようにするための施策

[12] この間，平成 9（1997）年 2 月から 5 月にかけて神戸連続児童殺傷事件，平成 11（1999）年 4 月 14 日には山口県光市母子殺害事件，同年 10 月 26 日には桶川ストーカー殺人事件などが発生し，その都度，遺族や支援者による地道な運動が続けられてきました。

て保護されるようになりました[13]。具体的には，①刑事手続への被害者の関与の拡充，②損害回復や経済的支援，③被害者参加制度の創設など大幅な制度改正が行われました[14]。このように，「犯罪被害者等の権利利益の保護を図ること」が法律に明記され，それによって様々な被害者支援制度が整えられてきている現在は，被害者の復活期といわれています。

12.2.2 犯罪被害者支援制度

犯罪被害者等基本法第3条[15]にはその基本理念が謳われています。ここで重要なのは，「犯罪被害者等が，被害を受けたときから再び平穏な生活を営むことができるまでの間，必要な支援等を途切れることなく受けることができる」ということです。なぜなら，被害者等は，事件発生直後はもちろん，裁判が終わって判決が出た後までも，長期間にわたって様々な困難に直面し，苦しんでいるからです。

そこで，捜査機関（警察や検察庁），司法機関（地方裁判所や家庭裁判所），行政機関（地方自治体），弁護士，病院，民間支援団体などがそれぞれの提供できる範囲や方法で被害者等を支援しています。例えば，警察では，捜査状況

---

[13] 犯罪被害者等基本法第1条　この法律は，犯罪被害者等のための施策に関し，基本理念を定め，並びに国，地方公共団体及び国民の責務を明らかにするとともに，犯罪被害者等のための施策の基本となる事項を定めること等により，犯罪被害者等のための施策を総合的かつ計画的に推進し，もって犯罪被害者等の権利利益の保護を図ることを目的とする。

[14] この他にも，平成12（2000）年以降，児童虐待防止法（2000年11月20日施行），ストーカー行為等の規制等に関する法律（2000年11月24日施行），配偶者からの暴力の防止及び被害者の保護に関する法律（いわゆる「DV防止法」，平成13（2001）年10月13日施行）など被害者保護に向けた様々な法律が整備されました。また，平成30（2018）年3月には犯罪被害者等に支給される給付金制度が拡充されました。

[15] 犯罪被害者等基本法第3条　すべて犯罪被害者等は，個人の尊厳が重んぜられ，その尊厳にふさわしい処遇を保障される権利を有する。犯罪被害者等のための施策は，被害の状況及び原因，犯罪被害者等が置かれている状況その他の事情に応じて適切に講ぜられるものとする。犯罪被害者等のための施策は，犯罪被害者等が，被害を受けたときから再び平穏な生活を営むことができるようになるまでの間，必要な支援等を途切れることなく受けることができるよう，講ぜられるものとする。

などの情報提供，各種被害相談窓口の設置，心の傷の回復を支援するためのカウンセリング体制の整備，被害者等の安全確保や再被害等の防止，被害の特性（例えば，性犯罪，暴力団犯罪，交通事故，ストーカー事案，配偶者からの暴力（DV）事案，子どものいじめや虐待被害など）に応じた支援など様々な支援策が講じられています。検察庁では，被害者支援員による法廷への案内や裁判記録の閲覧などの支援，被害者専用電話の設置，各種支援機関の紹介などが行われています。また，刑事裁判における各種制度（被害者参加[16]，意見陳述[17]，被害者等通知[18]など）を利用することもできます。地方裁判所では，刑事裁判を傍聴する被害者等の傍聴席の確保について配慮されたり，被害者等が証人として出廷する際に裁判所の判断によって被害者保護のための措置（①証人への付添い，②証人への遮へい，③ビデオリンク方式の活用）がとられたりしています。また，刑事裁判の起訴状に記載された犯罪事実に基づいて，その犯罪によって生じた損害の賠償を請求することができる「損害賠償命令制度」も整備されています。家庭裁判所では，少年の健全育成を害しない場合に限定されていますが，①記録の閲覧・謄写[19]，②審判結果等の通知[20]，③被害者等からの意見聴取[21]，④被害者等による少年審判の傍聴[22]などが認められ

---

[16] 一定の事件で，被害者等が刑事裁判に参加して公判期日に出席し，被告人質問などを行うことができます。

[17] 被害者等が被害についての気持ちや事件についての意見を法廷で述べることができます。

[18] 事件の処理結果（起訴か不起訴か），公判期日，刑事裁判の結果，公訴事実の要旨，不起訴裁定の場合にはその主文と理由の骨子，勾留及び保釈等の身柄の状況，公判経過に関する通知を受けられます。

[19] 審判開始決定のあった後，被害者等又は被害者等から委託を受けた弁護士から申し出があり，家庭裁判所が「正当な理由」があるかどうか，少年の健全育成への影響や事件の性質などを考慮した上で，非行事実に関わる記録に限って閲覧・謄写が認められます（少年法第5条の2）。

[20] 被害者等からの申し出があり，少年の健全育成を害しない場合に限って，①少年及びその法定代理人の氏名及び住居，②決定の年月日，主文及び理由の要旨が通知されます（少年法第31条の2）。

[21] 被害者等から被害に関する心情その他の事件に関する意見の陳述の申し出があるときには，裁判官が自らこれを聴取するか，家裁調査官に命じて聴取させることが

ています。その他にも，弁護士会，自治体，法テラスなどでも被害支援のための方策が整備されています。

このように，それぞれの機関や団体が様々な被害者支援や被害者配慮の制度を整えていますが，それだけでは十分ではありません。というのも，被害者は，これらの支援を受けるために様々な機関に出向いていく必要があったり，せっかく出向いても，求めている支援を受けられずにたらい回しにされたりすることがあるからです。

こうした問題を解消する仕組みが**ワンストップサービス**です。そもそも，ワンストップサービスとは，何らかの行政サービスを受ける際に，複数の機関や団体あるいは同じ機関であっても部署や庁舎をまたがって何カ所も出向かなければ手続が完了しなかったものを一度にまとめて取り行えるように整えられた環境のことをいいます。犯罪被害者を支援する場合にも，犯罪被害者等が必要としている多種多様な支援を 1 つの機関や団体だけで充足することは困難ですので，犯罪被害者のためのワンストップサービスが提供され，事件発生から裁判終了後も途切れのない継続的な支援が行われる必要があります。

例えば,「性犯罪・性暴力被害者のためのワンストップ支援センター」は，性犯罪・性暴力被害者に対するワンストップサービスで，各都道府県に 1 カ所ずつ設置されています。具体的には，被害者が被害を受けた直後から，①医師による心身の治療，②相談・カウンセリング等の心理的支援，③捜査関連の支援，④法的支援などの総合的な支援を 1 カ所で受けられるようになっています[23]。

性犯罪に限らず，犯罪被害者等の支援に関わる様々な機関と連携しながら総合的かつ継続的に支援している民間支援団体もあります。例えば,「被害者支援センター」では，全国 48 の加盟団体と連携・協力しながら，犯罪被害に遭

できます。ただし，事件の性質，調査又は審判の状況等を考慮して相当でないと裁判官が判断する場合には，認められないこともあります（少年法第 9 条の 2）。

[22] 非行少年が故意の犯罪行為によって被害者を死亡させたり，被害者の生命に重大な危険を生じさせたりした場合で，被害者等から審判期日における審判の傍聴の申し出があった場合，家庭裁判所は，少年の年齢及び心身の状態，事件の性質，審判の状況その他の事情を考慮して，少年の健全な育成を妨げるおそれがなく相当と認

った人たちに支援活動が行われています[24]。具体的には，犯罪被害相談員，直接支援員，精神科医，公認心理師，臨床心理士，精神保健福祉士，弁護士等の専門家によって，犯罪被害者等の多様なニーズに応える支援（①電話相談，②面接相談，③病院，警察，検察庁，裁判所などの付添い，④日常生活の支援，⑤公的手続の支援，⑥法律相談，⑦カウンセリング，⑧関係機関との連絡調整など）が行われています。提供される支援は，加盟団体（支援センター）によって異なりますが，無料で行われています。また，相談内容の秘密や個人情報は厳守されます。

12.3 司法面接 ――子どもから必要十分な情報を得るための工夫

心身共に未熟な未成年者が犯罪や虐待などの被害者となった場合，大人と同じ方法では必要十分な情報を収集することができません。そこで，**司法面接**（forensic interviews）という特別な面接方法が考案され，採用されています。

12.3.1 司法面接の目的と特徴

司法面接とは，被面接者の心理的負担に配慮しつつ，法的な判断のために使用することのできる精度の高い情報を得るための面接法と定義されています（仲，2016）。司法面接には様々な種類がありますが，そのいずれにも共通した目的は，①正確な情報をより多く引き出すこと，②子どもへの精神的負担を最小限にすること，の2つに集約されます。中でも，「特定の時間，場所で起きたエピソード記憶」「加害したとされる人と，被害を受けたとされる人が特定の時間と場所を共有していた，ということが証明できる情報」（仲，2016, p.30）を得ることが重要です。

めるときは，その申し出をした者に対して審判の傍聴を許可することができるとされています（少年法第22条の4）。

[23]「性犯罪・性暴力被害者のためのワンストップ支援センター」は，都道府県ごとに対応できる業務が異なるため，被害者が必要とする支援を提供できない場合，当該支援を提供できる関係機関や団体につなぐことになっています。

[24] https://www.nnvs.org/shiensetsumei/（2020年2月25日閲覧）

司法面接では，この2つの目的を達成するために，次のような工夫がされています（仲，2016）。

①記憶の変容や汚染が起きないように，あるいは，供述が変わらないように，できるだけ早い時期に，原則として1回だけ面接を行う。

②対象者に圧力をかけたり，誘導や暗示を与えたりすることがないように，自由報告を基本とする構造化された面接方法を用いる。

③面接を繰り返さないで済むように録画・録音という方法を用いる。あるいは，複数の機関が連携して1回だけ面接を行うか，面接の録画や録音を複数の機関で共有できるようにする[25]。

12.3.2 臨床面接と調査面接

繰返しになりますが，司法面接の目的は，「法的な判断のために使用することのできる精度の高い情報」を得ることです。「法的な判断」とは，例えば，加害したとされる人を警察や検察が逮捕したり，裁判所に起訴したりするかどうかを判断することを意味します。それは，すなわち，「いつも嫌なことをされる」とか「毎日のようにたたかれる」などの漠然とした曖昧な情報ではなく，証拠に裏づけられた明確な事実を確認する必要があるということです。また，司法面接で得られた情報は，被害を受けたとされる子どもについて児童相談所がどのような援助方針を作成するかにも影響を与えます。

傾聴や共感を基本とするカウンセリングや心理療法に馴染んだ人には，司法面接の特徴がわかりにくいかもしれませんので，ここで，その違いを確認しておきます。元家裁調査官の橋本（2010）は，事実を明らかにするための面接を「調査面接」と呼び，カウンセリングや心理療法を目的とする「臨床面接」とは異なることを次のように説明しています（**表12.2**）[26]。臨床面接は，専門家がクライエントの語りに積極的に耳を傾けることによって，クライエントの主

[25] 実際，平成27（2015）年には検察庁，警察庁，厚生労働省からそれぞれの主管する組織あてに，子どもの心理的負担を一層軽減するため，3機関の連携をより一層深めるように通知が発出されています。

[26] 仲（2016）は，司法面接とカウンセリングの違いとして，さらに詳細な表を提示しています（p.158）。

表 12.2 **臨床面接と調査面接**（橋本，2010 を基に作成）

	臨床面接	調査面接
特徴	聴く面接（listening）	訊く面接（asking）
目的	語りを新たに生み出すこと	情報収集
方法	積極的傾聴	質問
中心的役割	信頼関係を基盤としたクライエントの語りの援助	専門家による指導と管理

体的な語りを新たに生み出すための面接で，listeningという意味の「聴く」を特徴とします。この場合の面接者の中心的な役割は，専門家とクライエントの信頼関係を基本としてクライエントの語りを援助することにあります。これに対して調査面接とは，専門家がクライエントに質問することによって，必要な情報を得るための面接で，askingという意味の「訊く」を特徴とします。この場合の面接者の中心的な役割は，専門家がクライエントを指導し，管理するためのコミュニケーションであるとされています。

法的判断に役立つ情報を収集することを第一の目的とする司法面接は，橋本（2010）のいう調査面接に該当します。このことを仲（2016）は，「カウンセリングは未来に向けて回復を支援していく活動だが，事実確認では過去に目を向け，出来事を克明に思い出すことが求められる」（p.125）と説明しています。当然のことですが，この2つの面接には優劣があるわけではなく，目的に応じて使い分ける必要があります。例えば，橋本（2010）は，腹痛を訴える患者が内科医の診察を受ける面接場面を取り上げています。医師が患者の苦痛の訴えばかりに耳を傾け，「そんなに痛かったのはさぞかしつらかったでしょうねえ」などと共感や受容一辺倒の態度で聴いていたとすれば，適切な面接ではないのは当然です。その場合，内科医としては，まず何よりも腹痛の原因究明に努めるべきなので，「いつからどのように痛みますか？」「どの辺りが痛みますか？」「何を食べましたか？」「腹痛以外に嘔吐や下痢などの症状はありますか？」など必要なことを訊いていくことが求められます。

12.3.3 司法面接における質問

ここで重要なことは，同じように情報を収集するための面接であっても，医師の面接で用いられる質問と司法面接で用いられる質問には違いがあるということです。司法面接では，被害を受けたとされる人が自発的に話した**自由報告**が重視されますので，質問は，構造化された面接手続の中で最小限に用いられます。すなわち，司法面接における質問は，「導入→本題への移行（自由報告）→出来事の分割→質問→クロージング」という一連の流れの中に位置づけられ，誘導や暗示を避けることができるものが優先的に用いられます。具体的には，オープン質問[27]→WH質問[28]→クローズド質問[29]→確認のための質問[30]の順番で誘導や暗示が生じやすくなるので，自由報告だけでは十分な情報が得られない場合にのみ，オープン質問やWH質問へと進みます。さらに，これらの手続に従って面接を進めても法的な判断に必要な情報を得られない場合に限って，クローズド質問や確認のための質問が用いられることになります。

12.4 被害者の視点を取り入れた教育

これまで述べてきたとおり，犯罪被害者は，心理的な被害はもちろん，時間的にも経済的にも様々な被害を受け，人間関係にも重大な変化が生じます。それは，これまで安全で安心だと思っていた世界が失われたことを意味します。

---

[27]「その日にあったことを話してくれますか？」など，被面接者に自由に話してもらうことを目的とした質問のこと。

[28] 誰が（who），いつ（when），どこで（where），何を（what），なぜ（why），どのように（how）を尋ねる質問のこと。

[29]「知っていますか？」「見ましたか？」など「はい」「いいえ」で答えられる質問のこと。

[30] 被面接者の自由報告はもちろん，オープン質問，WH質問及びクローズド質問によって確認することができなかった場合に用いる質問。例えば，父による性的虐待が疑われているのに，その話が出てこなかった場合，「誰かがあなたの胸を触りましたか」などと確認します。ただし，誘導や暗示になる可能性が高いため，どうしても確認する必要がある場合に限って，面接の最後に行います。回答が得られれば，オープン質問に戻って自由報告を求めるようにします。

ところが，加害者は，被害者が受けるこれらの被害を想像することが苦手です。例えば，非行少年の中には，自分が犯した事件によって誰に迷惑をかけたと思うかと尋ねられても，家族や友達などの身近な人を挙げるだけで，被害者には言及しない者がいます。また，被害者について触れたとしても，「迷惑をかけた」「申し訳ないと思う」など紋切り型の回答で，被害者が真に被った被害を理解できていないこともあります。むしろ，被害者が受ける被害を想像できないからこそ犯行に至るのかもしれません。だからこそ，加害者に対する処遇や介入を行う際には**被害者の視点**が重要だとされているのです。

そこで，法務省が所管する刑務所，少年院及び保護観察所では，「**被害者の視点を取り入れた教育**」が実施されています。これは，非行少年や犯罪者が自分の罪と向き合い，犯した罪の大きさや被害者の心情などを認識し，被害者に誠意を持って対応していくとともに，再び罪を犯さない決意を固めさせるための働きかけをいいます。具体的には，被害者の命を奪ったり，身体に重大な被害をもたらす犯罪を犯したり，被害者やその遺族等に対する謝罪や賠償等について考えさせる必要がある者やその他被害者の視点を取り入れた教育を実施することが必要かつ適切と判断される者を対象に[31]，講義，ゲストスピーカーによる講話や講演，視聴覚教材やワークブックの使用，集団討議，謝罪文やロールレタリング（役割交換書簡法）の活用，個別面談の実施などを組み合わせて実施されています。

これらは，刑務所，少年院，保護観察所における取組みですが，非行少年の処分を決める家庭裁判所でも同様の働きかけ（**教育的措置**）が行われています。具体的には，審判不開始や不処分が見込まれる非行少年のうち，規範意識や罪

[31] 刑務所の対象者は「被害者の命を奪い，又はその身体に重大な被害をもたらす犯罪を犯し，被害者及びその遺族に対する謝罪や贖罪等について特に考えさせる必要がある者」と定められています（平成18（2006）年5月23日付矯正局長依命通達「改善指導の標準プログラムについて」）。一方，少年院の対象者は「被害者を死亡させた又は生命，身体若しくは自由を害した事件を犯した者，その他被害者の視点を取り入れた教育を実施することが必要かつ適切な者」と規定されています（平成17（2005）年3月28日付教育課長通知「少年院における被害者の視点を取り入れた教育について」）。

障感あるいは想像力や共感性の乏しさが認められる者を対象に，被害者の置かれた立場を理解させることを目的として，「被害を考える教室」が実施されています（丹治・柳下，2016）。

このように，加害者に対して被害者の視点から自らの犯罪行為を見つめ直させることは重要なことですが，注意も必要です。それは，「ケアをしないで，ただ反省させるだけの方法」（岡本，2013，p.69）になってはならないということです。つまり，加害者である非行少年や犯罪者が被害者の立場に立って考えることができるようにするためには，彼ら自身の被害体験や被害者意識に配慮しながら関わる必要があります。ここは理解が難しいかもしれませんが[32]，実際に加害者の処遇や介入に当たる際には大切な視点です。確かに，非行少年や犯罪者は，「加害者」ですが，中には，過去に虐待やいじめを受けたり，犯罪の被害を受けたりしてきた「被害者」という側面を持つ者もいます[33]。その場合，自分自身が受けた被害体験をきちんと消化しておかなければ，いくら被害者の生の声を聞く機会が与えられても，「自分だってひどいことをされてきた」とか「自分のほうがもっとひどい扱いを受けてきた」などと自分の被害体験ばかりに目が行き，被害者の視点に立つことが難しくなります。そのため，被害者の視点を取り入れた教育を実施する場合には，自分自身が犯した罪に向き合うことができるように，事前準備として，非行少年や犯罪者が受けてきた被害体験やそれによって抱くようになった被害者意識を個別面接で丁寧に扱うように留意する必要があります[34]。

---

[32] 理解はできても，加害者が被害者意識を持っていること自体に反感や反発を抱く方がいるかもしれません。

[33] 法務総合研究所（2001）は，全国の少年院在院者を対象に初めて虐待被害経験に関する調査を行った結果，分析の対象となった2,354人の約50％に虐待（心理的虐待を除く）を繰返し受けた経験があったことを報告しています。

[34] もちろん，こうした働きかけは，非行少年や犯罪者が自分自身のした犯罪に向き合い，犯した罪の大きさや被害者の心情などを認識し，被害者に誠意を持って対応していくためのステップにすぎないことを忘れてはなりません。

[35] 自動車の運転上必要な注意を怠り，よって人を死傷させた者は，7年以下の懲役若しくは禁錮又は100万円以下の罰金に処する。ただし，その傷害が軽いときは，情状により，その刑を免除することができる。

BOX 12.2　公認心理師試験（2019 年）（1）

問 135　犯罪被害者等基本法について，正しいものを 2 つ選べ。

①犯罪等とは，犯罪及びこれに準ずる心身に有害な影響を及ぼす行為を指し，交通事故も含まれる。
②犯罪被害者等とは，犯罪等により害を被った者及びその家族又は遺族であり，日本国籍を有する者をいう。
③犯罪被害者等基本計画の案を作成するなどの事務をつかさどる犯罪被害者等施策推進会議は，内閣府に置く。
④犯罪被害者等のための施策とは，犯罪被害者等が，その受けた被害を回復し，社会に復帰できるための支援の施策である。
⑤犯罪被害者等のための施策は，警察等刑事司法機関に事件が係属したときから，必要な支援等を受けることができるよう講ぜられる。

正解　①と③

解説

①○　「犯罪等」は，犯罪被害者等基本法第 2 条に規定されています。交通事故が含まれるかどうか迷うかもしれませんが，交通事故も「犯罪」です。具体的には，「自動車の運転により人を死傷させる行為等の処罰に関する法律」第 5 条に規定された「自動車運転過失致死傷罪[35]」に当たります。

②×　「犯罪被害者等」は，犯罪被害者等基本法第 2 条に規定されています。日本国籍を有することは規定されていませんので，この選択肢は，誤りです。

③○　本文では触れることができませんでしたが，「内閣府に，特別の機関として，犯罪被害者等施策推進会議を置く」と規定されています（犯罪被害者等基本法第 24 条第 1 項）。

④×　「犯罪被害者等のための施策」は，犯罪被害者等基本法第 2 条に「犯罪被害者等が，その受けた被害を回復し，又は軽減し，再び平穏な生活を営むことができるよう支援し，及び犯罪被害者等がその被害に係る刑事に関する手続に適切に関与することができるようにするための施策」と規定されていますので，この選択肢は，誤りです。

⑤×　犯罪被害者等基本法第 3 条に，基本理念として，「犯罪被害者等のための施策は，犯罪被害者等が，被害を受けたときから再び平穏な生活を営むことができるようになるまでの間，必要な支援等を途切れることなく受けることができるよう，講ぜられるものとする。」と規定されています。この選択肢は，「警察等刑事司法機関に事件が係属したときから」とされている点が誤りです。

BOX 12.3　公認心理師試験（2019年）（2）

ちなみに，選択肢③の「犯罪被害者等施策推進会議」は，犯罪被害者等のための施策の総合的かつ計画的な推進に努め，次に掲げる事務をつかさどるとされています（犯罪被害者等基本法第24条第2項）。

1. 犯罪被害者等基本計画の案を作成すること。
2. 前号に掲げるもののほか，犯罪被害者等のための施策に関する重要事項について審議するとともに，犯罪被害者等のための施策の実施を推進し，並びにその実施の状況を検証し，評価し，及び監視し，並びに当該施策の在り方に関し関係行政機関に意見を述べること。

また，**表12.3**のとおり，犯罪被害者等施策推進会議の会長は，内閣総理大臣が務め（犯罪被害者等基本法第26条），委員や専門委員は，関係閣僚や犯罪被害者等への支援等に関する有識者で構成されます（犯罪被害者等基本法第27条）。

表12.3　**犯罪被害者等施策推進会議の構成員**（犯罪被害者等基本法）

役職	構成員	条文
会長	内閣総理大臣	26条
委員	①国家公安委員会委員長 ②国家公安委員会委員長以外の国務大臣のうちから内閣総理大臣が指定する者 ③犯罪被害者等の支援等に関し優れた識見を有する者のうちから内閣総理大臣が任命する者 （①～③を合わせて10人以内）	27条
専門委員	関係行政機関の職員及び犯罪被害者等の支援等に関し優れた識見を有するもののうちから，内閣総理大臣が任命する者	

復習問題

1. 犯罪被害者の心理について間違っているのはどれでしょうか。

①支援者が善意から発した言葉であっても，被害者を傷つけることがある。

②犯罪被害者の気持ちは，被害を受けたときから変わることがない。

③急性ストレス障害（ASD）の症状は，自然に回復することがある。

④家族を殺害された遺族は，自分が生き残ったことに罪悪感を抱き，苦しむことがある。

⑤被害者や遺族は，周囲から固定した被害者像を押しつけられることによって苦しむことがある。

2. 犯罪被害者の位置づけや犯罪被害者支援について間違っているのはどれでしょうか。

①かつて，犯罪被害者は，刑事裁判では証拠の一つとして見られていた。

②平成 16（2004）年に犯罪被害者等基本法が制定され，被害者等の権利が法律によって保護されることになった。

③犯罪被害者支援におけるワンストップサービスとは，犯罪被害者等が必要とする多種多様な支援を 1 カ所で受けられることである。

④「犯罪被害者等給付金支給法」に基づいて支給されるのは，遺族給付金と障害給付金の 2 種類である。

3. 司法面接に関して間違っているものはどれでしょうか。

①司法面接とは，面接を受ける者の心理的な負担に配慮しつつ，法的な判断のために使用できる精度の高い情報を得るための面接法である。

②司法面接は，1 回だけ面接を行うことが原則とされている。

③司法面接の面接場面は録画あるいは録音される。

④一般に，クローズド質問よりもオープン質問のほうが誘導や暗示を受けやすい。

4.「被害者の視点を取り入れた教育」について間違っているものはどれでしょうか。

①加害者の中には，被害者が受けた被害を理解していない者がいる。

②「被害者の視点を取り入れた教育」を受講する対象者の選定基準は，少年院と刑務所では異なっている。

③家庭裁判所でも，「被害者の視点を取り入れた教育」が実施されている。

④「被害者の視点を取り入れた教育」は，すべての非行少年や犯罪者にとって有効なので，事前準備の必要はない。

参考図書

河原 理子（1999）．犯罪被害者――いま人権を考える―― 平凡社犯罪被害者等基本法が成立する以前に犯罪被害者が置かれていた状況が被害者の生の声と共に，諸外国の制度とも比較しながら，平易にまとめられています。著者は，朝日新聞社会部記者（当時）です。

小西 聖子（2006）．犯罪被害者の心の傷　増補新版　白水社

精神科医の著者が手探りで犯罪被害者の治療やカウンセリングを続ける中で，実感を伴って見出された被害者の精神状態や心理状態がまとめられています。

橋本 和明（2004）．虐待と非行臨床　創元社

家庭裁判所調査官（当時）であった著者が，非行少年の被虐待体験が非行へとつながっていくメカニズムを明らかにした著作です。非行臨床に携わる場合には，必ず持っておく必要のある視点から書かれています。

岡本 茂樹（2013）．反省させると犯罪者になります　新潮社

衝撃的なタイトルですが，その意味は，「(不適切な方法で）反省させると（表面的には反省の態度を示したとしても，いずれは）犯罪者になります」ということです。非行や犯罪に限らず，家庭や学校などで子どもが問題行動を起こしたときの対応のヒントが得られます。

13 家事事件についての基本的知識

「司法・犯罪心理学」と銘打たれている本書に「家事事件」が取り上げられることを不思議に思う方もいるかもしれません。その答えは，本書の書名に「司法」が加わっていることにあります。つまり，心理学が活用される司法分野には，これまで見てきたような犯罪や非行に加え，家庭内の法律問題全般を扱う「家事事件」が含まれているのです。

法曹関係者（裁判官，弁護士，検察官）や家庭裁判所の職員でもない限り，当事者以外に直接的には関わることのない家事事件の基本的な知識をなぜ公認心理師が持っておく必要があるのでしょうか。それは，家庭裁判所の手続を利用する人の中には，家庭裁判所以外にも様々な場面で援助を必要としている人がいるからです。例えば，夫婦の不和が続いていて子どもが両親の板挟みになって苦しんでいる場合がありますし，夫婦不和の背後に認知症の親の介護問題が潜んでいることもあります[1]。また，家庭裁判所の手続を利用する人の中には，医療機関や相談機関でカウンセリングや心理療法を受けている人もいます。さらに，近年大きな問題として報道されている児童虐待は，児童相談所が中心になって対応に当たりますが，親権者[2]の反対を押し切ってでも子どもを施設に保護する必要がある場合には家庭裁判所の許可が必要とされています。

このように，公認心理師の援助対象者の中には，現に家庭裁判所の手続を利用している人がいるでしょうし，家庭裁判所の手続を利用することで一歩前に進むことができる人がいるかもしれません。このため，公認心理師は，日頃の援助活動に役立てられるように，家庭の問題や紛争を解決するために設置された家庭裁判所の役割や手続を正しく理解しておく必要があります。

---

[1] 本書では取り上げていませんが，成年後見制度も家庭裁判所が取り扱う業務の一つです。成年後見制度とは，認知症だけでなく，知的障害，精神障害，発達障害などによって物事を判断する能力が十分でない方の権利を守る援助者を選び，法律的に支援する制度のことです。

[2]「親権」とは，子どもの利益のために，監護・教育したり，子どもの財産を管理したりする権限かつ義務のことです。婚姻中は父母双方が共同して親権を行使します

13.1 家庭裁判所で扱われる事件

家庭裁判所の扱う事件は，これまでに解説してきた少年事件以外に，**家事事件**があります。家事事件は，**調停事件**，**審判事件**，**人事訴訟事件**の3つに分かれます。このうち，調停事件には，さらに，別表第二調停，特殊調停，一般調停の3種類があります（表13.1）。家庭裁判所で扱う事件の大半が**非公開**とされているため，実際に家庭裁判所の手続を利用した人以外，それがどのようなものかを知っている人は少ないでしょう。そこで，本節では，これらの家庭裁判所で扱う事件の大枠を紹介します。

13.1.2 調停事件

夫婦関係や親子関係等の争いは，基本的には話合いで解決するのが理想ですので，まずは親族，友人，弁護士などの協力も得ながら，当事者同士で話し合う必要があります。当事者同士の話合いで解決しない場合，家庭裁判所の手続を利用することができますが，その場合にも，まずは話合いによる解決を目指

表13.1　家事事件の種類と性質

種類	性質	内訳
審判事件	非公開	—
調停事件	非公開	別表第二調停※1 特殊調停※2 一般調停※2
人事訴訟事件	公開	特殊調停と一般調停が不成立になった後，当事者からの訴えがあったもの

※1　別表第二調停は，不成立になると自動的に審判事件に移行します。
※2　特殊調停と一般調停は，訴訟提起の前に必ず調停をしなければならないとされています（調停前置主義）。

が，父母が離婚をする場合には，父母のうち一方を親権者と定める必要があります。離婚後は，父または母が単独で親権を行使します。いずれの場合でも，親権は子どもの利益のために行使することとされています。

して家事調停を利用することになります。家事調停でも解決ができない場合，後述する家事審判か人事訴訟（民事裁判の一種）による解決が図られます。

家事調停とは，このように，当事者間に争いがあり，第一次的には当事者間の話合いによる自主的な解決が期待される事件のことです。家事調停には，**家事事件手続法**の**別表第二**に規定された別表第二調停（例えば，親権者の変更，面会交流，養育料の請求，婚姻費用の分担，遺産分割など）に加え，特殊調停（協議離婚の無効確認，親子関係の不存在確認，嫡出否認，認知など）と一般調停（別表第二調停と特殊調停を除いた事件のことで，離婚や夫婦関係の円満調整などが代表的）があります。

これらの事件は，通常は調停として申し立てられます。調停では，裁判官1人と，社会生活上の豊富な知識経験や専門的な知識を持つ人，地域社会に密着して幅広く活動してきた人から選ばれた**調停委員**2人以上で構成される**調停委員会**が当事者双方から事情や意見を聞くなどして，双方が納得して問題を解決できるよう話合いを仲介します。当事者間で合意が成立すると，合意事項を書面にして調停は終了します。書面化された合意事項は，確定した裁判の判決と同一の効力を持ちます。

話合いがつかずに調停が成立しなかった場合は，事件の性質によって取扱いが異なります。別表第二調停は，自動的に**審判**手続に移り，裁判官によって結論が示されます。これに対して一般調停や特殊調停は，別表第二調停のように自動的に審判手続に移るわけではありませんので，裁判官の判断を得るには，当事者の少なくとも1人が**人事訴訟**を提起する必要があります。

なお，別表第二に規定された事件は，調停ではなく審判を申し立てることができますが[3]，特殊調停と一般調停は，人事訴訟を提起する前に必ず調停をしなければならないとされています（**調停前置主義**）。

調停は，対立する当事者から別々に事情聴取をする[4]ことで，実情を把握しながら解決案を模索し，最終的な合意を形成していくという流れで進行するの

[3] 裁判官がまず話合いによって解決を図るほうがよいと判断した場合には，調停による解決を試みることもできます。

[4] 条件が整えば，当事者を同席させて調停を進める同席調停も行われます。

が一般的です。こうしたプロセスが1回の調停期日で完了し，調停が成立することは珍しく，通常は，複数の調停期日を重ねながら合意を目指していきます。その場合，次回の調停期日までには1～2カ月の間隔が置かれます。それは，調停の場で明らかになった双方の考えや気持ちを持ち帰って自分自身の主張を整理したり，必要な資料や書面を準備したりするための期間が必要とされるほか，その間に家裁調査官による調査が行われることもあるからです。

13.1.3 審判事件

家事審判は，審判期日における当事者の主張，当事者から提出された書類，家裁調査官が行った調査の結果などの資料に基づいて裁判官が判断し，決定するものです。前述のとおり，別表第二調停（親権者の変更，面会交流，養育料の請求，婚姻費用の分担，遺産分割など）が不成立に終わった場合には，裁判官が最終的な判断をします。それは，話合いがまとまらないからといって，別表第二に規定された事件をそのまま放置しておくことは，紛争解決制度として必ずしも十分ではないと考えられたことによります。

これに対して**家事事件手続法の別表第一**に規定されている事件[5]は，調停を経ることなく，最初から裁判官が審判によって判断を下します。これには，例えば，子の氏の変更の許可，名の変更の許可，後見人の選任，養子縁組の許可，相続放棄，失踪宣告，児童福祉法28条事件[6]，親権停止，親権喪失事件などがあります。これらの事件は，公益性が強く，一般に当事者が対立して争う性質の事件ではないことから，当事者間の合意による解決は考えられず，専ら審判によって扱われます。

13.1.4 人事訴訟事件

人事訴訟は，人の身分関係（夫婦関係，実親子関係，養親子関係）について

---

[5] 民法や児童福祉法などによって規定された136の事項が定められています。

[6] 保護者に児童を監護させることが著しくその児童の福祉を害する場合で，施設入所等の措置が必要であるにもかかわらず，保護者である親権者等の同意が得られないときに，児童相談所が家庭裁判所の承認を得て施設入所等の措置を採る手続のことをいいます（13.3.4項参照）。

の争いを解決する訴訟です。民事訴訟の一種ですので，基本的には民事訴訟と同様，**公開**の法廷で審理されます。そのため，家庭に関する紛争にもかかわらず，地方裁判所で審理されていましたが，平成 16（2004）年 4 月以降，家庭裁判所で審理されるようになりました。これは，人事訴訟の管轄が単に家庭裁判所に移っただけでなく，地方裁判所には配置されていない家裁調査官を活用できるという意味合いがありました。具体的には，争い合っている当事者から提出される資料だけからは客観的な事実を認定できない場合に，裁判官の命令を受けて家裁調査官が家庭を訪問して監護状況を確認したり，関係機関（保育園や幼稚園や学校，医療機関や福祉機関など）から情報を得たり，子どもに面接して子どもの意向や心情を把握したりすることがあります。

人事訴訟で最も多いのは，夫婦の離婚です。これは，夫婦の一方が離婚を求め，他方が離婚に応じない場合もあれば，互いに離婚することには合意できていても，子どもの親権者をどちらに指定するかで話合いがつかない場合もあります。また，慰謝料や財産分与などの経済的な問題が争点となることもあります。

我が国の法律では，夫婦が離婚するには，①協議離婚[7]，②調停離婚[8]，③和解離婚[9]，④裁判離婚[10]の 4 種類の方法があります。このうち，夫婦の協議だけで離婚できる協議離婚が全体の 88％を占め，調停離婚 10％，和解離婚 1％，裁判離婚 1％と続きます。このように，我が国では，離婚の多くは当事者同士の協議で解決され，家庭裁判所が関与するのは，全体の 10％余りにすぎません。

---

[7] 夫婦が離婚に合意し，離婚届が市区町村役所の戸籍窓口で受理されることによって成立する離婚の形態です。協議離婚は，当事者の合意があれば，家庭裁判所の手続を利用する必要はありません。

[8] 前述した家事調停が成立したことによって離婚する場合です。

[9] 人事訴訟の中で当事者双方が互いに譲り合って紛争の解決を約束する合意をすることです。和解の内容が書面化された調書には確定判決と同一の効力があります。

[10] 裁判官が人事訴訟の結論として離婚を認める場合です。裁判離婚が認められるのは，民法第 770 条第 1 項に定められた次の 5 つの場合です。

一　配偶者に不貞な行為があったとき。

二　配偶者から悪意で遺棄されたとき。

13.2 夫婦の離婚と離婚調停の実際

平成24（2012）年に民法の一部が改正されたことによって，未成年の子どものいる夫婦が離婚する場合には，**親権者**以外にも**面会交流**（別居中又は離婚後に離れて暮らす親と子どもが定期的・継続的に交流を保つこと）や**養育費**（両親が離婚した後に双方の経済力に応じて分担する子どもの生活費や学費などのこと）等の必要な事項を定めることとされました[11]。平成25（2013）年には，家事審判法が**家事事件手続法**に改められ，家庭裁判所の判断の基礎となる情報や資料に当事者が意見を述べる機会が確保されるなどの**手続保障**が強化されました[12]。また，弁護士を子どもの手続代理人に選任できることや，家庭裁判所が**子どもの意思**を把握し，考慮することも明確化されました[13]。

こうした法改正に伴い，夫婦が離婚する際に親権者の指定だけでなく，養育費や面会交流の話合いがつかず，家庭裁判所の調停を利用する事案が増えてきています。しかも，少子化や父親の育児参加等の影響もあって，子どもの親権や面会交流を巡って父母の対立が先鋭化するケースもあり，これまで以上に当事者や子どもへの心理的な支援が重要な意味を持ってきています。

抽象的な話ばかりではイメージが湧きにくいと思うので，仮想事例を基に，家庭裁判所での離婚調停の一端を紹介します。

13.2.1 仮想事例の概要

45歳の夫（会社員）から47歳の妻（会社員）に対して14歳の長女（中学2年生）の親権者を父と定めて離婚することを求める調停が申し立てられました。

三　配偶者の生死が3年以上明らかでないとき。

四　配偶者が強度の精神病にかかり，回復の見込みがないとき。

五　その他婚姻を継続し難い重大な事由があるとき。

[11] 民法第766条第1項　父母が協議上の離婚をするときは，子の監護をすべき者，父又は母と子との面会及びその他の交流，子の監護に要する費用の分担その他の子の監護について必要な事項は，その協議で定める。この場合においては，子の利益を最も優先して考慮しなければならない。

[12] 家事事件手続法第68条第1項　家庭裁判所は，別表第二に掲げる事項についての

申立書によれば，妻は，約半年前に1人で実家に戻っていて，長女の面倒は同居している夫が見ているようです。

親権者の指定だけでなく，別居中の母子の面会交流を巡る対立も予想されたことから，家裁調査官が初回期日に立ち会って調査の可能性に備えました。

13.2.2 家事調停

まず申立人である夫から事情を聴取したところ，夫は，次のように述べました。以前から夫よりも妻の帰宅が遅く，家事や育児は夫が中心に行っていました。その上，2年前に妻が管理職に昇進したことを機に妻の休日出勤が常態化し，夫は，自分ばかりが家事や育児の負担を負わされることに不満を抱くようになりました。それでも，子どものためだと思って食事の準備や部活動の送迎などをしてきましたが，長女の大学進学に備えて夫と妻がそれぞれ毎月貯金することに決めていた3万円を妻が支払わなかったことをきっかけに，夫の不満が爆発し，妻が1人で実家に戻ることになりました。

夫からの事情聴取の後，妻から事情を聴取したところ，妻は次のように述べました。確かに，妻の帰宅が遅く，夫が中心になって家事や育児を担っていましたが，妻も全くしていなかったわけではありません。しかし，夫は，自分のやり方にこだわって，妻のやり方を非難するので，それが夫婦げんかの原因になっていました。しかも，妻が実家に戻って別居する前から，長女は，体調を崩して学校に行きたくないと訴えることがありましたが，夫は，「怠けているだけだ」として取り合わず，無理にでも車に乗せて学校に連れて行くことがありました。大学進学費用としての貯金は，夫が管理している通帳を見せてくれ

家事審判の手続においては，申立てが不適法であるとき又は申立てに理由がないことが明らかなときを除き，当事者の陳述を聴かなければならない。

[13] 家事事件手続法第65条　家庭裁判所は，親子，親権又は未成年後見に関する家事審判その他未成年者である子（未成年被後見人を含む。以下この条において同じ。）がその結果により影響を受ける家事審判の手続においては，子の陳述の聴取，家庭裁判所調査官による調査その他の適切な方法により，子の意思を把握するように努め，審判をするに当たり，子の年齢及び発達の程度に応じて，その意思を考慮しなければならない。

ず，不信感が募って支払いに応じなかっただけです。別居後，中学校の先生に長女の様子を確認したところ，長女は，遅刻や欠席が増えているだけではなく，学校に来ても保健室を利用することが多くなっているようで，心配しています，とのことでした。

13.2.3 調停委員会による評議と情報提供用DVDの視聴

夫の言い分を聞いた段階では，「何てひどい妻だ。母親失格だ」と思われたかもしれませんが，妻からも話を聞いてみると，夫の対応にも問題があるようにも思われます。このように，家庭内の問題は，どちらか一方だけに原因を求めて非難しやすいのですが，それこそが問題を増幅させている場合もありますので，双方から事情をよく聞くことが大切だとされています。

夫と妻それぞれから事情を確認した後，調停委員と家裁調査官は，裁判官との評議を持ちました。その結果，次回の調停期日までに，母子の面会交流を実施するよう働きかけるとともに，家裁調査官が夫と妻からさらに詳しい事情を確認して，それぞれの考えや気持ちを整理することになりました。

評議の結果を夫に伝えたところ，母子の面会交流を制限するつもりはないが，妻が長女に余計なことを吹き込むことが心配で，これまでためらっていたと述べました。そのことを妻に伝えると，夫婦の離婚にまつわることを長女に話すつもりはないと答えました。そこで，最高裁判所の作成している情報提供用のDVD「子どもにとって望ましい話し合いとなるために」の視聴を促しました[14]。

13.2.4 家裁調査官による調査

次回の調停までに，家裁調査官は，夫と妻に個別に面接し，これまでの経緯や各自の考えや気持ちなどを確認しました。夫も妻も，当初は相手を非難する発言が多く見られましたが，家裁調査官がその心情を受け止めつつ，夫婦げん

[14] これは，父母が子どもに関する話合いをするときに心がけたい事項について説明したビデオで，裁判所のホームページ（https://www.courts.go.jp/links/video/hanashiai_video/index_woc.html）にも公開されています。

かの際の長女の気持ちや現在の状況に目を向けられるように話を聞いていくうちに，長女が父母の板挟みになって苦しくつらい思いをしていることに思いをはせるようになっていきました。家裁調査官は，面接の結果を「互いを非難する夫婦」ではなく，「長女を心配している父母」として，調査報告書にまとめ，調停委員会に報告しました。

裁判官の許可があれば，夫も妻も，この調査報告書を読んだり，コピーをとったりすることができます。この仮想事例でも，夫と妻は，調停前に調査報告書のコピーをとって目を通していました。

13.2.5　調停の成立

この仮想事例は，2 回目の期日で調停が成立しました。双方が合意したのは，母が長女と定期的に面会交流をしながら，このまま別居生活を続けていくというものでした。

とはいえ，家裁調査官としては，2 回目の調停で解決の方向性が見えなければ，その事情に応じて新たな調査を受命すること[15]も考えていました。例えば，長女の体調不良の原因について夫婦の認識が一致しないために話合いが膠着するのであれば，中学校に出向いて担任や養護教諭などから客観的な事実を確認し，改めて調査報告書を提出することが考えられます。また，長女の意向を巡って夫婦が対立し，話合いが進まない場合には，長女との面接を行って，その意向を踏まえた解決を目指すように働きかけることもあり得ます。

13.2.6　今後の可能性

仮想事例は，別居している母と子の定期的な面会交流を確保する形で終結しましたが，未解決のまま残された夫婦の離婚問題がいずれ再燃する可能性があります。その場合，当事者間で話合いがついて協議離婚することもありますが，話合いがつかず，再び離婚調停が申し立てられ，裁判（人事訴訟）に発展する

[15] 調停の中だけでは解決に必要な情報を得ることができない場合に，家裁調査官が裁判官の命令を受けて調査や調整を行うことです。

BOX 13.1　家族の役割とコミュニケーションのズレ

人は，様々な役割を負って生活しています。例えば，会社では課長という役割を担い，地域では自治会の役員をしている方もいます。家庭では，配偶者との関係でいえば夫や妻ですが，子どもとの関係では父や母になります。また，自分の親（子どもにとっての祖父母）との関係では自分が子どもという立場になります。

夫婦の問題は，この役割や立場の違いに起因することがあります。例えば，夫が仕事から帰宅した途端，妻から「子どもが大した理由もなく学校に行かなかったから，叱ってほしい」と持ちかけられたことに対して，夫が「疲れているんだから後にしてくれ」と言って険悪な雰囲気が漂ったとします。このとき，妻は，子どもの「母」として「父」に向かって話しかけていますが，夫は，仕事モードのまま，「父」というよりも「夫」として対応したため，ギクシャクしたのではないかと考えられます。

このように，人は，同時に複数の役割を持って日常生活を送っていますが，そのことはあまり自覚されていません。それで大きな問題もなく，生活できていればよいのですが，これによってコミュニケーショがうまくいかなくなることがあります。これを図に表したのが図 13.1 です。

家裁調査官は，こうした理由から，当事者が夫婦関係と親子関係を分けて考えられるように話を聞くことを心がけています。

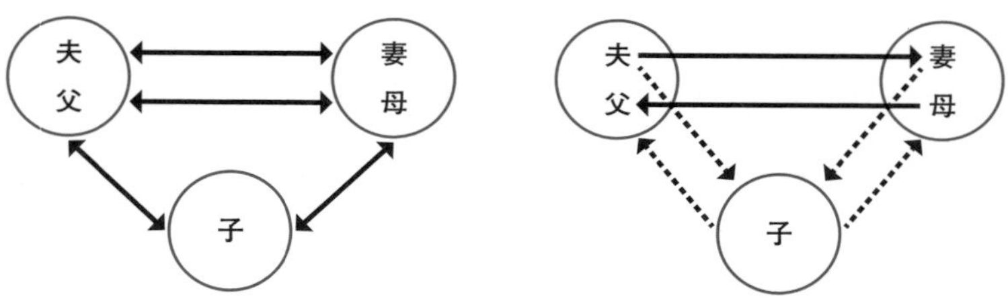

図 13.1　**夫婦と父母のコミュニケーション**

左図は，夫婦と父母のコミュニケーションが合致しているのに対して，右図は，夫婦と父母のコミュニケーションがズレています。つまり，左図は，「夫」と「妻」あるいは「父」と「母」という同じ役割同士でコミュニケーションをとっていることを示しています。これに対して，右図の実線は，母が父に向かって話しているのに，父は父親としてではなく，夫として妻に話しかけているため，ズレが生じていることを示しています。なお，右図の破線は，親子のコミュニケーションのズレを示しています。子どもは，父または母とのコミュニケーションを望んでいるのに，父や母は，例えば，夫婦の問題を子どもに相談したり，漏らしたりして，夫や妻として子ども関わることがあります。

こともあります。裁判を受ける権利は，憲法に保障されたものです[16]が，家庭内の問題は，話合いで解決することが理想ですので，家庭裁判所では，裁判官，調停委員，家裁調査官，裁判所書記官[17]などの関係職種がチームとして解決に向けた進行を心がけています。

13.3　児童虐待とその対応

13.3.1　児童虐待の定義

児童虐待防止法によると，**児童虐待**には，表 13.2 のように，①身体的虐待，②性的虐待，③ネグレクト，④心理的虐待の 4 種類があると定められています[18]。

身体的虐待は，親や親に替わる養育者によって加えられた身体的暴行の結果，児童がけがを負うことです。具体的には，殴る，蹴る，首を締める，投げ落とす，溺れさせる，熱湯をかける，布団蒸しにする，激しく揺さぶる，逆さづりにする，タバコを押しつける，異物を飲ませるなど様々なものがあります。最も発見しやすい虐待ですが，「しつけや体罰とどこが，何が違うのか」と強弁

[16] 憲法第 32 条　何人も，裁判所において裁判を受ける権利を奪はれない。

[17] 裁判所書記官は，裁判手続に関する記録等の作成や保管，民事訴訟法や家事事件手続法などの手続法で定められた事務及び裁判官の行う法令や判例の調査の補助といった仕事をしています（裁判所法第 60 条）。具体的には，紛争を抱えて裁判所に来庁した人に対して手続の流れや申立ての方法を説明したり，調停期日を充実したものとするために当事者や弁護士などに必要な準備を促したりして適切な紛争解決に結びつけるよう努めています。

[18] 児童虐待防止法第 2 条　この法律において，「児童虐待」とは，保護者（親権を行う者，未成年後見人その他の者で，児童を現に監護するものをいう。以下同じ。）がその監護する児童（18 歳に満たない者をいう。以下同じ。）について行う次に掲げる行為をいう。

一　児童の身体に外傷が生じ，又は生じるおそれのある暴行を加えること。

二　児童にわいせつな行為をすること又は児童をしてわいせつな行為をさせること。

三　児童の心身の正常な発達を妨げるような著しい減食又は長時間の放置，保護者以外の同居人による前二号又は次号に掲げる行為と同様の行為の放置その他の保護者としての監護を著しく怠ること。

表13.2 **児童虐待の類型と定義**（児童虐待防止法第2条）

類型	定義
身体的虐待	児童の身体に外傷を生じ，又は生じるおそれのある暴行を加えること
性的虐待	児童にわいせつな行為をすること又は児童にわいせつな行為をさせること
ネグレクト	児童の心身の正常な発達を妨げるほど著しく食事を与えない，又は長時間の放置をする，その他保護者として子どもの世話を著しく怠ること
心理的虐待	児童に対する著しい暴言又は著しく拒絶的な対応，児童が同居する家庭における配偶者に対する暴力その他の児童に著しい心理的外傷を与える言動を行うこと

されることがあります。この点について川崎（2006）は，しつけは「必要なもの」「自立を促すもの」「人権を尊重するもの」であるのに対して，虐待は「禁止されたもの」「自立を阻害するもの」「人権を侵害するもの」であり，明確に異なるものであると指摘しています。

性的虐待とは，子どもへの性交，性的暴行，性行為の強要，性器や性交を見せること，ポルノの被写体などに子どもを強要することなどです。最近になって家庭や学校での性的被害が少しずつ表面化してきていますが，児童相談所への虐待通告件数に占める性的虐待の割合は1〜3％で，欧米先進諸国の10〜20％に比べるとかなり少数です。しかし，これは，実際には性的虐待があるにもかかわらず，把握できていないことによる可能性があるといわれています。

ネグレクトとは，育児放棄や保護の怠慢のことです。子どもの心身の健康的な成長や発達にとって必要な身体的ケアや情緒的ケアを保護者が提供しないことをいいます。例えば，乳幼児を家に残したまま長時間外出する，乳幼児を車

四　児童に対する著しい暴言又は著しく拒絶的な対応，児童が同居する家庭における配偶者に対する暴力（配偶者（婚姻の届出をしていないが，事実上婚姻関係と同様の事情にある者を含む。）の身体に対する不法な攻撃であって生命又は身体に危害を及ぼすもの及びこれに準ずる心身に有害な影響を及ぼす言動をいう。）その他の児童に著しい心理的外傷を与える言動を行うこと。

の中に放置する，適切な食事を与えない，下着などを長期間にわたってひどく不潔なままにしておく，極端に不潔な環境の中で生活させる，子どもにとって必要な情緒的欲求に応えていないなど様々です。子どもが医療を必要とする状態にもかかわらず，親が適切な医療を提供しない医療的ネグレクトや，子どもの意思に反して学校に行かせないなどの教育的ネグレクトもあります。

最後に，**心理的虐待**とは，子どもの存在価値を否定するような言動を親が示すことです。例えば，言葉によって脅す，子どもを無視したり拒否的な態度を示したりする，子どもの自尊心を傷つけるようなことを繰返し言う，他のきょうだいと著しく差別的な言動をとるなどが挙げられます。純粋な心理的虐待は表面化しにくく，社会が把握することは難しいため，欧米のデータでは児童虐待全体の数%を占めるにすぎません。それに対して日本では，児童虐待防止法の改正にともなってDVの目撃（いわゆる「**面前DV**」）が心理的虐待と定義されたことから，現在では心理的虐待が虐待通告件数の55%を占めるようになっています[19]。

13.3.2　児童虐待防止法と児童福祉法

実は，「児童虐待防止法」という名前の法律は，昭和8（1933）年に成立しています。これは，つまり，「児童虐待」が戦前からすでにあったことを意味しています。しかし，昭和8年に制定された児童虐待防止法は，昭和22（1947）年に制定された**児童福祉法**に吸収される形で廃止されました。児童福祉法では，満18歳に満たない者を**児童**とし，児童の健全な育成，児童の福祉の保障とその積極的増進を基本精神とする児童福祉関連の中核となる法律とされます。

児童福祉法は，その後，それぞれの時代の社会的状況に応じて改正を続けながら法整備が図られていきました。特に，平成9（1997）年に児童福祉法が大幅に改正されますが，その前に大きな出来事が2つありました。1つ目は，平成元（1989）年に国連で**子どもの権利条約**が採択され，日本も平成6（1994）年にこれを批准したことです。2つ目は，国連で子どもの権利条約が採択され

[19] https://www.mhlw.go.jp/content/11901000/000533886.pdf（2020年9月2日閲覧）

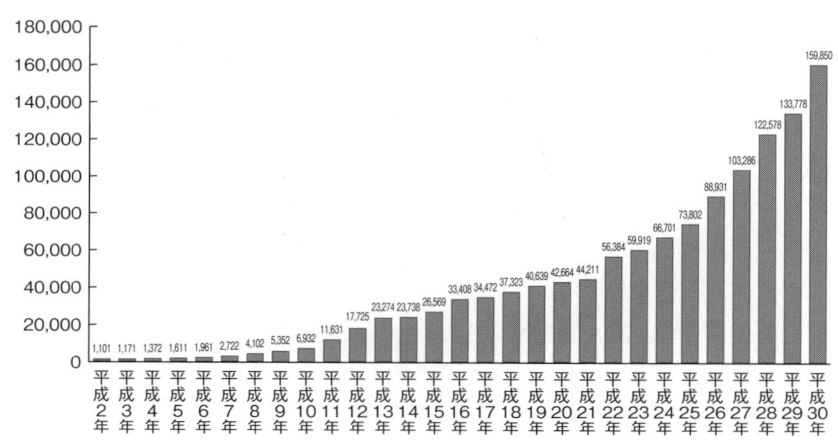

図13.2　児童相談所での児童虐待相談対応件数とその推移[20]

児童相談所が取り扱った児童虐待の件数を厚生労働省に報告するよう義務づけられたのが平成2（1990）年です。そのときの対応件数は，1,101件でしたが，年を追うごとに上昇し続け，平成30（2018）年には15万件（ただし，速報値）を突破しました。

た翌年から，全国の児童相談所が当時の厚生省に報告すべき統計項目の一つに「児童虐待対応件数」が加えられたことです。**図13.2**のとおり，平成2（1990）年に1,101件だった対応件数は，年を追うごとに増え続け，新たに**児童虐待防止法**が成立する前年の平成11（1999）年には1万1,631件とほぼ10倍に達し，児童虐待が社会問題化していきました[21]。

その後も，児童相談所が対応する児童虐待の件数は増加を続けたため，児童虐待防止対策をめぐる法改正が進められました。平成28（2016）年改正法では，すべての児童が健全に育成されるよう，児童虐待について発生予防から自立支援まで一連の対策のさらなる強化を図るため，児童福祉法の理念を明確化するとともに，市町村及び児童相談所の体制の強化，里親委託の推進等に関する改正が行われました。一方，平成29（2017）年改正法では，虐待を受けている児童等の保護についての司法関与の強化等が図られました。具体的には，

[20] https://www.mhlw.go.jp/content/11901000/000533886.pdf（2020年9月2日閲覧）

①虐待を受けている児童等の保護者に対する指導への司法関与（審判前の指導措置の勧告等），②家庭裁判所による一時保護の審査の導入（引き続いての一時保護の承認），③接近禁止命令を行うことができる場合の拡大を指します。

児童虐待は，被害を受けた児童に様々な形で悪影響を及ぼすものであり（家庭裁判所調査官研修所，2003；友田，2012），たとえ親であっても許されることではありません[22]。しかも，児童虐待は，家庭という密室で起きやすく，気づいたときには手遅れだったということになりかねないため，虐待を受けたと思われる児童を発見した人は，誰であっても速やかに通告する義務があります[23]。以前は「虐待を受けた児童」と規定されていましたが，本当に虐待を受けているかどうか判断に迷う場合であっても通告しやすいように，「児童虐待を受けたと思われる児童」という表現に改められました。通告先は，「都道府県の設置する福祉事務所又は児童相談所」とされていますが，市外局番なしで189に電話をかけると，最寄りの児童相談所につながることになっています[24]。

学校の先生や児童福祉施設の職員など児童虐待を発見しやすい立場にある人は，特に，児童虐待の早期発見と通告が義務づけられています[25]。児童虐待防止法自体が公認心理師法の制定前に施行されているため，明記されてはいませんが，公認心理師も「児童虐待を発見しやすい立場」にいるはずですので，児童を対象とする場合はもちろん，児童を持つ親を対象とする場合であっても，常に児童虐待の可能性を念頭に置く必要があります。特に，ドメスティック・

---

[21] ただし，これは，児童虐待が増えたわけではなく，それまで家庭内にとどまっていたものが顕在化しただけだと考えられています。

[22] 児童虐待防止法第3条　何人（なんびと）も，児童に対し，虐待をしてはならない。

[23] 児童虐待防止法第6条第1項　児童虐待を受けたと思われる児童を発見した者は，速やかに，これを市町村，都道府県の設置する福祉事務所若しくは児童相談所又は児童委員を介して市町村，都道府県の設置する福祉事務所若しくは児童相談所に通告しなければならない。

[24]「虐待かもと思ったら189（いちはやく）番へ」がキャッチフレーズです。

[25] 児童虐待防止法第5条第1項　学校，児童福祉施設，病院その他児童の福祉に業務上関係のある団体及び学校の教職員，児童福祉施設の職員，医師，保健師，弁護士その他児童の福祉に職務上関係のある者は，児童虐待を発見しやすい立場にあることを自覚し，児童虐待の早期発見に努めなければならない。

バイオレンス（DV）のある家庭では，児童に対する直接的な虐待も起きやすいことが指摘されていますし（岩瀬，2005），前述のとおり，面前DV自体が心理的虐待に当たると規定されていますので，注意が必要です。

公認心理師をはじめ心理臨床に携わる専門家には，**守秘義務**が課せられていますが，児童虐待の通告には守秘義務の規定は当てはまりません[26]。また，通告者が安心して児童虐待を通告できるように，通告を受けた福祉事務所や児童相談所は，誰が通告したかがわかるような情報を漏らしてはならないとも規定されています[27]。

13.3.3　虐待通告を受けた行政機関の対応

児童相談所が通告を受けた15万件のすべてが児童を保護者から緊急に引き離さなければならない重篤なケースだというわけではありません。むしろ，通告件数が増えたのは，産前産後の心身の不調や妊娠・出産・子育てに関する悩みを抱え，周囲の支えを必要としているにもかかわらず，適切な支援が差しのべられずに苦しんでいる保護者を把握できたことによるという側面もあります。

通告や相談を受理した児童相談所や市町村は，**緊急受理会議**を開催して初期対応を検討します。その基本方針は，虐待を受けた子どもの生命を守り，安全を確保することを最優先することです。そのため，子どもが受けた虐待の状況（症状や程度）をできるだけ速やかに確認し，生命の危険はないかなど緊急保護の必要性を判断します。その判断は，児童相談所の専門職が行う各種診断（児童福祉司による社会診断，心理職員による心理診断，医師による医学診断，一時保護所の児童指導員や保育士による行動診断）に基づく総合的な判断で，

---

[26] 児童虐待防止法第6条第3項　刑法の秘密漏示罪の規定その他の守秘義務に関する法律の規定は，第1項の規定による通告をする義務の遵守を妨げるものと解釈してはならない。

[27] 児童虐待防止法第7条　市町村，都道府県の設置する福祉事務所又は児童相談所が前条第1項の規定による通告を受けた場合においては，当該通告を受けた市町村，都道府県の設置する福祉事務所又は児童相談所の所長，所員その他の職員及び当該通告を仲介した児童委員は，その職務上知り得た事項であって当該通告をした者を特定させるものを漏らしてはならない。

その後に続く援助指針の作成と具体的な援助に直結します。

児童相談所による援助は，在宅指導と親子分離に大別されます。**在宅指導**とは，虐待が比較的軽易な上，在宅でも虐待が拡大しないとの予想が立つ場合にとられる措置で，自宅で保護者と一緒に生活させます。その場合，児童や保護者は，援助指針に基づいて，保育園や学校，民生委員や児童委員など日常的に児童や家庭に接触できる人から日常的に援助を受け，また，児童相談所に定期的に通って指導を受けることになります。これに対して**親子分離**とは，保護者の同意を得た上で，児童を施設に入所させたり，里親に委託したりして，虐待をしている親元から隔離して保護する措置です。ただし，その場合でも，児童相談所は，親子関係の調整を図りながら，児童を親元に返して家庭で生活できるかどうかを見極めていくことになります。

13.3.4　児童虐待における司法機関の対応——児童福祉法 28 条事件

このように，施設入所には保護者の同意が必要ですが，保護者の同意が得られない場合でも，司法機関である家庭裁判所の承認を得ることで，児童を保護することができます。すなわち，都道府県又はその委任を受けた児童相談所長は，保護者に児童を監護させることが著しくその児童の福祉を害する場合で，施設入所等の措置が必要であるにもかかわらず，保護者である親権者等の同意が得られないときは，家庭裁判所の承認を得て，施設入所等の措置をとることができます[28]。これは，児童福祉法第 28 条に規定されていることから，専門

[28] 児童福祉法第 28 条第 1 項　保護者が，その児童を虐待し，著しくその監護を怠り，その他保護者に監護させることが著しく当該児童の福祉を害する場合において，第 27 条第 1 項第三号の措置（児童を小規模住居型児童養育事業を行う者若しくは里親に委託し，又は乳児院，児童養護施設，障害児入所施設，児童心理治療施設若しくは児童自立支援施設に入所させること）を採ることが児童の親権を行う者又は未成年後見人の意に反するときは，都道府県は，次の各号の措置を採ることができる。

一　保護者が親権を行う者又は未成年後見人であるときは，家庭裁判所の承認を得て，第 27 条第 1 項第三号の措置を採ること。

二　保護者が親権を行う者又は未成年後見人でないときは，その児童を親権を行う者又は未成年後見人に引き渡すこと。ただし，その児童を親権を行う者又は未成年後見人に引き渡すことが児童の福祉のため不適当であると認めるときは，家

家の間では「28 条事件」あるいは「28 条」と言われています。

ここでのポイントは，4 点です。①保護者が児童を虐待するなど，保護者に監護させることが子どもの福祉を「著しく」害すると児童相談所が判断しているにもかかわらず，②保護者の同意が得られない場合には，③都道府県（実際には，その委任を受けた児童相談所長）は，家庭裁判所の承認を得ることによって，④虐待された児童を児童養護施設等の施設に入所させることができるということです。

家庭裁判所が児童福祉法 28 条事件を審理する際，身体的虐待であれば，児童にあざや傷などが残りやすく，客観的な証拠に基づいて虐待を認定しやすいことが多いですが，虐待自体が家庭という密室で起きる上，そもそも被害者である児童が訴えを起こしにくく，客観的な証拠も残りにくいため，対応が困難なこともあります。特に，「保護者としての監護を著しく怠ること」（ネグレクト）や，「児童に著しい心理的外傷を与える言動を行うこと」（心理的虐待）の場合，そうした事実があったことを認定すること自体に困難が伴います。しかしながら，家庭裁判所では，虐待の事実の有無を認定することよりも，児童の福祉が著しく侵害されているかどうかや児童相談所が措置権を行使しなければならない事態にあるかどうかという観点から，児童福祉法第 28 条第 1 項による措置入所等の必要性や相当性が判断されています（釜井，1998）[29]。

13.4 ハーグ条約（国際的な子の奪取の民事上の側面に関する条約）

国際結婚が増える中，離婚などにより親権や監護権を持つ親の元から同意なく，他の親の国境を越えて子どもを連れ去ることが問題になることがあります。その際，日本が平成 26（2014）年に加盟した**ハーグ条約（国際的な子の奪取**

庭裁判所の承認を得て，第 27 条第 1 項第三号の措置を採ること。

[29] この児童福祉法第 28 条第 1 項の承認は，期間が 2 年以内と定められています。児童相談所は，その間に保護者の指導をしながら児童を家庭復帰させることができるか，それとも施設入所の措置を延長すべきかを見極めます。2 年間で家庭復帰させることが適当ではない場合には，家庭裁判所に承認の延長を求め，許可を受ける必要があります（児童福祉法第 28 条第 2 項）。

の民事上の側面に関する条約）では，子の年齢が16歳未満であれば，子どもを奪われた親は国の政府を通じて相手国に子どもの返還や面会を請求できることになっています[30]。すなわち，ハーグ条約とは，「国境を越えた子どもの不法な連れ去り（例：一方の親の同意なく子どもを元の居住国から出国させること）や留置（例：一方の親の同意を得て一時帰国後，約束の期限を過ぎても子どもを元の居住国に戻さないこと）をめぐる紛争に対応するための国際的な枠組みとして，子どもを元の居住国に返還するための手続や国境を越えた親子の面会交流の実現のための締約国間の協力等について定めた条約」のことをいいます[31]。この条約の対象は，日本人と外国人の間の国際結婚・離婚に伴う子どもの連れ去りや留置だけでなく，国外に居住する日本人同士も該当します[32]。

国境を越えた子の連れ去りは，子どもにとって，それまでの生活基盤が急変する事態です。例えば，一方の親や親族・友人との交流が断絶されますし，言語や文化などの異なる環境にも適応しなくてはなりません。このように，子どもに有害な影響を与える可能性があることから，ハーグ条約は，子どもを元の居住国へ返還することを原則としています。これは，いったん生じた不法な状態（監護権の侵害）を原状回復させた上で，子どもがそれまで生活していた国の司法の場で，子どもの生活環境の関連情報や両親の主張を十分に考慮して，子の監護について判断するのが望ましいと考えられているからです。また，国境を越えて居住する親と子どもが面会交流できる機会を確保しておくことは，子どもの利益になる上，不法な連れ去りや留置を防止することにもつながることから，親子が面会交流できるように締約国が支援することも定められています。

このように，ハーグ条約では，子どもを元の居住国に返還することが原則とされていますが，例外もあります。それが**返還拒否事由**です[33]。例えば，子の

---

[30] ハーグ条約に基づく返還申請等の担当窓口となる「中央当局」は，我が国では外務省が担っています。また，ハーグ条約に基づく審判は，我が国では東京家庭裁判所と大阪家庭裁判所だけで取り扱われています。

[31] https://www.mofa.go.jp/mofaj/gaiko/hague/index.html（2020年9月2日閲覧）

[32] ただし，国籍に関わらず，ハーグ条約を締結していない国に居住している場合には対象にはなりません。

返還を求める親が子どもに暴力を振るうおそれなどがある場合には，裁判所の判断で，返還の拒否が認められることがあります。

復習問題

1. 家庭裁判所で扱われる事件について正しいのはどれでしょうか。

①家庭裁判所の扱う事件は，大きく分けると，少年事件と家事事件の2種類がある。
②家事事件は，調停事件，審判事件，民事訴訟事件の3つがある。
③一般調停と特殊調停は，調停手続を経ることなく，訴訟を提起することができる。
④家庭裁判所で扱われる事件は，すべて非公開とされている。
⑤時間や費用はかかるが，裁判をすれば，必ず離婚できる。

2. 児童虐待について正しいものはどれでしょうか。

①児童虐待防止法には，児童虐待として，身体的虐待，性的虐待，ネグレクト，心理的虐待，経済的虐待の5つが定められている。
②夫からの妻に対する暴力を児童が目撃することも虐待に当たる。
③児童福祉法では，満16歳に満たない者が児童とされている。
④児童虐待防止法は「虐待を受けた児童を発見した者は，速やかに，これを…（中略）…通告しなければならない。」と定めている。
⑤児童相談所は，保護者の同意がなくても，虐待を受けた児童を児童養護施設に入所させることができる。

---

[33] 外務省ホームページによれば，以下の6つの事由が該当します。
(1) 連れ去り又は留置開始の時から1年以上経過した後に裁判所に申立てがされ，かつ，子が新たな環境に適応している場合
(2) 申立人が連れ去り又は留置開始の時に現実に監護の権利を行使していなかった場合（当該連れ去り又は留置がなければ申立人が子に対して現実に監護の権利を行使していたと認められる場合を除く。）
(3) 申立人が連れ去り若しくは留置の開始の前にこれに同意し，又は事後に承諾した場合
(4) 常居所地国に返還することによって，子の心身に害悪を及ぼすこと，その他子を耐え難い状況に置くこととなる重大な危険がある場合
(5) 子の年齢及び発達の程度に照らして子の意見を考慮することが適当である場合において，子が常居所地国に返還されることを拒んでいる場合
(6) 常居所地国に子を返還することが人権及び基本的自由の保護に関する基本原則により認められない場合

3. ハーグ条約（国際的な子の奪取の民事上の側面に関する条約）について間違っているものはどれでしょうか。

①ハーグ条約の対象となる子どもの年齢は，16歳未満である。

②日本人同士の場合，国境を越えた子どもの不法な連れ去りは，ハーグ条約の対象にはならない。

③ハーグ条約は，子どもを元の居住国に戻して原状回復した上で，元の居住国の司法機関が判断することを原則としている。

④裁判所が返還拒否事由に該当すると判断すれば，返還の拒否が認められることがある。

参考図書

山田 博（監修）家庭問題情報センター（編）(2002)．家裁に来た人びと――調査官との出会いとその後の物語――　日本評論社

30人の家裁調査官（当時）が最も印象に残るケースを紹介したものです（家事事件に限らず，少年事件も含まれています）。プライバシーに配慮して修正や加工がされていますが，普段目に触れることのない家庭裁判所の仕事を具体的に知る契機になると思います。ただし，約20年前に発刊されたもので，今とは法律も事務処理態勢も異なる部分がありますので，その点には注意が必要です。

片岡 武・萱間 友道・馬場 絵理子 (2018)．実践調停　面会交流――子どもの気持ちに寄り添う調停実務――　日本加除出版

家庭裁判所の裁判官及び家裁調査官が面会交流に関する2つの仮想事例を基に，家裁の調停実務を解説したものです。内容は専門的ですが，調停の進め方を詳しく知ることができます。また，面会交流をめぐる同居親と別居親の対立とその間に巻き込まれて苦しむ子どもの気持ちを具体的にイメージすることができます。

西澤 哲 (2010)．子ども虐待　講談社

児童虐待の専門家が児童虐待の実態と虐待による悪影響からの回復のために必要な考え方や治療法を一般の読者にもわかりやすく解説したものです。虐待（abuse）という言葉の意味から解きほぐし，虐待する親の心理，虐待によって子どもが受ける被害，DVと虐待の関係などについて丁寧に説明されています。

14 犯罪捜査と心理学

これまでの章で見てきた主な内容は，刑事司法では矯正や保護・更生といいます。こうした領域だけでなく，犯罪捜査にも心理学の知識が活用されています。例えば，司法・犯罪心理学に興味がある人なら，プロファイリングという言葉を聞いたことがあるのではないでしょうか。ここにも心理学の知識が活用されていますが，一般的に持たれているイメージと実際のプロファイリングにはいくらか乖離があるようです。テレビドラマなどでは，よくプロファイリングによって犯人の身元を特定するような描写がなされますが，現実のプロファイリングは必ずしもそうではありません。このように，虚構世界のイメージと現実世界の実態は異なるのです。本章では，実際の犯罪捜査において心理学がどのように活用されているのかを見ていくことにしましょう。

14.1 警察機関と心理学

犯罪捜査の中心になるのは警察ですが，警察には科学的な捜査を支援するための研究機関があります。それが，科学警察研究所と科学捜査研究所です。これらの研究機関には，心理学を含め様々な学問的背景を持った研究職員が所属し，科学的な犯罪捜査を支えています。

警察庁の附属機関として，科学的な犯罪捜査の最先端の研究を行っているのが**科学警察研究所**です。科学警察研究所の主な役割は，科学的な警察活動に必要な研究と開発，都道府県警察からの委嘱による鑑定・検査，そして，都道府県警察の鑑定技術職員への研修や指導です。科学警察研究所では，主に捜査支援，犯罪予防や少年非行防止，ポリグラフ検査，そして交通事故防止の分野で心理学を専門とした研究者が研究活動や現場への応用を行っています。

一方，都道府県警察に付設する機関として，事件が起こったときに，証拠などの科学的な分析を通して捜査を支援するのが**科学捜査研究所**です。科学捜査研究所の職務内容は，例えば，警視庁の科学捜査研究所の場合，法医，物理，文章鑑定，第一化学，第二化学に分けられ，専門性に応じた鑑定や捜査支援を行っています[1]。科学捜査研究所では，主に文章鑑定科に心理学を専門とした研究職員が在籍することが多く，文章鑑定やポリグラフ検査，プロファイリングなどに従事しています。

14.2 プロファイリング

アメリカのFBI（Federal Bureau of Investigation）アカデミーのダグラスとバージェス（Douglas & Burgess, 1986）によれば，**プロファイリング**は，犯行を詳細に検討することによって，罪を犯した可能性が高い人物像を描き出す手法です。ここで注意してほしいのが，プロファイリングは捜査支援の一つのツールである点です。捜査活動は，様々な情報を基に捜査員が行うもので，これは従来から行われてきました。プロファイリングは，あくまでも従来の捜査を支援するための手法なのです。

プロファイリングの役割を示すと，①可能性の高い犯人像を推定すること，②犯行地と居住地との関連性を示すこと，③同一犯による可能性が高い未解決事件を示すこと，④連続犯行がエスカレートする可能性を推定すること，そして⑤連続犯行発生エリアの予測を示すこと，となります（渡邉・池上，1998)。このうち，①と④が犯罪者プロファイリング，②と⑤が地理的プロファイリング，③が事件リンク分析[2]といわれます（渡邉，2004)。なお，犯罪者プロファイリングは，その手法の特徴や歴史的背景から，臨床的プロファイリングと

[1] 法医科では，血液や唾液などの体液から血液型やDNA鑑定などを行ったりします。物理科は，主に火災や爆発などの原因究明，犯行に使われた道具などの鑑定，防犯カメラなどの画像解析などが含まれます。文章鑑定科では，筆跡などの鑑定や偽造通貨などの真偽鑑定に加えて，ポリグラフによる事件記憶の鑑定などが行われます。そして，第一化学科では，微細な遺留品（繊維片など）の鑑定が，第二化学では薬物などの鑑定が行われます。ただし，各都道府県警察ごとで組織規模が異なるため，

統計的プロファイリングに分けることができます。

14.2.1　臨床的プロファイリング

臨床的プロファイリングは，臨床心理学や精神医学の知見に基づき，犯罪の行為過程からその事件の犯人の行動特徴や性格特徴などを描き出す手法です。FBI のプロファイリングが臨床的プロファイリングに該当することから，FBI 方式とされることもあります。**FBI 方式**のプロファイリングの具体的な流れを示すと，犯行現場の評価を行い，その結果から犯行現場で何が行われたのかを再構成し，そうした犯行を行う犯人の人物像を示す，という過程をたどります（渡邉，2004）。

このアプローチの基になっているのは，FBI アカデミーの行動科学科による調査研究です。それは，1970 年代に性的殺人犯 36 人に対して面接調査や公式記録の調査を行い，そこから性的殺人犯が**秩序型**と**無秩序型**とに分類できることを示しました（**表 14.1**，**表 14.2**）。秩序型の殺人犯は，自制心を持ち，計画的に犯行を行い，被害者を巧みに操作し，凶器や証拠を残さないタイプであり，統制された犯行現場といった様相を呈します。一方，無秩序型の殺人犯は，自制心が弱く，行き当たりばったりの犯行で，凶器や証拠を犯行現場に残すようなタイプであり，乱雑で混乱した犯行現場であることが多いのです。興味深いのは，秩序型と無秩序型によって犯人の特徴に違いが見られる点です。秩序型の犯人は，知能が高く，パートナーと同居しているなど社会的に適応しており，犯行時に感情的に統制された人物特徴を有していました。一方，無秩序型では，知能が比較的低く，独居や無職であり，社会的に不適応的で，犯行時に感情的な統制が低い人物特徴を示しました。FBI 方式によるプロファイリングでは，当該事件の犯行現場から秩序型か無秩序型かがわかれば，先に示した情報を基

すべての都道府県警察に同じ科があるわけではありません。

[2] 連続事件において，各犯罪が同一人物による犯行か，異なる人物による犯行かを明らかにし，同一人物による犯行をリンクする（結びつける）ための分析です。犯人の人物像を推定するには，同一人物による犯行を抽出し，精度の高いデータでプロファイリングを行う必要があります。したがって，事件リンク分析は，犯罪者プロファイリングに直結する非常に重要なものなのです。

表 14.1　**秩序型殺人犯と無秩序型殺人犯における犯行形態**
(Ressler & Burgess, 1985；渡邉，2004 を一部改変)

秩序型	無秩序型
計画的犯行	偶発的犯行
好みのタイプの被害者 （ただし，知人ではない）	被害者または現場を知っている （被害者を選択したわけではない）
被害者を操作する	被害者を物として扱う
会話は慎重	会話はない
整然とした犯行現場	混乱した犯行現場
被害者を服従させる	被害者を突然襲う
自制心あり	自制心なし
殺す前にサディスティックな行為	殺した後に性的行為
遺体を隠ぺいする	遺体はそのまま
凶器や証拠を残さない	凶器や証拠を残したまま
被害者を接触場所から犯行現場へ， 遺体を隠ぺいの場へと移動	接触場所，犯行現場，遺体の場所は 全て同一

FBI 行動科学科が示した秩序型殺人犯と無秩序型殺人犯の犯行形態を表しています。秩序型は犯行現場が統制された様相を，無秩序型は乱雑で混乱した様相を呈するといわれています。

表 14.2　**秩序型殺人犯と無秩序型殺人犯の犯人像**
(Ressler & Burgess, 1985；渡邉，2004 を一部改変)

秩序型	無秩序型
平均または平均以上の知能	平均以下の知能
社会的に有能	社会的に不適応
熟練を要する職を好む	熟練を要しない職を好む
性的能力あり	性的能力なし
出生順位が高い	出生順位が低い
父親が安定した職業	父親が不安定な職業
幼少期のしつけに一貫性なし	幼少期のしつけが厳格
犯行時に統制された感情	犯行時に不安感情
犯行時にアルコールの使用	犯行時に最小限のアルコール使用
状況的ストレスがある	状況的ストレスは小さい
パートナーと同居	独居
状態の良い車での移動	犯行現場近くに職場/住居あり
当該事件のニュースをチェック	当該事件のニュースに興味なし
転職や転居の可能性	目立つ行動変容（薬物/アルコール乱用，宗教への傾倒など）

FBI 行動科学科が示した秩序型殺人犯と無秩序型殺人犯の犯人像を表しています。犯行形態と犯人像をベースに当該事件の犯人の人物像を推定することになります。

に，犯人の人物特徴を推定することができるのです。

臨床的プロファイリングには，いくつかのメリット，デメリットがあります。例えば，具体的な手続きが不明確である分，プロファイラーによって推論過程が異なる可能性があります。推論過程が異なるということは，犯人の人物推定がプロファイラーの技量に依存してしまい，プロファイラー次第で良い推論も悪い推論も生まれてしまうということです。一方，臨床的プロファイリングは，特に他に類を見ない犯罪の捜査で，犯人像を推定するために有用であるとされています。実際，ドイツ連邦警察では臨床的プロファイリングの手続きをより明確化した「ケース分析」を用いた捜査支援が行われています。

14.2.2 統計的プロファイリング

臨床的プロファイリングの手続き的な不明確さを問題視することから出発している手法が，**統計的プロファイリング**です。これも犯罪者プロファイリングの一つの手法で，犯人が明らかでない事件で過去の犯罪情報から可能性が高い犯人像を推定する手法です。統計的プロファイリングの先駆者として挙げられるのが，リバプール大学のカンター（Canter, D.）です。それゆえに，日本では，統計的プロファイリングを**リバプール方式**と表現することがあります。なお，日本の警察では，主に統計的プロファイリングが用いられています。

カンターらの統計的プロファイリングは，数学者・統計学者であるガットマン（Guttman, L.）の**ファセット理論**（facet theory）に基づいています（Canter & Heritage, 1990）。これは，多数の変数の関係を考える場合に，データを得てから探索的に多変量解析を行うという仮説探索型ではなく，データ収集の段階から事前仮説を導入し，仮説に基づく多変量解析を行うという仮説検証型の方法論を志向する考え方です。特に，カンターらは，ファセット理論に基づいて**最小空間分析**（smallest space analysis）によって過去の犯罪に関するデータを解析します。最小空間分析は，共起しやすい（似ている）もの同士は近くに，共起しにくい（似ていない）もの同士は遠くに布置されるように2次元平面上に表記する手法です。統計的プロファイリングの手続きを簡潔に示せば，過去に起こった同種の事件において犯人のとった犯行行動を多数収集し，そこから最小空間分析などの多変量解析を用いて犯行テーマを見出し，犯行テーマ別に異なる犯人特徴を明らかにします。そして，現在捜査を進めている事件に統計解析から得られた知見を当てはめ，犯人像の推定を行うのです（渡邉，2004）。

このような統計的プロファイリングのメリットは，手続きの客観性や再現性にあるといってよいでしょう。統計的プロファイリングは，手続きが明確であり，同じ手続きをたどる限り誰が分析をしても同じ犯人像を推定することができるのです。一方，過去に起こった事件の分析から犯行テーマや犯人特徴を推定するため，これまでに類を見ない新奇な犯罪には適用が難しいというデメリットも有しています。

14.2.3 地理的プロファイリング

地理的プロファイリングとは，一連の連続犯罪が行われた位置情報を用いて，犯人が居住している可能性の高いエリアを導き出す手法です（Rossmo, 2000 渡辺訳 2002）。犯罪者プロファイリングが犯人像を推定するための手法なのに対して，地理的プロファイリングは犯人の居住地や拠点を推定するための手法です。

地理的プロファイリングにおいて，現在最も活用されている手法を確立したのは，カナダのロスモ（Rossmo, K.）でしょう。ロスモはバンクーバー市警察で警察官を務めるかたわら，サイモンフレーザー大学で地理的プロファイリングの研究を行い，**CGT**（Criminal Geographic Targeting）**モデル**という犯罪行動に関する**犯行地選択モデル**を確立しました。CGT モデルでは，2 つの仮定に基づいて犯行移動距離が決まると考えられています（鈴木，2005）。1 つ目は，犯人は自宅近隣では犯行に及ばず，ある程度離れた場所で犯行を行うという仮定です。自宅や拠点の近くで犯行に及んだ場合，顔見知りなどに目撃されたり，捜査対象となりやすかったりするために，居住地や拠点からは一定程度距離を置くと考えるのです。2 つ目は，犯人は居住地や拠点から遠すぎる場所では犯行に及ばないという仮定です。居住地や拠点から離れるほど移動に労力がかかり，またよく知らない土地での犯行であるがゆえに，目撃や逮捕のリスクが高まるため，遠方での犯行を避けるだろうと考えるのです。これら 2 つの

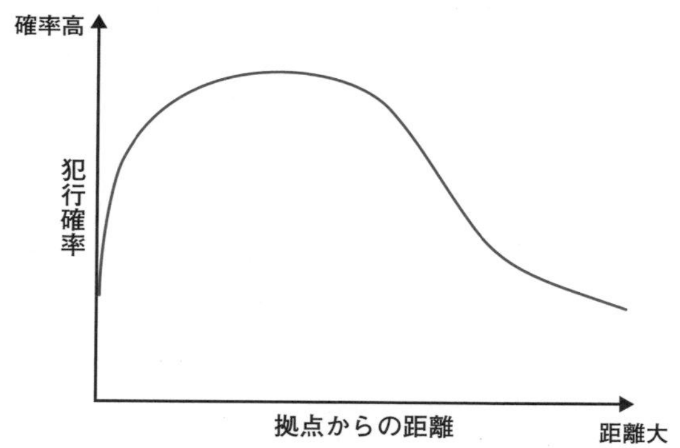

図 14.1　拠点からの距離と犯行確率の概念図（鈴木，2005を一部改変）
縦軸は犯行確率，横軸は拠点からの距離を表します。拠点からの距離が近い場所では犯行確率が低く，この部分をバッファーゾーンといいます。また，犯行確率は距離減衰関数に従い，拠点からの距離が遠い場所で犯行確率が低くなると考えます。

仮定を踏まえると，犯人は居住地や拠点から近すぎず，遠すぎずといった犯行地を選択する可能性が高いと考えられます（**図 14.1**）。

他にも，地理的プロファイリングを行う上で，犯人の居住地や拠点を推定するための方法がいくつかあります。代表的な手法としては，カンターら（Canter & Larkin, 1993）の**円仮説**が挙げられるでしょう。円仮説は，同一犯による連続事件を地図上にプロットし，最も遠い犯行地点を直径とする円を描いたときに，その円内に犯人の自宅や拠点があると推定します。ただし，円仮説ではたとえ自宅や拠点の推定を行っても，疑わしいと判断される領域が広大になる場合があります。そこで，これらの欠点を補う方法として，**地理的重心モデル**が提案されています（例えば，Kind, 1987）。これは，犯人の行動は地理的，時間的な制約を受けるという前提に立ち，一連の犯行地点の距離の総計が最も短くなる地点を重心として，そこに犯人の自宅や拠点があると考えるものです。ただし，この方法でも，ピンポイントで犯人の自宅や拠点を示すことは，実際的にはなかなか困難です。そこで，三本・深田（1999）は，地理的重心モデルを拡張し，重心の周りに**疑惑領域**を設定することを提案しています。疑惑領域は，重心を中心として，犯行地点から重心までの距離の平均を半径とする円を表しています。

地理的プロファイリングは，捜査すべき範囲を限定したり，捜査すべき疑わしい地域の順位づけを行ったりできる点で非常に重要です。なぜならば，警察が1つの事件に割ける資源は有限であり，これを犯人検挙に向けて効果的に配置する必要があるからです。

14.3 被害者や目撃者への事情聴取

犯罪が起こった際に，犯罪に関する当事者はもとより，たまたまその場を目撃した人物から情報を得ることは，事件の解決にとって重要です。被害者や目撃者の証言によって被疑者が特定されたり，裁判における有用な証拠として犯罪の立証に役立ったりするためです。しかし，被害者や目撃者の証言はどうしても記憶に頼らざるを得ません。残念ながら，記憶は動画や写真のように内容不変的ではなく，様々な要因によって変化してしまうことが知られています。ここでは，そうした記憶の可変性に関するこれまでの知見を紹介しつつ，被害者や目撃者の事情聴取としての面接法について見ていきましょう。

14.3.1 目撃証言

被害者や目撃者が遭遇した事件について，後に様々な場面で証言することを**目撃証言**（eyewitness testimony）といいます。心理学では，目撃証言に関する研究が古くから行われ，記憶がいかに変容するかについて議論されてきました。被害者や目撃者の事件に関する記憶過程は，一般的に**記銘**（encoding），**保持**（retention），**想起**（retrieval）の段階に分けることができますが，それぞれの段階に記憶変容に関わる要因が存在することがわかっています。詳細は他書に譲るとして（例えば，厳島ら，2003），ここでは最も有名なロフタス（Loftus, E. F.）らの研究を見てみましょう。

ロフタスらが注目したのは，目撃した事件に関する記憶が，事件後の事情聴取や事件後にマス・メディアなどから情報を得ることで歪められてしまう点です。このように，目撃した出来事の記憶が事後情報によって変容することを，**誤情報効果**（misinformation effect）[3]といいます。この誤情報効果に関しては，ロフタスとパルマー（Loftus & Palmer, 1974）の研究が有名です。彼女たちの研究では，実験参加者に自動車事故のフィルムを提示し，その後に事故を起こした車が出していた速度を尋ねました。このとき，車の衝突を表現する動詞を変えて尋ねると，それだけで報告されるスピードに差異が生じたのです（**表14.3**）。また，彼女たちの実験では，1週間後，実験参加者にフィルムの中でガラスが割れたのを見たかどうかを尋ねました。その結果，元のフィルムではガラスが割れる描写がなかったにもかかわらず，1週間前に「激突した」という表示のついたフィルムを見た参加者は，それ以外の動詞（「追突した」）を示された参加者や統制条件の参加者よりも，より多くガラスが割れたと報告したのです。このことは，自動車事故というもともとの出来事が，後の質問によって変化してしまったことを意味しているわけです。こうした研究結果がその後も報告されていることからすると，私たちは思いのほか，出来事を歪めて思い

表14.3 事後情報による回答の差異（Loftus & Palmer, 1974より作成）

提示された動詞	平均速度推定 (mph)
激突した（Smashed）	40.5
衝突した（Collided）	39.3
ドスンと当たった（Bumped）	38.1
ぶつかった（Hit）	34.0
接触した（Contacted）	31.8

実験参加者に自動車事故のフィルムを提示し，その後に事故を起こした車が出していた速度を尋ねると，質問に含まれる動詞が異なるだけで報告されるスピードが異なったのです。例えば，「激突したとき」と尋ねた場合には平均40.5mphだったのに対して，「接触したとき」と尋ねた場合には平均31.8mphまで減少しています。

[3] 誤情報効果と同じ効果を指して，**事後情報効果**（effect of post-event information）や**誤導情報効果**（effect of misleading information）などとされることもあります。

出したり，報告したりしているのかもしれません。

このように，記憶が変容するという事実は，捜査関係者にとっては重要です。目撃証言を扱う捜査機関は，実際に被害者や目撃者に対応する際に，自らのちょっとした質問や言葉かけが，被害者や目撃者などの証言に影響する可能性を十分に理解することが必要とされます。また，例えば，凶器注目効果やストレスの影響[4]など，他にも様々な要因によって目撃証言が変化する可能性があることが示されています（厳島ら，2003）。それゆえに，できるだけ正確な情報を引き出すための方法が重要になってくるのです。

14.3.2 認知面接

被害者や目撃者からできるだけ正確な情報を引き出すための方法も，もちろん考えられています。犯罪捜査において正確な証言を得るための方法として注目されているのが，**認知面接**（cognitive interview）です[5]。認知面接は，認知心理学者のガイゼルマン（Geiselman, R. E.）とフィッシャー（Fisher, R. P.）によって開発された面接手続きで，協力的な被害者や目撃者から得られる情報の質と量を高めることを目的としています（Milne & Bull, 1999 原訳 2003）。

ガイゼルマンらが開発した認知面接は，主に4つのテクニックから構成されます（Geiselman et al., 1984）。1つ目は，文脈の心的再現（reinstate the context）で，被面接者にその出来事が起こった際の物理的特徴や個人的特徴を心の中で再構成させる教示です。2つ目は，悉皆報告教示（report everything）といわれるもので，被面接者が思い出したことを編集せずに，たとえ重要でないと思われることでもすべて報告するように求める教示です。3つ目は，異なる順序で出来事の想起を求める（recall the events in different orders）教示です。これは，いったん被面接者が自分の順序で想起を終えた後に，様々な異なった

[4] 凶器注目効果は，目撃現場において，銃やナイフなどの武器が存在すると，目撃者が犯人の顔を正しく識別する能力が損なわれるとされる現象を指します。また，ストレスの影響については，高ストレス状態での目撃は目撃証言の正確さを損なわせる可能性があることが示されています。

[5] 子どもから証言を得ることに特化した技法として**司法面接**があります。これについては，第12章に詳述されていますのでご参照ください。

時間的順序で出来事を想起するように求めるものです。そして，4 つ目が視点変更（change perspectives）で，被面接者に推測を行わないように注意を与えつつ，事件発生時に存在した自分以外の他者の視点から出来事を想起するように求めるものです。

認知面接では記憶再生全般を促すための上記のテクニックに加え，人物や物に関する細部の記憶再生を促すための付加的な記憶補助を用いて記憶から正確な情報をできるだけ多く得ることが目指されます（Milne & Bull, 1999 原訳 2003）。なお，認知面接の効果に関するメタ分析では，従来の面接と比べ，認知面接では正確な情報が多く得られること，特に高齢者に対して有効である可能性が示されています（Memon et al., 2010）。

14.4 被疑者への取調べ

事件の真相を解明し，事件を解決に導くためには，当然，客観的根拠を示すことが必要です。しかし，場合によっては，法科学的証拠がなく，**取調べ**による被疑者の自供が重要になる場合があります。その一方で，社会的には取調べの密室性に起因した問題が起こり，取調べの可視化などが推進されています。実際，令和元（2019）年には刑事訴訟法が改正され，取調べの録音や録画が導入されることとなりました（刑事訴訟法第 301 条の 2）。この数年間で取調べに関する議論がにわかに脚光を浴びてきていますが，近年，被疑者への取調べにも心理学的なエビデンスが活用されつつあります。例えば，警察庁では，国家公安委員会委員長主催の「捜査手法，取調べの行動化を図るための研究会」による最終報告を受け，平成 24（2012）年 3 月に「捜査手法，取調べ高度化プログラム」を策定し，取調べに心理学的なエビデンスのある手法を取り入れることが推進されています。

それでは，心理学が取調べに示せるエビデンスとはどのようなものでしょうか。一つは，取調べの手法とそれらの手法が自供を得るのにどの程度役立つかを示せる点でしょう。科学警察研究所の研究グループでは，平成 7（1995）年 6 月から 11 月末日まで留置所に収容されていた被疑者及び未決の被告人のうち，殺人犯22人，侵入窃盗犯63人を対象に自供に至る心理について尋ねています（渡辺・横田，1999）。その結果，自供を促進する要因として，特に取調べ官の被疑者に対する共感的理解が重要であることが示されています。また，和智ら（Wachi et al., 2014；和智ら，2017）は，取調べ官への調査から重視する面接技法によって取調べを4つアプローチに分類しています。それが，様々な技法を取調べに用いる多面的な取調べ，被疑者に証拠を提示して対抗的に相対する証拠対抗的な取調べ，傾聴や関係構築を積極的に用いる関係重視の取調べ，そして特定の技法を積極的には用いない未分化の取調べです。そして，取調べにおいて関係重視のアプローチをとった場合，長期間自供することに消極的であった被疑者でも，完全に自供する傾向があり，かつこれらの被疑者は警察が把握していない追加情報をも提供する傾向があることを報告しています。

こうした知見からすると，被疑者に事実を偽りなく語るように促すためには，取調べ官と被疑者との間にラポールを形成し，被疑者の抱いている気持ちを理解し，受け入れてほしいという願望を満たすことが重要であるようです。この点は，心理臨床的な面接技法と共通する点があるのかもしれません。取調べに関しては，社会的な要請から日々新たな知見が生み出され，それが活用されつつあります。ここでは取り上げていませんが，欧米でも取調べに関する多くの研究があり（例えば，Gudjonsson, 2003），そうした研究で得られた知見が日本にもたらされる日もそう遠くはないように思われます。

14.5　ポリグラフ検査

最後に，犯罪捜査において心理学が重要な役割を果たしているテーマとして，**ポリグラフ検査**（polygraph test；図14.2）を紹介しましょう。ポリグラフという用語は，司法・犯罪心理学だけの用語ではなく，複数の生理指標を同時に測定する機器として医療現場等でも用いられます。犯罪捜査で用いられるポリグラフ検査は，一般的にはウソ発見器といわれることがありますが，実務では「ポリグラフ検査＝ウソ発見」という考え方はされていません（小林ら，2009）。

犯罪捜査で用いられるポリグラフ検査の要諦は生理的反応を測定する機器に

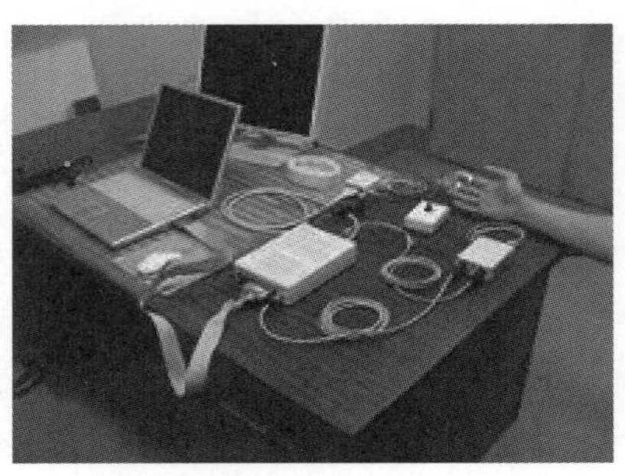

図14.2　ポリグラフ検査の機器（宮城県警察科学捜査研究所ホームページより）
一昔前までは，紙の上にインキを用いて記録するような形でしたが，コンピュータの技術発展に伴い，現在では各種指標を直接的にコンピュータ上に記録する形になっています。

あるだけではなく，検査時の質問方法や内容，そして検査者の反応を読みとる技術にあるといえます。つまり，「あなたが犯人ですか？」という問いへの回答から機器が自動的に真偽の判定してくれるわけではなく，巧みな質問を用いて得られた反応から習熟した検査者が結果を読みとって初めて成立する手法なのです。現在ではポリグラフ検査に関する長年の研究から，様々な方法が考案されています。

日本の犯罪捜査で採用されているポリグラフ検査は，**隠匿情報検査**（Concealed Information Test; CIT）といわれる方法です。**有罪知識検査**（Guilty Knowledge Test; GKT）と呼ばれることもあります。CITは，被疑者しか知り得ない犯罪事実に関する認識（記憶）の有無を，生理的な指標を基に推定する記憶検査の一種です。

具体的な手続きは，まず犯行現場に臨場したり，様々な情報源から情報を収集したりして，犯人しか知り得ないが，犯人であれば確実に知っている事実を抽出します。そして，抽出した犯罪事実の認識を有しているかどうか，すなわち，記憶として残っているかどうかを調べるわけです。このときに，CITでは，1つの質問表について**裁決項目**と**非裁決項目**という2種類の項目を作成します。裁決項目は犯罪を行った犯人しか知り得ない内容によって作成され，非裁決項目は裁決項目と同程度のカテゴリ内容で作成されます。例えば，窃盗事件で裁決項目（盗まれたもの）が「ネックレス」であったとしたら，「指輪」「ブレスレット」「ブローチ」などといった具合に非裁決項目を作成します。通常，1つの質問表の中に，裁決項目は1つ，非裁決項目は4〜6つ作成されます。

こうして作成された質問表について，順序を変えて3回以上提示します。被検査者は各項目に「いいえ」「知りません」などと回答することになりますが，犯人ではない場合，犯罪事実の認識がないわけですから，裁決項目に対しても，非裁決項目に対しても特異的な反応が見られないはずです。一方，真の犯人であれば，犯罪事実の認識を有しているわけですから，非裁決項目に比べ，裁決項目に対して特異的な生理的反応が生起すると予想されます。検査者は，このような反応の違いをデータから読みとっていくのです。なお，質問表は1つだけではなく，例えば，凶器の種類，侵入口，遺体の隠蔽場所など様々な側面から構成されます。複数の質問表で，非裁決項目には見られない特異的な反応が裁決項目に現れれば，それだけ被検査者が犯人として強く疑われることになるのです。

日本の犯罪捜査では，ポリグラフ検査の生理的反応として，通常，皮膚抵抗反応，脈波，呼吸運動（胸部，腹部），の3種類の指標が用いられます。これらの生理反応は，**末梢神経系**（Peripheral Nervous System; **PNS**）のうち，**自律神経系**（Autonomic Nervous System; **ANS**）による統制を受けており，意識的に調整することが困難なのです。こうした指標の他にも，近年では，脳波による記憶検出の可能性などが研究されてきています。今のところ，脳波は実務に取り入れられているわけではありませんが，今後の技術発展により，信頼性や妥当性の高い新たな指標として取り入れられる日が来るかもしれません。

復習問題

1. 一連の連続犯罪が行われた位置情報を用いて，犯人が居住している可能性の最も高いエリアを導き出す手法として，正しいのは以下のうちどれでしょうか。

①事件リンク分析

②臨床的プロファイリング

③統計的プロファイリング

④地理的プロファイリング

2. 被害者や目撃者等への事情聴取に関する記述として，誤っているのは，以下のうちどれでしょうか。

①目撃した出来事の記憶が事後情報によって変容することを，誤情報効果という。

②認知面接は，認知心理学者のガイゼルマンとフィッシャーによって開発された面接手続きである。

③認知面接の技法のうち，「文脈の心的再現」とは，異なる順序で出来事の文脈を制限するテクニックである。

④認知面接では正確な情報が多く得られること，特に高齢者の証言において有効である可能性を示す研究がある。

3. 日本の犯罪捜査実務において，ポリグラフ検査の指標として用いられているものとして誤っているのは，以下のうちどれでしょうか。

①瞬目

②皮膚抵抗反応

③脈波

④呼吸運動

参考図書

桐生 正幸・板山 昴・入山 茂（編著）（2019）．司法・犯罪心理学入門——捜査場面を踏まえた理論と実務—— 福村出版

犯罪捜査に心理学がどのように活用されているかを知ることのできる入門レベルの書籍。特に，司法・犯罪をテーマに心理学的研究を行いたいと考える学生向けの一冊。

渡辺 昭一（編）（2004）．捜査心理学 北大路書房

犯罪捜査に心理学がどのように活用されているのかを網羅的に取り上げた中級・上級レベルの書籍。本章で取り上げた，プロファイリング，ポリグラフ，取調べなどの内容をより深く学びたい方におすすめの一冊。

平 伸二・中山 誠・桐生 正幸・足立 浩平（編著）（2000）．ウソ発見——犯人と記憶

のかけらを探して―― 北大路書房

犯罪捜査の中でも，特にポリグラフ検査について詳細に説明されている中級・上級レベルの著書。ウソ発見の歴史，現在活用されているポリグラフ検査の理論背景や技法，生理的反応の説明，そして今後の発展可能性について議論が展開されています。ポリグラフ検査を学びたい諸氏は必読。

15 犯罪予防と心理学

これまでの日本の司法・犯罪心理学ではあまり注目されてきませんでしたが，犯罪を未然に防ぐ犯罪予防も，欧米では司法・犯罪心理学の重要なトピックの一つです。やや極論になりますが，犯罪が起こってから対処するよりも，未然に犯罪の被害を予防することができれば，それに勝ることはないのです。医学では，健康増進や疾病の未然防止に重きを置いた公衆衛生や予防医学の重要性が認識されてきましたが，司法・犯罪心理学でも予防の重要性が認識される必要があると思われます。そこで，本章では犯罪予防の基礎的な知識について解説することに加えて，犯罪予防に対して心理学が担い得る役割を考えていきます。

なお，本章での犯罪予防（crime prevention）は，「実際の犯罪水準や知覚された犯罪不安を減少させるために企図された対策すべて」（Lab, 2004 渡辺ら訳 2006）を意味します。日本では防犯といわれることもありますが，犯罪予防と防犯とはほぼ同義と考えてよいでしょう。

15.1 犯罪予防の分類

一口に犯罪予防といっても，多種多様な行動や活動が含まれます。防犯ブザーの携帯など自分の身を守る行動もあれば，公園で遊ぶ子どもの保護者による見守りなど他者を守る行動もあるでしょう。あるいは，青色回転灯装備車によるパトロール（**青色防犯パトロール**），ごみの散乱をなくす環境整備など地域の秩序や安全を守る活動も考えられます。さらに，受刑者への矯正教育も出所後の再犯防止という意味で犯罪予防といえそうです。これまでの研究では，こうした多様な犯罪予防の行動や活動を，いくつかの視点から分類する試みが行われてきました。ここでは最も代表的な犯罪予防の分類について説明します。

15.1.1　犯罪の一次予防・二次予防・三次予防

ブランティンガムとファウスト（Brantingham & Faust, 1976）は，犯罪予防の取組みを，医学領域における公衆衛生モデルになぞらえて，**表 15.1** に示すような 3 つのアプローチに分けました。

まず，**一次予防**（primary prevention）とは，犯罪や非行を誘発するような一般社会の物理的・社会的環境の改善に向けられた活動のことです。つまり，犯罪や非行が生じる前に，リスクとなり得るような原因を社会から除去しようとする活動といえます。ここには，環境デザインの改善による犯罪予防の取組みやコミュニティに基づく予防，これらの活動を促す情報発信，あるいは社会施策としての失業，貧困，雇用・職業訓練などが含まれます。

次の**二次予防**（secondary prevention）ですが，これは犯罪を行う可能性の

表 15.1　**犯罪予防の 3 分類**（Brantingham & Faust, 1976 を参考に作成）

公衆衛生モデル		
一次予防	二次予防	三次予防
幅広い一般市民を対象としたリスクの低減	リスクの高い個人や状況の早期発見／早期介入	望ましくない事象が発現した後の回復や再適応の促進
• 運動習慣 • 食生活改善 • 予防接種等	• 健康診断 • 検診	• 予後管理 • リハビリテーション

犯罪学モデル		
一次予防	二次予防	三次予防
• 啓発キャンペーン • 環境設計による犯罪予防 • 地域防犯活動 • 教育／雇用／福祉	• 早期発見 • 少年補導活動や相談 • 犯罪多発地区の特定と近隣プログラム（集中パトロールなど）	• 再被害防止 　・リスクの特定と改善 • 再犯防止 　・矯正（社会内・施設内） 　・更生保護 • 無害化

上側が公衆衛生における考え方，下側が犯罪（心理）学における考え方を表します。

高い個人や集団を早期に把握し，それらへの早期の介入に向けられた活動のことです。つまり，特定の人が犯罪や非行に関連する問題行動を呈した時点で，それをできるだけ早く把握し，介入するということになります。これには，街頭での少年補導活動や相談活動，犯罪多発地区での集中パトロールなどが含まれます。

そして，**三次予防**（tertiary prevention）とは，罪を犯してしまった者への再犯防止に向けられた活動のことです。これには，矯正教育，職業訓練といったリハビリテーションなどが含まれています。

このように，犯罪予防は，一次予防，二次予防，三次予防と分類することができますが，段階が進むほど対象者がより狭い範囲に絞られていく一方，介入がより深い，高密度なものになっていることに注目してください。犯罪予防に割ける社会的な資源は有限であることを踏まえると，この分類は有限な資源を効率的に配置するために考えられた合理的な枠組みであると思われます。

15.2 犯罪リスク認知や犯罪不安と犯罪予防

先に示したとおり，犯罪予防には多種多様な行動や活動が含まれますが，そこに共通するのは，犯罪被害のリスクを削減するための行動であるという点でしょう。意識するとせざるとに関わらず，人々は将来の犯罪被害のリスクを判断したり，不安を感じたりするために，犯罪予防を行うと考えられます。しかし，これまでの研究知見は実際にはそう単純ではないことを示しています。

15.2.1 犯罪リスク認知と犯罪不安

私たちは日常的に犯罪のリスクを判断し，それに不安を感じるわけですが，

[1]「fear of crime」は，状況依存的で特定の対象への生理的な変化を伴うような強度の強い情動であることから，「犯罪恐怖」と訳したほうが適切であると考える人もいるでしょう。しかし，日本では「犯罪不安」が訳語として当てられることが多いため，本章でも「犯罪不安」としています。ただし，これも厳密には，「犯罪不安」は「worry about crime」や「anxiety about crime」のように，対象が比較的曖昧で漠然としていてかつ強度がそれほど強くない情動ととらえるほうが正確であると考えら

これらは**犯罪リスク認知**（perceived risk of crime）や**犯罪不安**（fear of crime）[1]といわれます。犯罪リスク認知は，犯罪被害に遭う確率や被害の程度に関する主観的な見積もりで，時に**被害リスク認知**（perceived risk of victimization）といわれることもあります。一方，犯罪不安は，犯罪や犯罪を連想するようなシンボルへの恐れや不安など感情的な反応です。両者は似たもののように思われますが，前者は被害リスクに関する認知判断を，後者は被害リスクへの感情反応を表している点で異なります。ただし，両者は概念的に異なっても，犯罪リスク認知が高いほど，犯罪不安も高くなるという関係にあることがしばしば指摘されています（例えば，Ferraro, 1995）。

ただし，犯罪被害のリスクを高く判断し，犯罪に不安を感じても，人は必ずしも最悪の結果を予防する行動をとらないことがあります。例えば，ギブリン（Giblin, 2008）の研究では，6つの予防行動（警報機の携行，武器の携行，護身術の受講，特定の経路回避，夜間の外出回避，単独での外出回避）のうち，特に身近な地域への犯罪不安が行動を予測するのは，特定の状況（特定の経路，夜間の外出，単独での外出）の回避に関する行動だけであると報告しています。一方，私たちのリスク認知自体が必ずしも正確ではないこともあります。次に，リスク認知に影響を及ぼすバイアス[2]を見ていきます。

15.2.2 リスク認知を歪める認知バイアス

リスク認知を歪める**認知バイアス**の一つを理解するには，カーネマンとトゥベルスキー（Kahneman & Tversky, 1979）のプロスペクト理論が役に立ちます。特に**プロスペクト理論**に含まれる，**確率加重関数**は示唆的です。確率加重関数とは，人々が発生確率の低い事象を過大評価し，発生確率の高い事象を過小評価すると予測するものです。実際，様々なハザードの発生数を推定させた研究では，発生頻度の低いハザードは実際の発生数より多く判断され，発生頻度が

れます。ここでは犯罪不安の用語の問題について深く掘り下げませんが，「犯罪不安」の定義についても調べてみてはいかがでしょうか。

[2] バイアスとは，偏りのことを表します。したがって，リスク認知のバイアスと言う場合には，リスク認知の偏りと考えて差し支えありません。

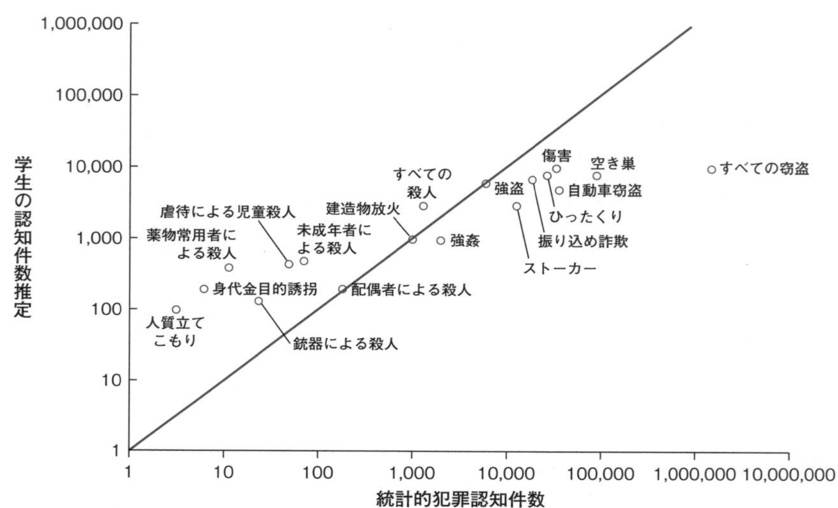

図 15.1　学生における各罪種の認知件数の推定値（中谷内・島田，2008）
縦軸は認知件数の推定値，横軸は実際の認知件数を表します。図中の斜めの実線は，実際の認知件数と認知件数の推定値が一致していた場合の予測線です。

高いハザードは実際の発生数より少なく判断されています（Lichtenstein et al., 1978）。同じ現象が犯罪でも起こることがわかっています。中谷内・島田（2008）が大学生と警察官に各罪種の発生頻度を推定してもらったところ，大学生は発生頻度が低い殺人や誘拐などの発生頻度を過大に推定し，発生頻度が高い窃盗や空き巣などの発生頻度を過少に推定しました（**図 15.1**）。一方で，犯罪に関する知識の豊富な警察官は，こうした偏った推定は行いませんでした。

リスク認知を歪める2つ目の認知バイアスは，**楽観バイアス**です。ウェインスタイン（Weinstein, 1989）によれば，私たちは自他を比較し，ネガティブな出来事は他人に起こりやすく，自分には起こりにくいと考えがちです。逆に，ポジティブな出来事は自分に起こりやすく，他人には起こりにくいと考えるといわれます。つまり，楽観バイアスを働かせると，自分は犯罪の被害に遭わないと思いやすく，結果的にリスク推定を誤ってしまう可能性があるわけです。

しばしば，犯罪被害に遭ってしまった人から「自分は被害には遭わないと思っていた。自分は大丈夫と思っていた」という言葉を耳にしますが，まさに楽観バイアスの所業といえそうです。

リスク認知を歪める3つ目の認知バイアスは，**確証バイアス**です。私たちには，しばしば，自分の考えに合った情報ばかりに目を向けてしまい，自分の考えを否定する情報を無視する傾向があります。例えば，自分は犯罪の被害には遭わないと楽観的に考えると，それに合致した自分の危険性は低いという情報，あるいは自分の危険性を積極的に低く見積もるための情報にばかり目を向けてしまいます。これによって，私たちはますます自分のリスクを過小評価するようになるわけです。

認知バイアスは，上に挙げたものがすべてではありませんが，ここではリスク判断を歪める代表的な認知バイアスをいくつか見てきました。なお，私たちの持つこれらの認知バイアスが，すべて非適応的であると言おうとしているわけではありません。もし私たちにこうした認知バイアスがなく，常にリスクを最大限に見積もるような心理傾向があるとすれば，安全にはなるかもしれませんが，おそらくひとときも気が休まらない生活を送らなくてはいけなくなるでしょう。私たちは，時に楽観的に考えることで心の安寧を図っているのであり，その意味で認知バイアスにも適応的な意義があると考えられるのです。

15.2.3　態度と犯罪予防

次に見ていくのは，なぜ人々は犯罪を予防するための行動をとったほうがよいとわかっていても，そうした行動を実際にはとらないことが多いのか，という点です。つまり，**態度**と行動はなぜズレるのか，と言い換えてもよいでしょう。実際，犯罪予防の行動をしたほうがよいとわかっていても，実は非常に多くの被害がごく簡単な行動（例えば，外出時には玄関の鍵をかけるなど）の不実施によって起こっているのです。態度と行動とのズレは，何も犯罪予防だけの現象ではありません。例えば，健康のために運動をしたほうがよいとわかっていても，なかなか運動を続けられない人がいます。あるいは，節電のためにこまめに照明のスイッチを切ったほうがよいとわかっていても，ついつけっぱなしにしてしまう人もいるでしょう。

こうした態度と行動とのズレを説明する代表的な理論として知られているのが，アイゼン（Ajzen, 1985）の**計画的行動理論**（Theory of Planned Behavior; TPB）です。この理論では，人々が行動を起こすには，その前段階に行動意図が生じると仮定します。**行動意図**とは，「○○しようと思う」というような意識的な動機づけです。つまり，TPB では，行動しようと動機づけられた結果，実際に行動が生じると考えるわけです。そして，重要なのは，行動意図の発生には，態度だけではなく，**主観的規範**や**行動統制感**が関わっているという点です。主観的規範とは自分にとって大切な人々がそのように行動すべきであると思っている程度であり，行動統制感とはその行動を遂行することの容易さに関する自己評価です。つまり，TPB によると，ある行動に対して自分自身が肯定的な態度を持っていても，それだけで実行への動機づけが生じるわけではなく，主観的規範や行動統制感が後押しするときに初めて実行への意識的な動機づけが高まります。

TPB は，健康行動や環境配慮行動の説明において有用性が示されています。また，犯罪予防でも，荒井・菱木（2019）が TPB の有用性を検証しています。この研究では，女子大学生のイヤホンを外して歩く習慣や，子を持つ母親の地域防犯活動への参加を対象行動として調査を行いました。その結果，それらの行動に肯定的な態度を持つ以上に，重要な他者がどのように思っているか（主観的規範）やその行動を自分が実行できると考える程度（行動統制感）が動機づけを高め，結果的に行動に結びつくことが明らかになっています。したがって，その行動を実施したほうがよいと考えるだけでは必ずしも行動に至らず，他者からの思いや行動を実行できる感覚を持つことが犯罪予防行動の実行にとって重要なのです。

15.3 状況や環境に注目した犯罪予防

ここまで，主として個人の内的な過程に注目して，犯罪予防の行動や活動に影響する要因を見てきました。一方で，犯罪予防の行動や活動はその個人が置かれている状況や環境にも多大な影響を受けています。状況や環境に注目した犯罪予防理論は，主に環境犯罪学などの分野を中心に発展してきました。以下に，これらの犯罪予防理論を見てみることにしましょう。

15.3.1　日常活動理論

犯罪がどこで起こるのかという問いに対して，個人のライフスタイルと犯罪機会とが関連するという点を強調して回答したのが，コーエンとフェルソン（Cohen & Felson, 1979）の**日常活動理論**（**ルーティンアクティビティ理論**；routine activity theory）です（4.8.2 項参照）。日常活動理論では，**動機づけられた犯行企図者**，**格好の標的**，**有能な監視者の不在**の3つの条件が時空間的に同時に存在する場合に犯罪が起こる（起こる可能性が高くなる）と考えます（図 15.2）。例を挙げれば，子どもを狙った犯行企図者が，下校中に1人で歩く子どもを見かけ，見守りをする大人がいない状況で犯罪が起こる（起こる可能性が高くなる）と考えるわけです。

日常活動理論に基づくと，3つの条件が時空間的に同時に存在しないようにすることが犯罪予防にとって重要となります。例えば，動機づけられた犯行企

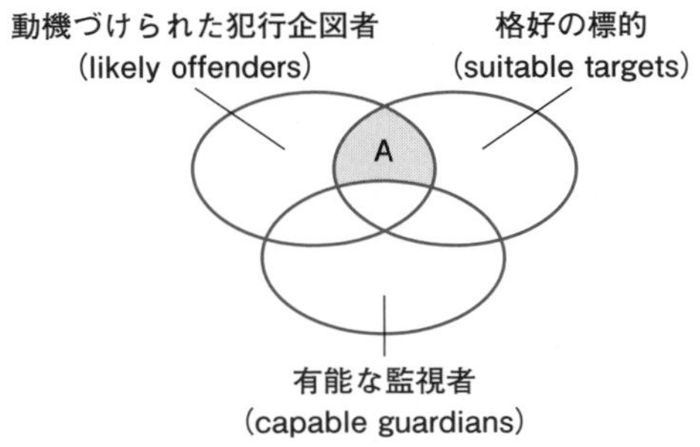

図 15.2　**日常活動理論の 3 つの条件**
動機づけられた犯行企図者，格好の標的，有能な監視者の不在という条件が時空間的に同時に存在する場合，（A の領域で）犯罪が起こる（起こる可能性が高い）ことを意味します。

図者を削減するために，法律を整備したり，再犯防止のための教育を行ったりすることなどが考えられるでしょう。ただ厳密には，動機づけられた犯行企図者はどこに存在するかわからないわけですから，格好の標的を減らすこと，有能な監視者を適切に配置することなども考える必要があります。この場合の格好の標的を減らすとは，標的となる人の人口を削減することではなく，例えば，防犯グッズを携行することで対象者を強化し，「格好の」標的とならないようにすることを意味します。また，有能な監視者を増やすことはもとより，標的となり得る対象がどこにいる（ある）のかを把握し，有能な監視者を標的となり得る対象に近づけることも犯罪を予防する上で重要になるのです。

15.3.2 「犯罪の三角形」モデル

日常活動理論を拡張し，犯罪が起こる（起きやすい）条件を「場所」を重視してモデル化したものが，クラークとエック（Clarke & Eck, 2003）の**「犯罪の三角形」モデル**（‘crime triangles’ model）です。**図 15.3** の内側の三角形には，犯行企図者，標的/被害者，場所が時空間的に同時に存在することが，犯罪が起こる条件として示されています。これに加えて，**図 15.3** の外側の三角

図 15.3　**「犯罪の三角形」モデル**（Clarke & Eck, 2003 より作成）
内側の三角形に示す犯行企図者，標的/被害者，犯行に適した場所が存在し，外側の三角形に示すそれらを統制・監督する者（行動規制者，管理者，監視者）が適切に機能しない場合に犯罪が起こると考えます。

形には，犯罪が起こる3つの条件に対応したそれぞれを統制・監督するものが描かれています。すなわち，犯行企図者，標的/被害者，そして犯行を実行する場所が時空間的に同時に存在し，かつ犯行企図者を規制したり，標的や被害者を見守ったり，犯行場所を管理したりする者が適切に機能しない場合に，犯罪が起こる（起こる可能性が高い）と考えるのです。

このモデルでは，犯罪が起こる要件のうち犯行企図者，標的/被害者については日常活動理論と同様の想定がなされています。一方，犯罪の起こる条件として，内側の三角形に「場所」を想定している点で，日常活動理論よりも犯罪予防における場所の重要性を強調するものといえるでしょう。また，日常活動理論では犯行企図者や標的/被害者を統制したり，監督したりする者として有能な監視者を想定していました。「犯罪の三角形」モデルでは，犯行企図者には行動規制者，場所に対して管理者，そして標的や被害者に対して監督者を詳細に想定している点で，犯罪が起こる条件をより細かく説明しています。

15.3.3　犯罪パターン理論

ブランティンガムとブランティンガム（Brantingham & Brantingham, 1981）の提起した犯罪理論が，**犯罪パターン理論**（crime pattern theory）です。この理論では，犯罪は時空間的にランダムに起こるのでも，均一に起こるのでもないこと，犯罪は地域や社会集団，個人の日常活動，個人の生涯においてランダムに，あるいは一様に起こるわけではないことを前提とします。つまり，様々な場所，様々な人で犯罪のリスクが確率的に等値であるわけではなく，犯罪が発生しやすい場所（ホットスポット）や反復的に被害に遭うケース（反復被害）が存在するということでもあります。

それでは，犯罪はどこで起こるのでしょうか。私たちは日常何気なく活動を行っていますが，誰でも，そこには一定の時空間的な移動パターンがあります。自分の行動を振り返ってみましょう。住居，職場や学校，店舗や遊び場など一定の場所を高頻度で訪れていることに気づくと思います。このとき，住居，職場や学校などの場はノードと呼ばれ，ノードを結ぶパスによって私たちの生活は表現できます。これは犯罪者でも同様です。犯罪者は常に犯罪を行っているのではなく，一定のパターンを持った日常生活を送っているのです。犯罪パターン理論では，犯罪が起こるのは犯罪者の活動パターンと犯罪被害者となる人の活動パターンとが重なる場所であると考えます。犯罪者は犯罪への意思決定を繰り返す中で各自の犯罪テンプレートを形成しており，日常生活で何かの引き金（例えば，狙いやすい対象者（物）を見つける）によって犯罪テンプレートが活性化する場合に犯罪に至るのです。

この考え方に基づいて犯罪予防を考えると，まずは標的となり得る人の活動パターンを把握することが必要となります。犯罪者と標的となり得る人の活動パターンが重なる場所で犯罪が起こるのであれば，標的となり得る人がどこで活動しているのかを把握することで，犯罪者の活動パターンとの重なりを警戒することができるからです。

15.3.4 割れ窓理論

割れ窓理論（broken windows theory）とは，ウィルソンとケリング（Wilson & Kelling, 1982）によって提案された地域環境に基づいた犯罪理論です。割れ窓理論が主張するのは，地域内での軽微な犯罪や秩序違反を放置することが，犯行企図者にとってはその地域が犯罪や秩序違反に無関心であることのサインになり，一方では住民がその地域をますます忌避することにより，後々，より重大な犯罪が発生することを助長するという点です。それゆえに，地域環境内での小さな違反も見逃さずに対応することが，後々の犯罪を予防するために重要になると考えるわけです。

割れ窓理論は，日本において学術的にも実務的にもよく知られ，これに基づいた施策もなされています。一方，割れ窓理論の科学的根拠に関しては議論の余地があるのですが，このことはあまり知られていません。例えば，軽微な秩序違反や軽犯罪でも厳格に罰する寛容性を許さない政策（**ゼロ・トレランス政策**）をニューヨーク市が実施したところ，犯罪が減少したという事例が割れ窓理論を論じる際にしばしば取り上げられます。この事例からは割れ窓理論が効果的に思えるのですが，一方で，この時期に実施された別の政策や社会経済的影響が犯罪を減少させた可能性のあることも知られています。割れ窓理論に基づく介入が，実際に犯罪予防に効果を持つという科学的根拠を示すような研究が待たれるところです。

15.3.5 場所に基づく犯罪予防

最後に取り上げるのは，**場所に基づく犯罪予防**（place based crime prevention）です。これは，端的に言えば，場所の設計，管理，利用の仕方において，犯罪予防を考慮に入れようとする立場です。その嚆矢とされるのは，ノンフィクション作家でありジャーナリストでもあったジェイコブズ（Jacobs, J.）でしょう。彼女は，ニューヨークのグリニッジ・ビレッジに住んでいた当時に，街の観察を通して，安全で快適な街路に必要な条件をまとめています（Jacobs, 1961 山本訳 2010）。それが，公共空間と私的空間の明確な区分け，街路の店番とでも言うべき人々の自然な目（自然監視性），そして街路が継続的に利用されていることです。これらの条件は，実証研究から導き出されたものではありませんが，その後の場所に基づく犯罪予防の思潮に少なからず影響を及ぼしました。

その後，1970 年代の同時期に台頭した犯罪が起こる場所や状況に注目した理論が，**環境デザインによる犯罪予防**（Crime Prevention Through Environmental Design; CPTED）と**守りやすい空間**（defensible space）です。CPTED を提唱したのは，アメリカの犯罪学者ジェフリー（Jeffery, 1971）です。その基本的な考え方は，「人間によってつくられた環境の適切なデザインと効果的な使用によって，犯罪の不安感と犯罪の発生の減少，そして生活の質の向上を導くことができる」（Crow, 1991 高杉訳 1994）とするものです。CPTED のアプローチは，物理的環境の改善を通して，犯罪行動の報酬を減らし，逮捕リスクを増大させ，最終的に犯罪行動を抑止することを重視します。

一方，守りやすい空間の基本的な考え方は，環境の物理的改善を通して，住民と犯行企図者の双方に働きかけ，犯罪を抑止しようとするものです。アメリカの建築家であったニューマン（Newman, 1972 湯川・湯川（訳）1976）は，**プルイット・アイゴー団地**の失敗[3]から，守りやすい空間の要素として，領域

[3] プルイット・アイゴー団地は，1950 年代に著名な建築家ミノル・ヤマサキが設計

表15.2 **守りやすい空間の4つの要素**（Newman, 1972より作成）

領域性の確保 物理的障壁や象徴的障壁を用いて，所有空間の領域確定を行うことで，所有者がその領域に対して所有意識や愛着を持てること。
自然監視性の強化 その空間の正当な利用者が，友人とよそ者の両方の日常行動を自然と観察できるように環境を設計すること。
イメージの向上 犯罪に対して脆弱であるというスティグマが刻まれないようにすると共に，周辺社会から孤立していない近隣地域または地域社会を構築すること。
周辺環境への配慮 犯罪の発生が少ない，安全な場所に隣接させて，家，建物，地域社会を配置すること。

所有空間がこれらの要素を持つことで，住民が自衛的な行動をとることを容易にするとともに，犯行企図者に逮捕リスクを高く見積もらせることで犯罪を抑止します。

性の確保，自然監視性の強化，イメージの向上，周辺環境への配慮，の4つを挙げています（**表15.2**）。所有空間の物理的環境がこれらの要素を持つことで，住民が自衛的な行動をとることを容易にするとともに，犯行企図者に逮捕のリスクを高く見積もらせることにつながり，結果的に犯罪が抑止されると考えられます。

CPTEDや守りやすい空間の考え方は，日本でも様々な施策に応用されていますが，一方で限界や弊害も示されています。例えば，環境の物理的側面ばかりに注目していること，効果に限界があること，そして「監視性の強化」を突き詰めていくと，監視社会や建物の要塞化につながる恐れがあることなどです。こうした点を考慮して，現在ではコミュニティの重要性を考慮した**第2世代CPTED**（2nd generation CPTED）の考え方が提唱されています。第2世代

し，ミズーリ州セントルイス中心部に建てられた巨大な公共住宅です。当時はモダンな住宅として建築的に高く評価されましたが，完成後，17年間で爆破・解体されてしまいます。建築的には高く評価されても，構造的な問題から団地がスラム化し，犯罪の温床になるなど環境が著しく悪化したためでした。

CPTEDでは，第1世代CPTEDにおける環境の物理的改善に加えて，コミュニティ文化の強化，近隣内組織並びに外部組織との結びつきの強化，地域の閾値への配慮（土地利用や住民属性の偏りが特定の閾値を超えないこと／犯罪発生が地域の閾値を超えないように早めに対処すること），そして社会的一体性の強化の重要性，を挙げています（Cleveland & Saville, 2003）。この第2世代CPTEDは，現在，新しい都市計画やまちづくりのモデルとして活用されつつあります。

15.4 犯罪予防の効果

犯罪予防の行動や活動は，当然，犯罪を予防する効果を持つと期待して実施されますが，その効果は科学的に実証されているのでしょうか。以下では，犯罪予防の行動や活動の効果について，これまでの研究を見てみることにしましょう。

15.4.1 犯罪予防による犯罪削減と犯罪不安削減効果

犯罪発生数や犯罪不安の減少を指標とした場合，犯罪予防のために試みられてきた行動や活動の中には，実は，その効果が確認できていないものもあります。それどころか，科学的な根拠がないにもかかわらず，何らかの効果があるという神話的な前提で施策が奨励されることもあります。近年では，こうした事態を解決するために，犯罪予防でも**根拠に基づく実務**（evidence based practice）が叫ばれるようになってきました。

例えば，ピザら（Piza et al., 2019）は，過去40年間に主にアメリカやイギリスで実施された実証研究のメタ分析を通して，街頭防犯カメラの設置は，特に駐車場や住宅地で特定の罪種の犯罪を減少させる効果を持つと結論づけています。また，ベネットら（Bennett et al., 2006）は1977年から1994年までに主にアメリカとイギリスで実施された実証研究のメタ分析を通して，近隣住民が相互に見守りを行う近隣監視活動は犯罪を削減する効果を持つことを示しています。他にも，文献レビューから，いくつかの犯罪予防行動や活動には一定の犯罪削減効果があることが示されています（例えば，路地対策（Sidebottom et al., 2018），街路の照明（Farrington & Welsh, 2002））。

一方，犯罪予防の行動や活動には地域住民の犯罪不安を緩和する効果があることも知られています。例えば，ノリスとカニアスティ（Norris & Kaniasty, 1992）は，アメリカのケンタッキー州での3時点での縦断調査を通して，1時点目に犯罪への特別な警戒（vigilance）行動（例えば，夜間の外出時には他の人と一緒に行動する，危険な場所を避けるために経路を考える，など）を行うことが多いほど，3時点目に住民の犯罪不安が低くなることを明らかにしています。この研究は，犯罪予防の行動や活動が人々の安心感の醸成につながることを示しているわけです。

このように，近年，特に犯罪予防行動や活動の効果検証が始まっているわけですが，一方ではメタ分析やレビューの対象となる論文の質が低いという問題が提起されています。さらに，日本では，犯罪予防に関する質の高い実証研究は皆無であると言わざるを得ません。犯罪予防行動や活動に効果があるのかどうかは，これらが人間行動である以上，極めて心理学的な問いであると思われます。こうした問題に対して，心理学の一層の貢献が望まれるところです。

15.4.2 犯罪の転移と利益の拡散

犯罪予防行動や活動の効果を考える場合，「犯罪が減った，犯罪不安が減った」ということ以外にも，考慮すべき現象があります。それが，**犯罪の転移**（crime displacement）と**利益の拡散**（diffusion of benefits）という現象です。

犯罪の転移とは，犯罪予防行動や活動に反応して，犯罪が時間的，空間的，あるいは内容的に変化する現象のことです。**表15.3**に示したとおり，犯罪の発生が時間的，空間的に移動する転移の他にも，犯罪の手口や犯行対象，あるいは罪種が変化するような転移も知られています（Barr & Pease, 1990；Reppetto, 1976）。

一方で，利益の拡散とは，犯罪予防行動や活動の良い効果が，直接的に対象となった場所，個人，罪種，あるいは介入を行った期間以外にまで及ぶことをいいます。例えば，A市で子どもを狙った犯罪を減らすために，見守り活動を

表 15.3　**犯罪の転移の様々な形態**（Lab, 2004 渡辺ら訳 2006 から改変して作成）

地理的転移（territorial displacement），空間的転移（spatial displacement） 犯罪がある地域から別の地域（一般に隣接する地域）に移動すること。 例：近隣監視活動が始まってから，侵入盗が隣接する地域に移った。
時間的転移（temporal displacement） ある時間から別の時間（昼間から夜間になど）に犯罪が移ること。 例：防犯パトロールが夜間に始まったため，侵入者は早朝に犯罪をするようになった。
戦術的転移（tactical displacement） 同一罪種の犯行に新しい手口を用いること。 例：最新の鍵をドアに設置した結果，侵入盗が窓から入らざるを得なくなった。
犯行対象の転移（target displacement） 同一地域の別の対象を選ぶようになること。 例：近隣監視活動が始まったが，参加世帯は半分だけなので，参加していない世帯が狙われるようになった。
機能的転移（functional displacement） 犯罪者がある犯罪をやめて別の犯罪に移ること。 例：施錠習慣が改善して侵入盗がやりにくくなったので，強盗することにした。
加害者の転移（perpetrator displacement） ある犯罪者が活動をやめ，別の犯罪者が取って代わること。 例：地域活動の強化により，ある犯罪者は犯罪をやめたが，別の犯罪者が犯罪を始めた。

強化したとしましょう。その活動はA市内でしか行われていなくても，隣接するB市で犯罪が減少したり，犯罪不安が緩和したりすることがあります。この場合，A市で実施した犯罪予防活動の効果が，地理的に近接するB市にまで拡散したと考えることができるでしょう。つまり，利益が地理的に拡散したとみなすことができるわけです。

これらの現象が意味することは，犯罪予防の効果を考える場合には，実施した対策の副次効果を考える必要があるということです。例えば，ある施策を実施した際に，施策を実施した地域では犯罪が減ったが，隣接地域で犯罪が増えてしまった（隣接地域に犯罪が転移した）としたら，その対策は果たして効果があったといえるでしょうか。犯罪予防の効果を見極めることが難しいのは，しばしば犯罪の転移や利益の拡散が起こるためです。

15.5 犯罪予防のための情報発信

ここまで，犯罪予防に関する基礎的な内容を見てきました。本章の結びに，市民に犯罪予防行動や活動を奨励する方法を見ていきます。というのも，例えば，平成30（2018）年の1年間，日本で起こった自転車盗のうち，施錠をしていない状態で被害に遭った割合は実に約60％（18万3,879件中11万1,116件）に上るのです（警察庁，2019）。これを逆に考えれば，施錠を奨励するだけで，理論上，10万件以上の犯罪が防げることになるわけです。こうした現状は警察や役所などの公的機関も把握しており，情報発信を通して市民に犯罪予防を奨励しています。

犯罪予防行動や活動を奨励する情報発信を考えると，それは心理学における**説得**に他なりません。説得とは，情報の送り手が受け手の態度や行動を意図した方向に変容させようとする試みの一つで，強制ではなく，納得させながら変容を目指すものです。また，説得に用いられるのは，主に言語的コミュニケーションであり，そのために**説得的コミュニケーション**といわれることもあります。

犯罪予防の文脈で考えてみると，情報の送り手は警察や役所の防犯・防災課などの公的機関が多く，受け手は一般市民です。警察などの公的機関は，チラシ，ホームページやSNSなど多様なチャネルを用いて，主に文章などの言語的コミュニケーションによって市民に犯罪予防行動や活動を行ってもらえるように働きかけます。

このように心理学的に考えると，犯罪情報の発信は市民に対する説得ととらえることができます。つまり，これまでなされてきた説得研究の知見を活用することができるのです。犯罪情報はやみくもに発信すると市民の不安や情報発信主体への不信感を増大させかねないという難しい問題をはらんでいます。それゆえに，例えば，以下で述べる脅威アピールを用いるなど戦略的に情報を発信することが重要なのです。

15.5.1　脅威を用いた説得的コミュニケーション

戦略的な情報発信という点でよく知られる説得技法の一つが，**脅威アピール**です。脅威アピールは，奨励する行動をとらなかった場合に受け手が被る不快な状態を示し，脅威を与えることで，受諾するように働きかけることです。例えば，「この地域では痴漢が多発しています。最近も，○○のような事例がありました。皆さんの安全のために，夜間の“ながら”歩きはやめましょう」といった働きかけが脅威アピールです。脅威アピールのポイントは，適切に脅威を喚起すること，そして脅威情報と一緒に効果的な対処行動を提示することです。いずれが欠けても，効果が乏しいこと，また，脅威が強すぎると情報を避けたり，否認したりするなど，逆効果になることが知られています。

脅威アピールは，犯罪予防の文脈でもよく使われる手法ですが，適切な脅威喚起と効果的な対処行動の勧告によって，受け手の態度や行動が変容することが実証的にも示されています。例えば，島田・荒井（2012）は女子大学生を対象に一人歩き時にイヤホンを外す行為を，また，島田・荒井（2018）は一般市民を対象に自転車の二重鍵かけ行為を奨励するためのフィールド実験を行っています。これらの研究では，脅威情報を提示し，それと同時に対処行動の有効性を明示する情報を与えた上で，各行動を奨励し，行動変容の有無を調べました。その結果，被害事例の提示などによって恐怖を喚起すると，短期的には顕著な行動変容が見られても，すぐに元に戻りやすいこと，一方，統計情報の提示によって脅威の可能性があることを理解させると，長期的にも行動変容効果が見込まれることがわかりました。

犯罪予防行動や活動を奨励するための情報発信の在り方を探る試みが心理学者によって，いくつか行われてきました。一方，犯罪予防行動や活動の効果検証と共に，公的機関による情報発信が市民の行動変容に役立っているのかという観点からの効果検証は今後の課題です。犯罪予防のためには，限りある資源を効果的・効率的に分配する必要があり，そのための科学的根拠を示すことも心理学に求められる役割といえるでしょう。

復習問題

1. 犯罪予防の分類に関する記述として正しいのはどれでしょうか。

①犯罪の一次予防とは，犯罪や非行を誘発するような一般社会の物理的・社会的環境を改善することに向けられた活動のことである。

②犯罪の二次予防とは，個人の発達過程での非行化リスクを削減することで，将来の犯罪を予防しようとする取組みのことである。

③コミュニティ犯罪予防とは，すでに罪を犯してしまった者への再犯防止に向けられたコミュニティにおける活動のことである。

④状況的犯罪予防とは，犯行可能性の高い個人や集団を早期に把握し，それらに早期に介入することに向けられた活動のことである。

2. コーエンとフェルソンの「日常活動理論」において，犯罪が起こる条件に含まれないものは，以下のうちどれでしょうか。

①動機づけられた犯行企図者
②格好の標的
③有能な監視者の不在
④犯罪テンプレート

3. ニューマンの「守りやすい空間」の要素として正しいのはどれでしょうか。

①コミュニティ文化の強化
②社会的一体性の強化
③自然監視性の強化
④地域の閾値への配慮

参考図書

小俣 謙二・島田 貴仁（編著）（2011）．犯罪と市民の心理学――犯罪リスクに社会はどうかかわるか―― 北大路書房

犯罪予防に関する日本の最先端の研究者が心理学，犯罪学，都市計画の視点から犯罪予防を解説した一冊。本章で取り上げた内容についてより深く学びたい方におすすめの書籍です。

Lab, S. P.（2019）. *Crime prevention: Approaches, practices, and evaluations*（10th ed.）. New York: Routledge.

犯罪予防を網羅的に解説した良著。比較的わかりやすい英文で書かれており，英文読解のトレーニングをしながら，犯罪予防の基礎知識をしっかり学べます。なお，本書の第5版の日本語版が出版されています（ラブ，S. P. 渡辺 昭一・島田 貴仁・齊藤 知範・菊池 城治（訳）（2006）．犯罪予防――方法，実践，評価―― 社会安全研究財団）。

復習問題（選択式）解答

第６章

3. ②

第７章

1. ①
2. ④
3. ③

第８章

1. ④

現代の科学水準では，再非行の有無を完全に予測することはできませんし，再非行を完璧に防止できる措置や処遇もありません。

2. ②

継続調査も試験観察も，調査官が経過を観察するのは共通していますが，試験観察をするには裁判官の決定が必要です。

3. ④

親が甘やかしている場合だけでなく，厳しく押さえつけすぎている場合，あるいは，そのいずれにも該当する場合があり得ます。ただし，どのような家庭に育っても非行をしない人もいますので，親の育て方だけが非行の原因というわけではありません。

第12章

1. ②

被害者の受ける被害は千差万別で，時間の経過に伴って被害者の気持ちや考えは変化しますので，固定した見方は禁物です。

2. ④

「犯罪被害者等給付金支給法」に基づいて支給されるのは，遺族給付金と障害給付金と重傷病給付金の３種類です。

3. ④

一般に，①オープン質問，② WH 質問，③クローズド質問の順番で誘導や暗示を受けにくいとされています。

4．④

非行少年や犯罪者の中には，自らの被害体験やそれに基づく被害者意識が強く，自らの犯した罪に向き合うことができない者がいます。

第13章

1. ①

②家事事件は，調停事件，審判事件，人事訴訟事件の3つがあります。

③一般調停と特殊調停は，訴訟提起の前に調停手続を経る必要があります。これを調停前置主義といいます。

④家庭裁判所で扱われる事件は，原則として非公開ですが，人事訴訟事件は，公開の法廷で審理されます。また，非行少年が故意の犯罪行為によって被害者を死亡させたり，被害者の生命に重大な危険を生じさせたりした場合で，被害者等から審判期日における審判の傍聴の申し出があった場合，家庭裁判所は，少年の年齢及び心身の状態，事件の性質，審判の状況その他の事情を考慮して，少年の健全な育成を妨げるおそれがなく相当と認めるときは，その申し出をした者に対して審判の傍聴を許可することができるとされています（少年法第22条の4)。

⑤離婚調停が不成立になれば，離婚訴訟を提起することはできますが，民法770条第1項に定められた離婚事由が裁判で認められなければ，離婚できません。

2. ②

①児童虐待防止法には，児童虐待として，身体的虐待，性的虐待，ネグレクト，心理的虐待の4つが定められています。「経済的虐待」は，含まれていません。

③児童福祉法では，満18歳に満たない者が児童とされています。

④児童虐待防止法は「虐待を受けた……と思われる児童を発見した者は，速やかに，これを（中略）通告しなければならない。」と定めています。

⑤児童相談所は，どんなにひどい虐待があったとしても，保護者の同意が得られない場合には，家庭裁判所の承認を得なければ，虐待を受けた児童を児童養護施設に入所させることができません。

3. ②

②日本人同士の場合であっても，ハーグ条約を締結している国に居住していれば，国境を越えた子どもの不法な連れ去りは，ハーグ条約の対象になります。

第14章

1. ④
2. ③
3. ①

第15章

1. ①
2. ④
3. ③

引用文献

第１章

土井 隆義（2016）．少年刑法犯はなぜ激減したのか——社会的緊張理論と文化学習理論の視座から——　青少年問題，*663*，18-25.

浜井 浩一（2013）．警察統計　浜井 浩一（編）犯罪統計入門——犯罪を科学する方法——　第２版　日本評論社

法務省法務総合研究所（2018）．平成 30 年版犯罪白書——進む高齢化と犯罪——　昭和情報プロセス

川出 敏裕・金 光旭（2018）．刑事政策　第２版　成文堂

Payne, J.（2018）. Netflix and Facebook helping reduce youth crime. Australian National University. Retrieved from https://www.anu.edu.au/news/all-news/netflix -and-facebook-helping-reduce-youth-crime（2019 年 11 月 23 日）

Sidebottom, A., Kuo, T., Mori, T., Li, J., & Farrell, G.（2018）. The East Asian crime drop? *Crime Science*, *7:6*, 1-6.

上田 光明（2016）．日本の少年犯罪の最近の減少を犯罪学の観点から説明する　青少年問題，*663*，42-49.

第２章

法務省法務総合研究所（2019）．令和元年版犯罪白書——平成の刑事政策——　昭和情報プロセス

前田 忠弘（2019）．刑事制度からの離脱と社会的包摂　前田 忠弘・松原 英世・平山 真理・前野 育三　刑事政策がわかる　改訂版（pp. 69-105）法律文化社

松原 英世（2019）．刑事政策学の課題と方法　前田 忠弘・松原 英世・平山 真理・前野 育三　刑事政策がわかる　改訂版（pp.1-37）法律文化社

吉川 経夫（1987）．「責任能力」に関する基礎的な考え方　島薗 安雄・保崎 秀夫・逸見 武光（編）法と精神医療（pp.13-25）金原出版

第３章

裁判所職員総合研修所（2018）．少年法実務講義案　三訂補訂版　司法協会

第４章

Agnew, R.（2005）. *Pressured into crime: An overview of general strain theory.* New York: Oxford University Press.

Agnew, R.（2009）. *Juvenile delinquency: Causes and control*（3rd ed.）. New York: Oxford University Press.

Akers, R. L., Sellers, C. S., & Jennings, W. G.（2017）. *Criminological theories: Introduction, eval-*

uation, and application (7th ed.). New York: Oxford University Press.

鮎川 潤 (2000). 犯罪・少年非行と社会問題――社会構築主義の挑戦―― 刑政, *111* (3), 54-61.

鮎川 潤 (2002). 少年非行の社会学 新版 世界思想社

Becker, H. S. (1963). *Outsiders: Studies in the sociology of deviance*. New York: The Free Press.
(ベッカー, H. S. 村上 直之 (訳) (1978). アウトサイダーズ――ラベリング理論とは何か―― 新泉社)

Blumer, H. (1969). *Symbolic interactionism: Perspective and method*. Englewood Cliffs, NJ: Prentice-Hall.
(ブルーマー, H. 後藤 将之 (訳) (1991). シンボリック相互作用論――パースペクティブと方法―― 勁草書房)

Cohen, L. E., & Felson, M. (1979). Social change and crime rate trends: A routine activity approach. *American Sociological Review, 44* (4), 588-608.

Durkheim, É. (1893). *De la division du travail social*.
(デュルケーム, É. 田原 音和 (訳) (2017). 社会分業論 筑摩書房)

Durkheim, É. (1897). *Le suicide: Étude de sociologie*.
(デュルケーム, É. 宮島 喬 (訳) (2018). 自殺論 中央公論新社)

Felson, M., & Eckert, M. A. (2019). *Crime and everyday life: A brief introduction* (6th ed.). Thousand Oaks: SAGE.

藤本 哲也 (2003). 犯罪学原論 日本加除出版

Gottfredson, M. R. (2011). Sanctions, situations, and agency in control theories of crime. *European Journal of Criminology, 8*, 128-143.

Gottfredson, M. R., & Hirschi, T. (1990). *A general theory of crime*. Stanford, CA: Stanford University Press.
(ゴットフレッドソン, M. R.・ハーシー, T. 大渕 憲一 (訳) (2018). 犯罪の一般理論――低自己統制シンドローム―― 丸善出版)

Hirschi, T. (1969). *Causes of delinquency*. Berkeley, CA: University of California Press.
(ハーシー, T. 森田 洋司・清水 新二 (監訳) (1995). 非行の原因――家庭・学校・社会へのつながりを求めて―― 新装版 文化書房博文社)

Hirschi, T. (2004). Self-control and crime. In R. F. Baumeister, & K. D. Vohs (Eds.), *Handbook of self-regulation: Research, theory, and applications* (pp.537-552). New York: The Guilford Press.

Hirschi, T., & Gottfredson, M. R. (1994). The generality of deviance. In T. Hirschi, & M. Gottfredson (Eds.), *The generality of deviance* (pp.1-22). New Brunswick, NJ: Transaction.

Kituse, J. I., & Spector, M. B. (1977). *Constructing social problems*. Menlo Park, CA: Cummings.
(キツセ, J. I.・スペクター, M. B. 村上 直之・中河 伸俊・鮎川 潤・森 俊太 (訳) (1990). 社会問題の構築――ラベリング理論をこえて―― マルジュ社)

Kubrin, C. E., Stucky, T. D., & Krohn, M. D.（2009）. *Researching theories of crime and deviance.* New York: Oxford University Press.

麦島 文夫（1990）. 非行の原因　東京大学出版会

中河 伸俊（1999）. 社会問題の社会学――構築主義アプローチの新展開――　世界思想社

Pratto, T. C., Cullen, F. T., Blevins, K. R., Daigle, L. E., & Madensen, T. D.（2008）. The empirical status of deterrence theory: A meta-analysis. In F. T. Cullen, J. P. Wright, & K. R. Blevins（Eds.）, *Taking stock: The status of criminological theory*（pp.367–395）. NJ: New Brunswick.

瀬川 晃（1998）. 犯罪学　成文堂

Sutherland, E. H., Cressey, D. R., & Luckenbill, D. F.（1992）. *Principles of criminology.* Altamira Press.

第５章

Bonta, J., & Andrews, D. A.（2016）. *The psychology of criminal conduct*（6th ed.）. New York: Routledge.

（ボンタ，J.・アンドリュース，D. A. 原田 隆之（訳）（2018）. 犯罪行動の心理学　原著第６版　北大路書房）

Devine, D. J., Clayton, L. D., Dunford, B. B., Seying, R., & Pryce, J.（2001）. Jury decision making: 45 years of empirical research on deliberating groups. *Psychology, Public Policy, and Law, 7*（3）, 622–727.

Feldmann, T. B., & Bell, R. A.（1991）. Crisis debriefing of a jury after a murder trial. *Hospital and Community Psychiatry, 42*（1）, 79–81.

Feldmann, T. B., & Bell, R. A.（1993）. Juror stress: Identification and intervention. *The Journal of the American Academy of Psychiatry and the Law, 21*（4）, 409–417.

法務省法務総合研究所（2019）. 令和元年版犯罪白書――平成の刑事政策――　昭和情報プロセス

法務省・厚生労働省（2005）. 地域社会における処遇のガイドライン　厚生労働省　Retrieved from https://www.mhlw.go.jp/web/t_doc?dataId=00tb3159&dataType=1&pageNo=1

厚生労働省（2005）. 通院処遇ガイドライン　厚生労働省　Retrieved from https://kouseikyoku.mhlw.go.jp/kyushu/iji/shinshin/tsuuinshoguu.pdf

厚生労働省（2020）. 入院処遇ガイドライン　厚生労働省　Retrieved from https://www.mhlw.go.jp/content/12601000/000485855.pdf

松井 豊・畑中 美穂（2003）. 災害救援者の惨事ストレスに対するデブリーフィングの有効性に関する研究展望１　筑波大学心理学研究，*25*，95–103.

裁判員制度に関する検討会（2013）.「裁判員制度に関する検討会」取りまとめ報告書　法務省　Retrieved from http://www.moj.go.jp/content/000112006.pdf（2020年６月８日）

裁判所職員総合研修所（2017）. 少年法実務講義案　三訂版　司法協会

Sigall, H., & Ostrove, N.（1975）. Beautiful but dangerous: Effects of offender attractiveness and nature of the crime on juridic judgment. *Journal of Personality and Social psychology, 31* (3), 410-414.

白井 美穂・黒沢 香（2009）．量刑判断の要因についての実験的検討――前科情報の種類による効果―― 法と心理，*8*（1），114-127.

白岩 祐子・唐沢 かおり（2013）．被害者参加人の発言および被害者参加制度への態度が量刑判断に与える影響 実験社会心理学研究，*53*（1），12-21.

第6章

Andrews, D. A., Bonta, J., & Wormith, J. S. (2004). *Level of Service/Case Management Inventory (LS/CMI)*. Toronto, ON; Multi Health Systems.

Bonta, J., & Andrews, D. A. (2016). *The psychology of criminal conduct* (6th ed.). New York: Routledge.

（ボンタ，J.・アンドリュース，D. A. 原田 隆之（訳）（2018）．犯罪行動の心理学 原著第6版 北大路書房）

Borum, R., Bartel, P., & Forth, A. (2006). *SAVRY: Structured Assessment of Violence Risk in Youth*. FL: PAR.

de Vogel, V., Ruiter, C., Bouman, Y., & de Vries Robbé, M. (2014). *SAPROF (Structured Assessment of Protective Factors for violence risk)*. Van Der Hoeven Kliniek.

藤岡 淳子（2006）．性暴力の理解と治療教育 誠信書房

Grove, W. M., Zald, D. H., Lebow, B. S., Snitz, B. E., & Nelson, C. (2000). Clinical versus mechanical prediction: A meta-analysis. *Psychological Assessment, 12* (1), 19-30.

Hamilton, Z., Kowalski, M. A., Kigerl, A., & Routh, D. (2019). Optimizing youth risk assessment performance: Development of the modified positive achievement change tool in Washington State. *Criminal Justice and Behavior, 46* (8), 1106-1127.

Higley, C. A., Lloyd, C. D., & Serin, R. C. (2019). Age and motivation can be specific responsivity features that moderate the relationship between risk and rehabilitation outcome. *Law and Human Behavior, 43* (6), 558-567.

法務省（2020）．令和2年版再犯防止推進白書 日経印刷

法務省法務総合研究所（2019）．令和元年版犯罪白書――平成の刑事政策―― 昭和情報プロセス

Howell, J. C., Lipsey, M. W., Wilson, J. J., Howell, M. Q., & Hodges, N. J. (2019). *A handbook for evidence-based juvenile justice systems* (Revised ed.). Lexington Books.

Laws, D. R., & Ward, T. (2011). *Desistance from sex offending: Alternatives to throwing away the keys*. New York: Guilford.

（ローズ，D. R.・ウォード，T. 津富 宏・山本 麻奈（監訳）（2014）．性犯罪からの離脱――「良き人生モデル」がひらく可能性―― 日本評論社）

Lipsey, M. W. (2009). The primary factors that characterize effective interventions with juvenile offenders: A meta-analytic overview. *Victims and Offenders, 4* (2), 124-147.

Lowenkamp, C. T., & Latessa, E. J. (2004). Understanding the risk principle: How and why correctional interventions can harm low-risk offenders. *Topics in Community Corrections National Institute of Corrections*, No. 2004, 3-8.

Martinson, R. (1974). What works?: Questions and answers about prison reform. *The Public Interest*, 22-54.

森 丈弓（2017）．犯罪心理学――再犯防止とリスクアセスメントの科学―― ナカニシヤ出版

森 丈弓・東山 哲也・西田 篤史（2014）．法務省式ケースアセスメントツール（MJCA）に係る基礎的研究Ⅰ――MJCAの開発及び信頼性・妥当性の検証―― 犯罪心理学研究，*52*（特別号），54-55.

森 丈弓・高橋 哲・大渕 憲一（2016）．再犯防止に効果的な矯正処遇の条件――リスク原則に焦点を当てて―― 心理学研究，*87*，325-333.

Nelson, R. J., & Vincent, G. M. (2018). Matching services to criminogenic needs following comprehensive risk assessment implementation in juvenile probation. *Criminal Justice and Behavior*, *45* (8), 1136-1153.

Prendergast, M. L., Pearson, F. S., Podus, D., Hamilton, Z. K., & Greenwell, L. (2013). The Andrews' principles of risk, needs, and responsivity as applied in drug abuse treatment programs: Meta-analysis of crime and drug use outcomes. *Journal of Experimental Criminology*, *9*, 275-300.

寺村 堅志（2007）．犯罪者・犯罪少年のアセスメント 藤岡 淳子（編）犯罪・非行の心理学（pp.193-211） 有斐閣

Van Voorhis, P., Wright, E. M., Salisbury, E., & Bauman, A. (2010). Women's risk factors and their contributions to existing risk/needs assessment: The current status of a gender-responsive supplement. *Criminal Justice and Behavior*, *37* (3), 261-288.

Vose, B., Smith, P., & Cullen, F. T. (2013). Predictive validity and the impact of change in total LSI-R score on recidivism. *Criminal Justice and Behaviour, 40* (12), 1383-1396.

山本 麻奈（2020）．再犯防止に資する犯罪処遇理論の潮流 研修，*870*，37-46.

Youth Justice Board (2006). *Asset* (*introduction*). London, UK: Youth Justice Board.

第７章

厚生労働省（2019）．児童相談所運営指針 厚生労働省 Retrieved from https://www.mhlw.go.jp/content/000375442.pdf

第８章

橋本 和明（2011）．非行臨床の技術――実践としての面接・ケース理解・報告―― 金剛出版

Henggeler, S. W., Schoenwald, S. K., Borduin, C. M., Rowland, M. D., & Cunningham, P. B. (1998). *Multisystemic treatment of antisocial behavior in children and adolescents*. New York: Guilford.

(ヘンゲラー，S. W.・ショーエンワルド，S. K.・ボルディン，C. M.・ローランド，M. D.・カニンガム，P. B. 吉川 和男（監訳）(2008). 児童・青年の反社会的行動に対するマルチシステミックセラピー（MST） 星和書店）

嶋田 美和（2016）. 家族の機能と保護者への働き掛け——文献展望と実践上の工夫から——家裁調査官研究展望，*41*，36-49.

東京家庭裁判所（2008）. 保護者に対する措置を意識した保護者調査の在り方について 家庭裁判月報，*60*（1），153-199.

第9章

法務省法務総合研究所（2017）. 平成29年度版犯罪白書——更生を支援する地域のネットワーク—— 昭和情報プロセス

法務省法務総合研究所（2018）. 平成30年版犯罪白書——進む高齢化と犯罪—— 昭和情報プロセス

法務省法務総合研究所（2019）. 令和元年版犯罪白書——平成の刑事政策—— 昭和情報プロセス

法務省（n.d.）. 少年鑑別所 法務省 Retrieved from http://www.moj.go.jp/kyousei1/kyousei_kyouse06.html（2019年12月20日）

Monahan, K. C., Steinberg, L., Cauffman, E., & Mulvey, E. (2013). Psychological (im) maturity from adolescence to early adulthood: Distinguishing between adolescence-limited and persisting antisocial behavior. *Development and Psychopathology, 24* (4), 1093-1105.

大江 由香（2011）. 少年鑑別所被収容少年の自他に対する意識の変化——自記式調査を用いた探索的研究—— 犯罪心理学研究，*49*（1），39-49.

吉村 雅世・森 伸子（2013）. 少年矯正の現場から 伊藤 冨士江（編著）司法福祉入門——非行・犯罪への対応と被害者支援—— 第2版 上智大学出版

第10章

Bonta, J. (2012). The RNR model of offender treatment: Is there value for community corrections in Japan? *Japanese Journal of Offenders Rehabilitation, 1*, 29-42.
（ボンタ，J. 染田 惠（監訳）(2012). 日本の犯罪者の社会内処遇制度におけるRNRモデルの有効性 更生保護学研究，*1*，43-56.）

Dreikurs, R. (1949). *Fundamentals of Adlerian psychology.*
（ドライカース，R. 野田 俊作（監訳）宮野 栄（訳）(1996). アドラー心理学の基礎 一光社）

Glasser, W. (1965). *Reality therapy: A new approach to psychiatry.* New York: Harper & Row.
（グラッサー，W. 真行寺 功（訳）(1975). 現実療法——精神医学への新しいアプローチ—— サイマル出版会）

原井 宏明（2012）. 方法としての動機づけ面接——面接によって人と関わるすべての人のために—— 岩崎学術出版社

法務省保護局（2019）．わかりやすい更生保護　更生保護便覧 '19　日本更生保護協会
法務省法務総合研究所（2019）．令和元年版犯罪白書――平成の刑事政策――　昭和情報プロセス
Trotter, C.（2006）．*Working with involuntary clients: A guide to practice*（2nd ed.）．SAGE.
（トロッター，C．清水 隆則（監訳）（2007）．援助を求めないクライエントへの対応――虐待・DV・非行に走る人の心を開く――　明石書店）
Ward, T.（2012）．The rehabilitation of offenders: Risk management and seeking good lives. *Japanese Journal of Offenders Rehabilitation*, *1*, 57–76.
（ウォード，T．小長井 賀與（監訳）（2012）．犯罪者の更生――再犯危険性の管理と善い人生の追求――　更生保護学研究，*1*，77–95.）

第 11 章

Giordano, P. C.（2016）．Mechanisms underlying the desistance process: Reflections on "a theory of cognitive transformation". In J. Shapland, S. Farrall, & A. Bottoms（Eds.）, *Global perspectives on desistance: Reviewing what we know and looking to the future*（pp.11–27）. NY: Routledge.
法務省法務総合研究所（2015）．平成 27 年版犯罪白書――性犯罪者の実態と再犯防止――　日経印刷
法務省法務総合研究所（2018）．平成 30 年版犯罪白書――進む高齢化と犯罪――　昭和情報プロセス
法務省（ホームページ a）．刑事施設における特別改善指導――薬物依存離脱指導――　法務省　Retrieved from http://www.moj.go.jp/content/001224610.pdf（2020 年 4 月 10 日）
法務省（ホームページ b）．刑事施設における特別改善指導――性犯罪再犯防止指導――　法務省　Retrieved from http://www.moj.go.jp/content/001224612.pdf（2020 年 4 月 10 日）
Maruna, S.（2001）．*Making good: How ex-convicts reform and rebuild their lives*. American Psychological Association.
（マルナ，S．津富 宏・河野 荘子（監訳）（2013）．犯罪からの離脱と「人生のやり直し」――元犯罪者のナラティヴから学ぶ――　明石書店）
大江 由香（2015）．犯罪者処遇におけるポジティブ心理学的アプローチの可能性――性犯罪者処遇の動向からの考察――　犯罪心理学研究，*52*（2），35–47.

第 12 章

American Psychiatric Association（2013）．*Desk reference to the diagnostic criteria from DSM-5*. Washington, DC: American Psychiatric Publishing.
（アメリカ精神医学会　日本精神神経学会（監修）髙橋 三郎・大野 裕（監訳）染矢 俊幸・神庭 重信・尾崎 紀夫・三村 將・村井 俊哉（訳）（2014）．DSM-5 精神疾患の分類と診断の手引　医学書院）
鮎川 潤（2010）．再検証　犯罪被害者とその支援――私たちはもう泣かない。――　昭和堂

橋本 和明（2010）．司法領域における面接　こころの科学，*149*，53-57.

平山 真理（2019）．犯罪被害者　前田 忠弘・松原 英世・平山 真理・前野 育三　刑事政策がわかる　改訂版（pp.106-133）　法律文化社

法務省法務総合研究所（2001）．法務総合研究所研究部報告 11——児童虐待に関する研究（第 1 報告）——　法務省　Retrieved from http://www.moj.go.jp/housouken/housouken03_00043.html

小西 聖子（2006）．犯罪被害者の心の傷　増補新版　白水社

仲 真紀子（編著）（2016）．子どもへの司法面接——考え方・進め方とトレーニング——　有斐閣

岡本 茂樹（2013）．反省させると犯罪者になります　新潮社

丹治 純子・柳下 哲矢（2016）．少年審判における家庭裁判所調査官の社会調査の実情について——少年に更生に向けた教育的措置を中心にして——　家庭の法と裁判，*7*，23-30.

第 13 章

岩瀬 久子（2005）．北米におけるドメスティック・バイオレンス研究の軌跡——DV と子どもへの影響を視野に入れて——　奈良女子大学人間文化研究科年報，*20*，379-390.

釜井 裕子（1998）．児童福祉法 28 条 1 項 1 号の家庭裁判所の承認について　家庭裁判月報，*50*（4），1-84.

家庭裁判所調査官研修所（監修）（2003）．児童虐待が問題となる家庭事件の実証的研究——深刻化のメカニズムを探る——　司法協会

川﨑 二三彦（2006）．児童虐待——現場からの提言——　岩波書店

友田 明美（2012）．いやされない傷——児童虐待と傷ついていく脳——　新版　診断と治療社

第 14 章

Canter, D., & Heritage, R.（1990）. A multivariate model of sexual offence behavior: Developments in 'offender profiling'. Ⅰ. *The Journal of Forensic Psychiatry, 1*（2）, 185-212.

Canter, D., & Larkin, P.（1993）. The environmental range of serial rapists. *Journal of Environmental Psychology, 13*, 63-69.

Douglas, J. E., & Burgess, A. E.（1986）. Criminal profiling: A viable investigative tool against violent crime. *FBI Law Enforcement Bulletin, 55*（12）, 9-13.

Geiselman, R. E., Fisher, R. P., Firstenberg, I., Hutton, L. A., Sullivan, S., Avetissian, I., & Prosk, A.（1984）. Enhancement of eyewitness memory: An empirical evaluation of the cognitive interview. *Journal of Police Science and Administration, 12*, 74-80.

Gudjonsson, G. H.（2003）. *The psychology of interrogations and confessions: A handbook*. Chichester, UK: Wiley.

厳島 行雄・仲 真紀子・原 聰（2003）．目撃証言の心理学　北大路書房

Kind, S. S.（1987）. Navigational ideas and Yorkshire Ripper investigation. *Journal of*

Navigation, *40*, 385–393.

小林 孝寛・吉本 かおり・藤原 修治（2009）．実務ポリグラフ検査の現状　生理心理学と精神生理学，*27*（1），5–15.

Loftus, E. F., & Palmer, J. C.（1974）．Reconstruction of automobile destruction: An example of the interaction between language and memory. *Journal of Verbal Learning and Verbal Behavior*, *13*, 585–589.

Memon, A., Meissner, C. A., & Fraser, J.（2010）．The cognitive interview: A meta-analytic review and study space analysis of the past 25 years. *Psychology, Public Policy, and Law*, *16*（4）, 340–372.

Milne, R., & Bull, R.（1999）．*Investigative interviewing: Psychology and practice*. London: Wiley.
（ミルン，R.・ブル，R. 原 聰（編訳）（2003）．取調べの心理学——事情聴取のための捜査面接法——　北大路書房）

三本 照美・深田 直樹（1999）．連続放火犯の居住地推定の試み——地理的重心モデルを用いた地理プロファイリング——　科学警察研究所報告防犯少年編，*40*，23–36.

Ressler, R. K., & Burgess, A. W.（1985）．Crime scene and profile characteristics of organized and disorganized murderers. *FBI Law Enforcement Bulletin*, *54*（8）, 18–25.

Rossmo, D. K.（2000）．*Geographic profiling*. Boca Raton: CRC Press.
（ロスモ，D. K. 渡辺 昭一（監訳）（2002）．地理的プロファイリング——凶悪犯罪者に迫る行動科学——　北大路書房）

鈴木 護（2005）．地理的プロファイリングとは　渡辺 昭一（編）捜査心理ファイル——捜査官のための実践的心理学講座　犯罪捜査と心理学のかけ橋——（pp.244–252）　東京法令出版

和智 妙子・渡邉 和美・横田 賀英子・大塚 祐輔（2017）．受刑者の自白理由と取調べ手法　心理学研究，*87*（6），611–621.

Wachi, T., Watanabe, K., Yokota, K., Otsuka, Y., Kuraishi, H., & Lamb, M.（2014）．Police interviewing styles and confessions in Japan. *Psychology, Crime and Law*, *20*, 673–694.

渡邉 和美（2004）．プロファイリングによる捜査支援　渡辺 昭一（編）捜査心理学（pp.90–100）　北大路書房

渡邉 和美・池上 聖次郎（1998）．プロファイリングとは何か　警察公論，*52*（8），51–61.

渡辺 昭一・横田 賀英子（1999）．否認被疑者の自供に至る心理——4. 自供の心理——　科学警察研究所報告防犯少年編，*40*，48–52.

第15章

Ajzen, I.（1985）．From intentions to actions: A theory of planned behavior. In J. Kuhl, & J. Beckman（Eds.）, *Action-control: From cognition to behavior*（pp.11–39）．Heidelberg, Germany: Springer.

荒井 崇史・菱木 智愛（2019）．犯罪予防行動の規定因——計画的行動理論の観点からの検討——　心理学研究，*90*（3），263–273.

Barr, R., & Pease, K.（1990）. Crime placement, displacement, and deflection. In M. Tonry, & N. Morris（Eds.）, *Crime and justice*. vol.12. Chicago: University of Chicago Press.

Bennett, T., Holloway, K., & Farrington, D. P.（2006）. Does neighborhood watch reduce crime? A systematic review and meta-analysis. *Journal of Experimental Criminology, 2*, 437–458.

Brantingham, P. J., & Brantingham, P. L.（1981）. Notes on the geometry of crime. In P. J. Brantingham, & P. L. Brantingham（Eds.）, *Environmental criminology*（pp.27–54）. Beverly Hills, CA: SAGE.

Brantingham, P. J., & Faust, F. L.,（1976）. A conceptual model of crime prevention. *Crime and Delinquency, 22*, 284–296.

Clarke, R. V., & Eck, J.（2003）. *Become a problem solving crime analyst: In 55 small steps*. London: Jill Dando Institute of Crime Science/University College London.

Cleveland, G., & Saville, G.（2003）. An introduction to 2nd Generation CPTED: Part 2. *CPTED Perspectives, 6*（2）, 4–8.

Cohen, L. E., & Felson, M.（1979）. Social change and crime rate trends: A routine activity approach. *American Sociological Review, 44*, 588–608.

Crow, T. D.（1991）. *Crime prevention through environmental design*. MA: Butterworth-Heinemann.

（クロウ，T. D. 都市防犯研究センター（編）（1994）．環境設計による犯罪予防——ティモシー・D・クロウ氏講演要旨—— JUSRI リポート別冊 No.3 都市防犯研究センター）

Farrington, D. P., & Welsh, B. C.（2002）. *Effects of improved street lighting on crime: A systematic review*. London: Home Office.

Ferraro, K. F.（1995）. *Fear of crime: Interpreting victimization risk*. Albany, NY: State University of New York Press.

Giblin, M. J.（2008）. Examining personal security and avoidance measures in a 12-city sample. *Journal of Research in Crime and Delinquency, 45*, 359–379.

Jacobs, J.（1961）. *The death and life of great American cities*. New York: Random House.

（ジェイコブズ，J. 山形 浩生（訳）（2010）．アメリカ大都市の死と生 新版 鹿島出版会）

Jeffery, C. R.（1971）. *Crime prevention through environmental design*. Thousand Oaks, CA: SAGE.

Kahneman, D., & Tversky, A.（1979）. Prospect theory: An analysis of decision under risk. *Econometrica, 47*（2）, 263–292.

警察庁（2019）．平成30年の刑法犯に関する統計資料 警察庁 Retrieved from https://www.npa.go.jp/toukei/seianki/H30/h30keihouhantoukeisiryou.pdf

Lab, S. P.（2004）. *Crime prevention: Approaches, practices and evaluations*（5th ed.）. UK: Routledge.

（ラブ，S. P. 渡辺 昭一・島田 貴仁・齊藤 知範・菊池 城治（訳）（2006）．犯罪予防

──方法，実践，評価── 社会安全研究財団）

Lichtenstein, S., Slovic, P., Fischhoff, B., Layman, M., & Combs, B.（1978）. Judged frequency of lethal events. *Journal of Experimental Psychology: Human Learning and Memory, 4*, 551-578.

中谷内 一也・島田 貴仁（2008）．犯罪リスク認知に関する一般人―専門家間比較──学生と警察官の犯罪発生頻度評価── 社会心理学研究，*24*（1），34-44.

Newman, O.（1972）. *Defensible space: Crime prevention through urban design*. UK: Macmillan.（ニューマン，O. 湯川 利和・湯川 聡子（訳）（1976）．まもりやすい住空間──都市設計による犯罪防止── 鹿島出版会）

Norris, F. H., & Kaniasty, K.（1992）. A longitudinal study of the effects of various crime prevention strategies on criminal victimization, fear of crime, and psychological distress. *American Journal of Community Psychology, 20*, 625-648.

Piza, E. L., Welsh, B. C., Farrington, D. P., & Thomas, A. L.（2019）. CCTV surveillance for crime prevention: A 40-year systematic review with meta-analysis. *Criminology and Public Policy, 18*, 135-159.

Reppetto, T. A.（1976）. Crime prevention and the displacement phenomenon. *Crime and Delinquency, 22*, 166-177.

島田 貴仁・荒井 崇史（2012）．犯罪情報と対処行動の効果性が犯罪対処行動意図に与える影響 心理学研究，*82*（6），523-531.

島田 貴仁・荒井 崇史（2017）．脅威アピールでの被害の記述と受け手の脆弱性が犯罪予防行動に与える影響 心理学研究，*88*（3），230-240.

Sidebottom, A., Tompson, L., Thornton, A., Bullock, K., Tilley, N., Bowers, K., & Johnson, S. D.（2018）. Gating alleys to reduce crime: A meta-analysis and realist synthesis. *Justice Quarterly, 35*（1）, 55-86.

Tonry, M., & Farrington, D. P.（1995）. Strategic approaches to crime prevention. In M. Tonry, & D. P. Farrington（Eds.）, *Building a safer society: Strategic approaches to crime prevention*（pp.1-20）. Chicago: University of Chicago Press.

Weinstein, N. D.（1989）. Optimistic biases about personal risks. *Science, 246*（4935）, 1232-1233.

Wilson, J. Q., & Kelling, G. L.（1982）. Broken windows. *The Atlantic Monthly*, 249, 29-38.

人名索引

マ 行

ラ 行

ワ 行

事 項 索 引

サ　行

マ　行

ヤ　行

ラ　行

ワ　行

英　字

著者紹介

森　丈弓（もり　たけみ）　（第１～６章）

1993 年　東北大学文学部卒業
2004 年　筑波大学大学院教育研究科カウンセリング専攻カウンセリングコース修了
2014 年　東北大学大学院文学研究科博士課程後期課程人間科学専攻単位取得退学
現　在　甲南女子大学人間科学部心理学科教授　博士（文学）　公認心理師　臨床心理士

主要著書

『犯罪心理学——再犯防止とリスクアセスメントの科学』（ナカニシヤ出版，2017）
『心を科学する——心理学と統計学のコラボレーション』（分担執筆）（共立出版，2019）

荒井　崇史（あらい　たかし）　（第５，14，15 章）

2011 年　筑波大学大学院人間総合科学研究科心理学専攻修了
現　在　東北大学大学院文学研究科准教授　博士（心理学）　公認心理師

主要著書

『犯罪と市民の心理学——犯罪リスクに社会はどうかかわるか』（分担執筆）（北大路書房，2011）
『コンパクト司法・犯罪心理学——初歩から卒論・修論作成のヒントまで』（分担執筆）（北大路書房，2020）

嶋田　美和（しまだ　よしかず）　（第3，5，8，12，13章）

2000年　高知大学人文学部人文学科卒業
2003年　高知大学大学院人文社会科学研究科修了
2016年　兵庫教育大学大学院学校教育研究科人間発達教育専攻修了
2020年　筑波大学大学院人間総合科学研究科博士課程ヒューマン・ケア科学専攻修了
現　在　松山家庭裁判所宇和島支部主任家庭裁判所調査官
　　　　博士（学術）　公認心理師　臨床心理士

主要論文

「家庭裁判所係属少年における機能的攻撃性尺度の妥当性の再検討」（共著）（心理学研究，89（1），2018）

「少年用サービス水準／ケースマネジメント目録（YLS/CMI）による家庭裁判所係属少年の再犯リスクの査定と予測的妥当性の検証」（共著）（犯罪心理学研究，57（1），2019）

大江　由香（おおえ　ゆか）　（第9，11章）

2001年　マサチューセッツ州立大学ボストン校文学部卒業
2001年　マサチューセッツ州立大学ボストン校大学院修士課程応用社会学部卒業
2003年　ニューヨーク州立ジョンジェイ刑事司法大学大学院修士課程司法心理学部卒業
2009年　筑波大学大学院人間総合科学研究科博士課程ヒューマン・ケア科学専攻卒業
現　在　矯正研修所効果検証センター効果検証官補
　　　　博士（学術）　公認心理師　臨床心理士

主要論文

「犯罪者・非行少年の処遇におけるメタ認知の重要性――自己統制力と自己認識力，社会適応力を効果的に涵養するための認知心理学的アプローチ」（共著）（教育心理学研究，63（4），2015）

「犯罪者処遇の効果の向上に関する一考察――犯罪者に対するマインドフルネス瞑想の可能性」（共著）（教育心理学研究，68（1），2020）

杉浦　希（すぎうら　のぞみ）　（第5，7章）

1998年　筑波大学第二学群人間学類卒業
2004年　筑波大学大学院教育研究科カウンセリング専攻カウンセリングコース修了
現　在　埼玉県南児童相談所　修士（カウンセリング）　公認心理師　臨床心理士

角田　亮（つのだ　りょう）　（第5，10章）

1991年　筑波大学第二学群人間学類卒業
2004年　筑波大学大学院教育研究科カウンセリング専攻カウンセリングコース修了
現　在　新潟保護観察所長　修士（カウンセリング）　公認心理師　臨床心理士

主要論文

「非行少年のカウンセリング」（スクールカウンセリングの実践技術 No.5『「暴力・非行」指導の手引き』）（教育開発研究所，2002）
「更生保護と心理学」（罪と罰，54（4），2017）

ライブラリ 心理学の杜＝15

司法・犯罪心理学

2021年7月10日© 初 版 発 行

著 者 森 丈弓
荒井崇史
嶋田美和
大江由香
杉浦 希
角田 亮

発行者 森平敏孝
印刷者 中澤 眞
製本者 小西惠介

発行所 **株式会社 サイエンス社**
〒151-0051 東京都渋谷区千駄ヶ谷1丁目3番25号
営業TEL (03)5474-8500(代) 振替 00170-7-2387
編集TEL (03)5474-8700(代)
FAX (03)5474-8900

組版 ケイ・アイ・エス
印刷 ㈱シナノ 製本 ブックアート
《検印省略》

ISBN978-4-7819-1507-4

PRINTED IN JAPAN

サイエンス社のホームページのご案内
https://www.saiensu.co.jp
ご意見・ご要望は
jinbun@saiensu.co.jp まで.